城市轨道交通职业教育系列教材——城轨机电技术

城市轨道交通
给排水工程

主　编　刘海娥
副主编　孙康萌　刘宁

西南交通大学出版社
·成　都·

图书在版编目（CIP）数据

城市轨道交通给排水工程 / 刘海娥主编. —成都：西南交通大学出版社，2021.8
ISBN 978-7-5643-8230-8

Ⅰ. ①城… Ⅱ. ①刘… Ⅲ. ①城市铁路－轨道交通－给水工程－高等职业教育－教材②城市铁路－轨道交通－排水工程－高等职业教育－教材 Ⅳ. ①U239.5

中国版本图书馆 CIP 数据核字（2021）第 173277 号

Chengshi Guidao Jiaotong Jipaishui Gongcheng
城市轨道交通给排水工程
主编 刘海娥

责任编辑 王同晓
封面设计 何东琳设计工作室

出版发行 西南交通大学出版社
（四川省成都市金牛区二环路北一段 111 号
西南交通大学创新大厦 21 楼）
邮政编码 610031
发行部电话 028-87600564 028-87600533
网址 http://www.xnjdcbs.com
印刷 成都蜀通印务有限责任公司

成品尺寸 185 mm × 260 mm
印张 11.75
字数 292 千
版次 2021 年 8 月第 1 版
印次 2021 年 8 月第 1 次
定价 34.00 元
书号 ISBN 978-7-5643-8230-8

课件咨询电话：028-81435775

【前　言】>>>>

PREFACE

近年来，国内各大城市轨道交通建设快速发展，轨道交通专业人才需求量不断增加，全国多个高等职业院校增设了城市轨道交通工程相关专业。城市轨道交通机电技术专业是 2016 年教育部新增专业，主要面向城市轨道交通公司及城市轨道交通机电设备生产制造公司，为其培养具有城市轨道交通车站及列车运行区间的机电设备的安装、调试、使用、管理、日常维护及检修等岗位群所需要的基本能力，具有创新和实践精神的高素质技术技能人才。

为响应国家高等职业教育教学改革，紧跟行业发展步伐，满足高等职业院校相关专业及城市轨道交通技术人员的需求，郑州铁路职业技术学院和郑州地铁集团有限公司相关技术人员共同开发、编写了城市轨道交通职业教育系列教材，使编写的教材符合高职专业为行业服务的能力和水平要求。

本书将建筑给水排水工程中的基础理论知识和城市轨道交通行业中给排水实践知识进行了整合和优化，突出了专业教材的实用性和针对性，便于学生将专业知识融会贯通，能更快地适应工作岗位。

本书创新点：

深入挖掘本课程思政元素，为每章添加课程思政内容。立德树人是高校思想政治工作的核心内容，也是其使命与担当，而专业课程又是高校思想政治工作的主渠道。把课程思政引入教材，通过教材改革推动课程教学的改革，将课程思政融入教学的各个环节，让学生通过学习丰富学识、增长见识、塑造品格，培养出具有家国情怀、创新能力、全球视野的一流人才。

本书的主要特点有：

（1）紧紧围绕高等职业教育的人才培养目标编排教材内容，既强调知识的理论性，又注重知识的实用性。

（2）根据城市轨道交通行业一线实际工作需求，以培养学生的应用能力为目标设计教学内容。内容的选取和编排既满足专业理论的需要，又突出实际技能的训练。

（3）淡化理论，删减复杂的理论计算和推导，强调给排水系统的设备组成，主要设备的特点、选用。

（4）选取实际应用案例，列举了城市轨道交通给排水设备的日常维护、检修，常见故障的处理方法等实际案例，有利于启发学生分析和解决工程实际问题的思路，培养相应的能力。

（5）本书中涉及的规范、标准均为最新规范和最新标准。

（6）坚持“实用为主，必需和够用为度”的原则，既保证基本的知识内容，又注重知识的实用性，突出高等职业教育的特点。

本书可供高等职业院校、城市轨道交通相关专业的学生使用，也可供城市轨道交通公司和关联企业专业技术人员培训使用。

本书由郑州铁路职业技术学院刘海娥主编，郑州地铁集团有限公司孙康萌、郑州铁路职业技术学院刘宁担任副主编。其中，项目一、项目二由刘海娥编写，项目三由刘宁编写，项目四由孙康萌编写，项目五、项目六由郑州地铁集团有限公司李孝普编写，项目七、项目八由郑州地铁集团有限公司石云鹤编写。全书由刘海娥负责统稿。

由于编写人员知识水平的局限性，书中不足之处在所难免，敬请广大读者不吝赐教，提出宝贵意见。本书在编写过程中，得到郑州地铁集团有限公司的大力支持，在此表示诚挚的感谢！

编　者

2021 年 6 月

【目 录】 >>>>

CONTENTS

1 建筑内部给水系统

给排水工程是城乡建设的重要基础设施，是城乡水系统循环的实施主体，是实现水资源可持续利用和城乡可持续发展的重要保障。

给排水工程不仅服务于城乡商业、休闲娱乐、文化生活等方面，还有防洪排涝保障人民生命财产安全、保障城市生态环境的作用。中国现代城市供水已经有100多年历史。截至2018年底，我国城市及县城年供水总量达704.45亿立方米，供水管道长度达104.1万千米，供水服务人口达6.2亿人，全国城市用水普及率达98.30%。

虽然我国大部分地方取水用水比较方便，但仍有部分地区水资源匮乏。南水北调工程解决了我国北方部分城市的用水需求。面对水资源的匮乏，给水工程中可以采用先进设备降低水耗、实行水的循环利用和污水的再生回用，来提高水的重复利用率，以节省水资源。“环境就是民生，青山就是美丽，蓝天也是幸福，绿水青山就是金山银山”，作为未来的工程师，在工程建设中，要时刻践行生态文明理念，立足环保，服务民生。

给水过程中，管网和供水设备设施可能会造成饮用水污染。饮用水安全问题直接关系到广大人民群众的健康，切实做好饮用水安全保障工作是维护广大人民群众根本利益、落实科学发展观的基本要求，是实现全面建成小康社会目标、构建社会主义和谐社会的重要内容。

给排水工程用水取之于自然、用之于社会、用后经处理回归于环境，是实现水的社会循环的主体，对促进生态文明建设和城市社会经济的可持续发展，发挥着重要的作用。

建筑内部给水系统是将城镇给水管网或自备水源给水管网的水引入室内，经配水管送至生活、生产和消防用水设备，并满足用水点对水量、水压和水质要求的冷水供应系统。

知识目标

- 熟悉给排水的分类、组成、给水方式。
- 熟悉给水管材，以及阀门、水表等常用的附件。
- 掌握给水管道的布置与敷设。
- 熟悉建筑内部给水系统的相关计算及管网的水力计算。
- 掌握增压和贮水设备的选择、布置和安装。

能力目标

- 具有按不同建筑类型设置不同给水方式的能力。

- 具备正确选择给水管材的能力。
- 能正确布置和敷设给水管道。
- 能正确选择、布置和安装给水系统增压和贮水设备。

1.1 给水系统的分类和组成

1.1.1 给水系统的分类

按用途不同，建筑内部给水系统可以分为生活给水系统、生产给水系统和消防给水系统。

1. 生活给水系统

生活给水系统，指民用、公共建筑和工业企业建筑内的饮用、盥洗、洗涤、淋浴、浇洒和冲洗等生活方面用水所设的给水系统。

按供水水质标准不同，分为生活饮用水给水系统和生活杂用水给水系统。生活饮用水是指用于日常饮用、洗涤的水。生活饮用水给水系统的水质应符合现行国家标准《生活饮用水卫生标准》（GB 5749）的要求。

生活杂用水指用于便器冲洗、绿化浇水、室内车库地面和室外地面冲洗的水，应符合现行国家标准《城市污水再生利用　城市杂用水水质》（GB/T 18920）的要求。

2. 生产给水系统

生产给水系统，指为工业企业生产方面用水所设的给水系统。生产用水包括各类不同产品生产过程中所需的工艺用水、生产设备的冷却用水、锅炉用水等。生产用水对水质、水量、水压及安全性随工艺要求的不同而不同，差异较大。

3. 消防给水系统

消防给水系统，指以水作为灭火剂用于消防扑救火灾的给水系统。

按消防给水系统中的水压高低，分为高压消防给水系统、临时高压消防给水系统和低压消防给水系统；按作用类别不同，分为消火栓给水系统、自动喷水灭火系统和泡沫消防灭火系统。

上述三类给水系统，在建筑内部一般独立设置。在建筑小区，也可以根据各类用水对水质、水量、水压、水温的不同要求，结合给水系统的实际情况，经技术经济比较，可组成共用系统，例如，生活、生产共用给水系统，生活、消防共用给水系统，生产、消防共用给水系统，生活、生产、消防共用给水系统。

1.1.2 给水系统的组成

一般情况下，建筑室内给水系统由水源、引入管、水表节点、建筑内水平干管、立管和支管、配水装置与附件、增压和贮水设备，以及给水局部处理设施组成，如图 1-1 所示。

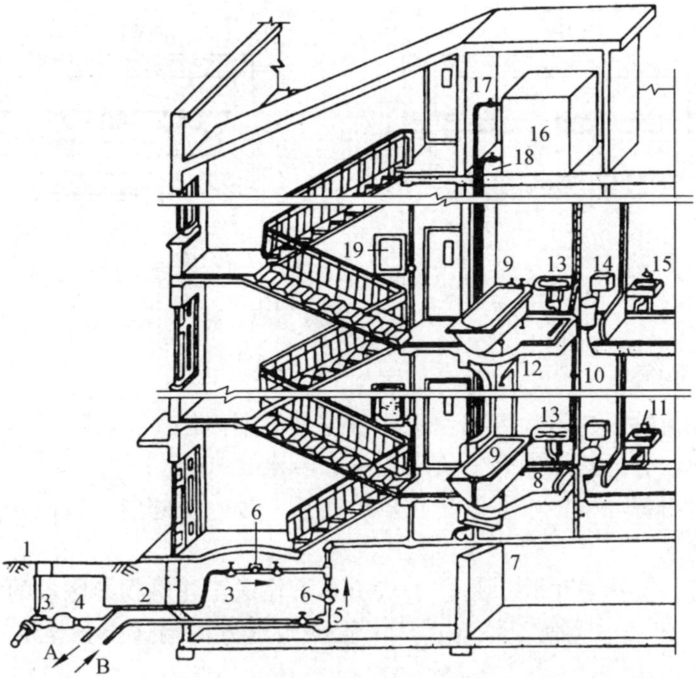

1—阀门井；2—引入管；3—闸阀；4—水表；5—水泵；6—止回阀；7—干管；8—支管；
9—浴盆；10—立管；11—水龙头；12—淋浴器；13—洗脸盆；14—大便器；
15—洗涤盆；16—水箱；17—进水管；18—出水管；19—消火栓；
A—入贮水池；B—来自贮水池。

图 1-1　建筑室内给水系统的组成

1．引入管

引入管，又称进户管，是室外给水接户管与建筑室内给水干管相连接的管段。引入管一般埋地敷设，穿越建筑物外墙或基础。引入管受地面荷载、冰冻线的影响，一般埋设在室外地坪下 0.7 m。给水干管一般在室内地坪下 0.3 ~ 0.5 m，引入管进入建筑后立即上返到给水干管埋设深度，以避免多开挖土方。

2．水表节点

水表节点是安装在引入管上的水表及其前后设置的阀门和泄水装置的总称。水表用于计量建筑物的总用水量，水表前后设置的阀门用于检修、拆换水表时关闭管路，泄水口用于检修时排泄掉室内管道系统中的水，也可用来检测水表精度和测定管道进户时的水压值。

水表节点一般设在水表井中。温暖地区的水表井一般设在室外，寒冷地区的水表井宜设在不会冻结之处。

在非住宅建筑内部给水系统中，需计量水量的某些部位和设备的配水管上也要安装水表。住宅建筑每户住家均应安装分户水表（水表前宜设置管道过滤器）。分户水表以前设在每户住家之内。现在的分户水表相对集中设在户外容易读取数据处。对仍需设在户内的水表，宜采用远传水表或 IC 卡水表等智能化水表。

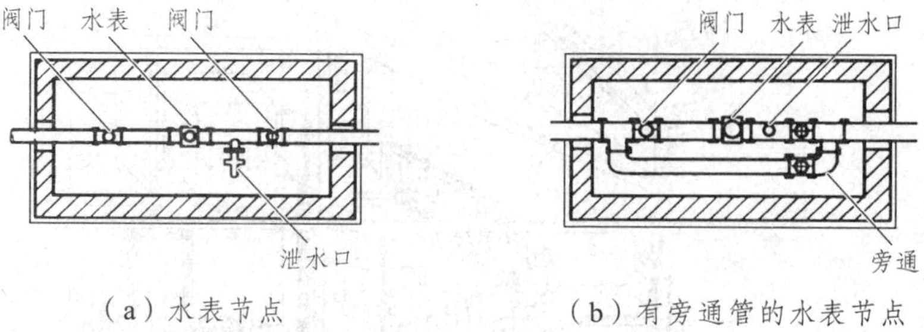

图 1-2　水表节点

3．给水管道系统

给水管道系统指输送建筑物内部用水的管道系统整体，由给水管、管件及管道附件组成。按所处位置和作用，分为给水干管、给水立管和给水支管。

从给水干管引出每一根给水立管，在出地面后应设一个阀门，以便该立管检修时不影响其他立管的正常供水。

（1）给水干管，又称总干管，是将水从引入管输送至建筑物各区域的管段。

（2）给水立管，又称竖管，是将水从干管沿垂直方向输送至各楼层、各不同标高处的管段。

（3）给水支管，又称分配管，是将水从立管输送至各房间内的管段。

4．给水附件

给水附件指输配水、控制流量和压力的附属部件与装置。在建筑室内给水系统中，按用途可以分为配水附件和控制附件。

（1）配水附件，即配水龙头，又称水嘴、水栓，是向卫生器具或其他用水设备配水的管道附件。

（2）控制附件，是管道系统中用于调节水量、水压，控制水流方向，以及关断水流，便于管道、仪表和设备检修的各类阀门。

5．增压和贮水设备

当室外给水管网的水压、水量不能满足建筑用水要求，或要求供水压力稳定、确保供水压力安全可靠时，应根据需要，在给水系统中设置水泵、气压给水设备和水池、水箱等增压和贮水设备。

6．给水局部处理设施

当有些建筑对给水水质要求很高，超出我国现行生活饮用水卫生标准时，或其他原因造成水质不能满足要求时，需要设置一些设备、构筑物进行给水深度处理。

1.2　给水方式和管网布置形式

给水方式是指建筑室内给水系统的给水方案。给水方式必须依据用户对水质、水量和水压的要求，结合室外管网所能提供的水质、水量和水压情况以及用户对供水安全可靠性的要求等因素，经技术经济比较或综合评判来确定。

给水方式的选择应按以下原则进行：

（1）在满足用户要求的前提下，应力求给水系统简单、管道短，以降低工程费用和运行管理费用。

（2）应充分利用室外给水管网的水压直接供水，当室外给水管网的水压（或水量）不足时，应根据卫生、安全、经济、节能的原则选用贮水调节和加压供水方案。

（3）根据建筑物用途、层数、使用要求、材料设备性能、维护管理、节水、节能等因素综合确定。供水应安全可靠，管理维修应方便。

（4）不同使用性质或计费的给水系统，应在引入管道后分成各自独立的给水管网。

（5）生产给水系统应优先设置循环给水系统或重复利用给水系统，并应充分利用其余压。

（6）生产、生活和消防给水系统中的管道、配件和附件所承受的水压，均不得大于产品标准规定的允许工作压力。

（7）卫生器具给水配件承受的最大工作压力不得大于 0.6 MPa；居住建筑入户管道给水压力不应大于 0.35 MPa。

（8）对于建筑物内部的生活给水系统，当卫生器具给水系统配件处的静水压力超过规定时，宜采用减压限流措施。

1.2.1 建筑内部给水系统的给水方式

1．直接给水方式

当室外管网的水压、水量能经常满足用水要求，且建筑室内给水无特殊要求时，可以利用室外管网的水压直接供水。这是常用的给水方式，如图 1-3 所示。

这种给水方式的优点是给水系统简单、投资少，安装、维修方便，充分利用室外管网水压，供水较为安全可靠；缺点是系统内部无储备水量，当室外管网停水时，室内系统立即断水。

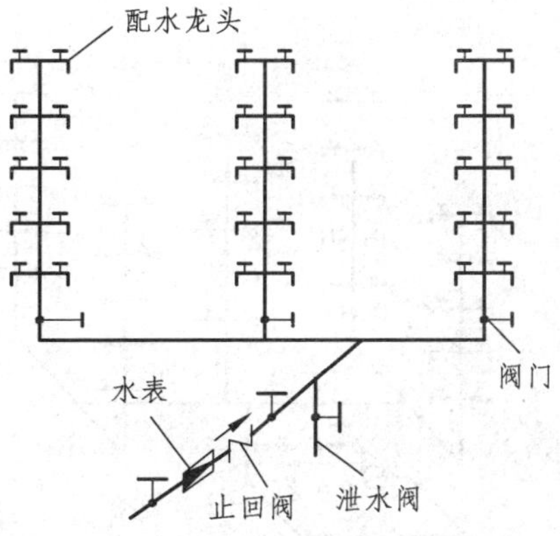

图 1-3　室外管网直接给水方式

2．单设水箱给水方式

这种给水方式是将建筑室内给水系统与室外给水管网直接连接，并利用室外管网压力供水，同时设高位水箱调节流量和压力，如图 1-4 所示。当室外管网在大部分时间能满足建筑用水要求，仅在用水高峰时，由于室外管网压力降低而不能保证建筑物上层用水时，采用此种方式。为了防止水箱中的水回流至室外管网，在引入管上要设置止回阀。

这种给水方式的优点是系统比较简单，投资较省，充分利用室外管网的供水压力，节省电耗，系统具有一定的贮备水量，供水安全、可靠性较好；缺点是系统设置高位水箱，增加了建筑物的结构荷载，并给建筑物立面处理带来一定困难。

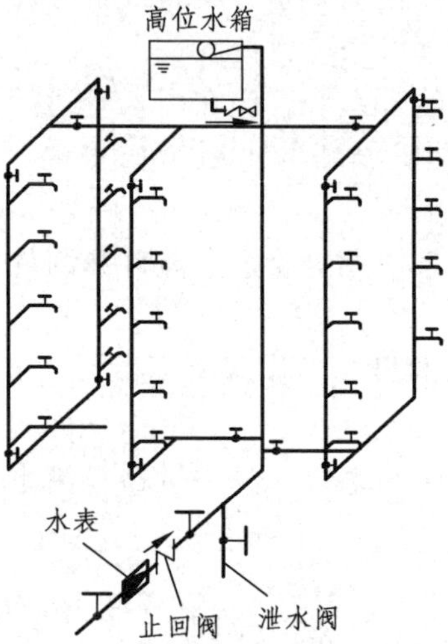

图 1-4　单设水箱的给水方式

3．设水泵给水方式

当室外管网水压经常不足时，利用水泵进行加压后向室内给水系统供水，如图 1-5 所示。当室外给水管网允许直接吸水时，且室外给水管网的压力不低于 100 kPa（从地面算起）时，水泵可直接从室外管网吸水，且应绕水泵设旁通管，并在旁通管上设阀门。当室外管网水压较大时，可停泵直接向室内系统供水。在水泵出口和旁通管上应设止回阀，以防止停泵时，室内给水系统中的水回流。

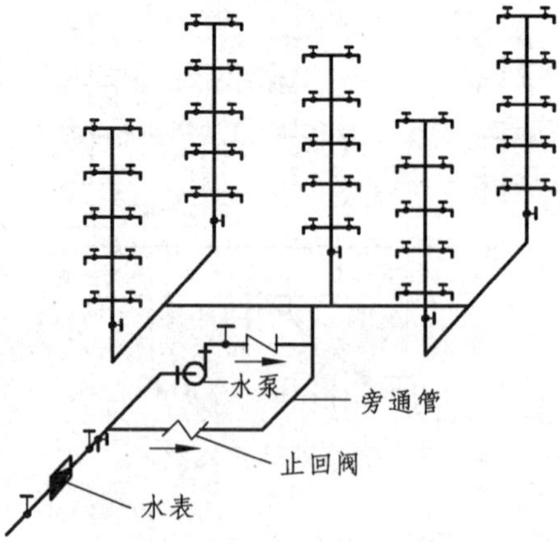

图 1-5　设水泵给水方式

当水泵直接从室外管网吸水而造成室外管网压力大幅度波动，影响其他用户用水时，则不允许水泵直接从室外管网吸水，必须设置断流水池，再用水泵从断流水池吸水，如图 1-6 所示。断流水池可以兼作贮水池使用，从而增加了供水的安全性。

当建筑物内用水较为均匀时，可采用恒速水泵供水；当建筑物内用水不均匀时，宜采用自动变频调速水泵供水，以提高水泵的运行效率，达到节能的目的。图 1-7 为设变频水泵给水方式。

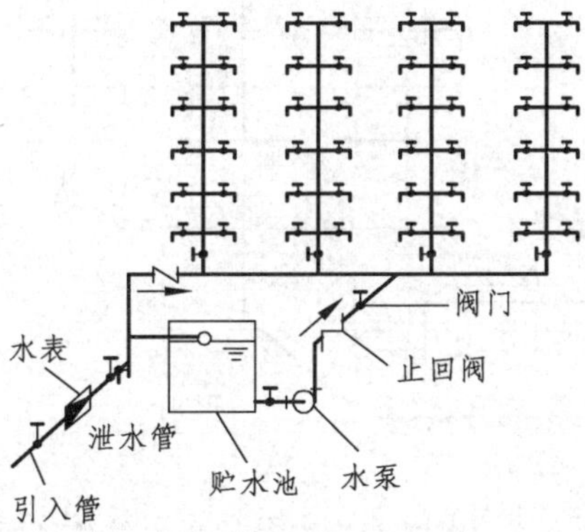

图 1-6　水泵从断流水池吸水示意图

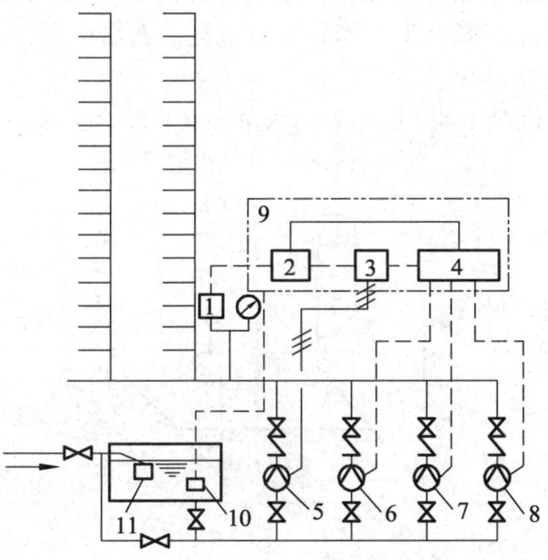

1—压力传感器；2—微机控制器；3—变频调速器；4—恒速泵控制器；
5—变速调速泵；6～8—恒速泵；9—电控柜；
10—水位传感器；11—液位自动控制阀。

图 1-7　设变频水泵给水方式

4．设水池、水泵和水箱给水方式

当室外给水管网水压经常不足，不允许水泵直接从室外管网吸水，且室内用水不均匀时，常采用该种给水方式，如图 1-8 所示。

水泵从贮水池吸水，经加压后送给系统用户使用。当水泵供水量大于系统用水量时，多余的水充入水箱贮存；当水泵供水量小于系统用水量时，则由水箱出水，向系统补充供水，以满足室内用水要求。此外，贮水池和水箱储备了一定的水量，使供水更安全可靠。

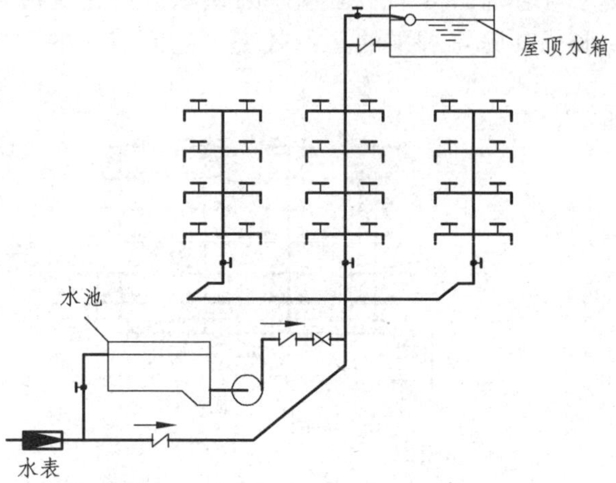

图 1-8　设水池、水泵和水箱给水方式

这种给水方式由水泵和水箱联合工作，水泵及时向水箱充水，同时在水箱的调节下，水泵的工作稳定，能经常处在高效率下工作，节省电耗。在高位水箱上采用水位继电器控制水泵启动，也易于实现管理自动化。

当允许水泵直接从外网吸水时，也可采用水泵和水箱联合工作的给水方式，见图 1-9 所示。

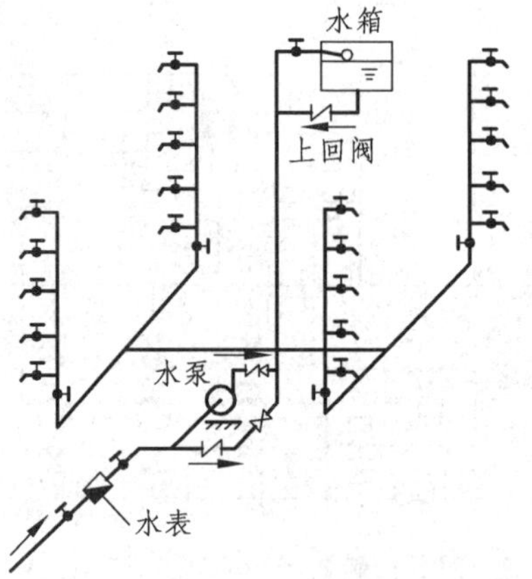

图 1-9　设水泵和水箱联合工作的给水方式

5．设气压给水设备供水方式

当室外给水管网水压经常不足，而用水水压允许有一定的波动，又不宜设置高位水箱时，可以采用气压给水设备升压供水，如地震区、人防工程或屋顶立面有特殊要求的建筑给水系统。该方式就是利用水泵从室外管网或贮水池中抽水加压，利用气压给水罐调节流量和控制水泵运行，如图 1-10 所示。

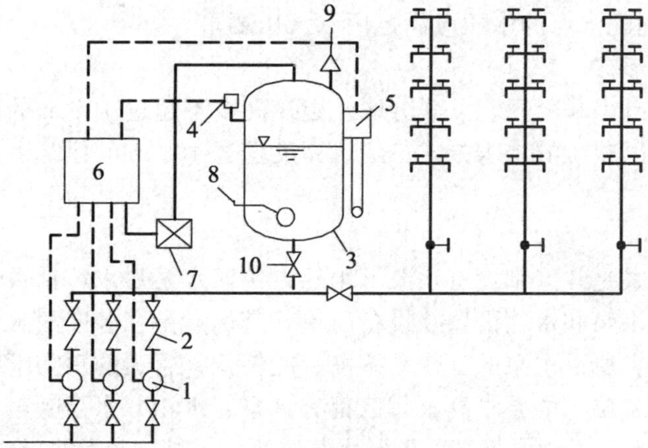

1—水泵；2—止回阀；3—气压水罐；4—压力信号；5—液位信号器；6—控制器；
7—补气装置；8—排气阀；9—安全阀；10—阀门。

图 1-10　气压水罐供水方式

6．分区给水方式

分区给水方式一般适用于高层建筑。高层建筑内所需的水压比较大，而卫生器具给水配件承受的最大工作压力不得大于 0.6 MPa，故高层建筑应采用竖向分区供水方式。其主要目的是：避免用水器具处产生过大的静水头，造成管道及附件漏水、损坏，低层出流量过大、产生噪声等。图 1-11 所示为分区给水方式，室外给水管网水压线以下楼层为低区，由室外管网直接供水，高区或上面几个区由水泵和水箱联合供水。合理确定给水系统竖向分区压力值，主要取决于材料设备承压能力、建筑物的使用要求、维修管理能力等因素。

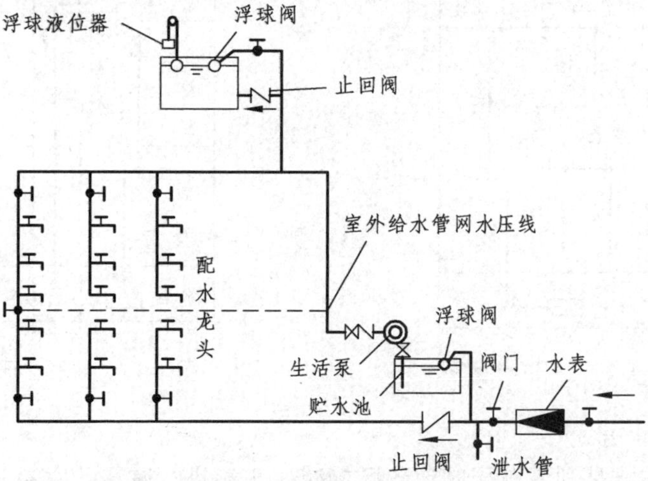

图 1-11　分区给水方式图

（1）高层建筑生活给水系统应竖向分区，竖向分区应符合以下要求：

① 各分区最低卫生器具配水点处静水压不宜大于 0.45 MPa，特殊情况下不宜大于 0.55 MPa。

② 水压大于 0.35 MPa 的入户管（或配水横管），宜设减压或调压设施。

③ 各分区最不利配水点的水压应满足用水水压要求。

（2）分区供水的形式。

分区供水的形式有串联分区、并联分区。建筑高度不超过 100 m 的建筑生活给水系统，宜采用并联供水或分区减压的供水方式；建筑高度超过 100 m 的建筑生活给水系统，宜采用串联供水方式。

① 串联分区。

串联分区供水方式是各区都设有水泵、水箱，每区水泵从水箱抽水送到上一区的水箱，由水箱向各层供水，水泵和水箱设置在设备层里。其优点是：各区的水泵扬程和流量稳定，按照实际需要来设计，所以水泵的工作效率高、能耗低，管道的总需求量少，节约投资。其缺点是：设备层（技术层）的要求高；每区都有水泵、水箱，水泵噪声大，水箱要考虑防漏水；水泵分散设置，不便于集中管理；下层水箱容积大，结构负荷大；造价高；工作不可靠，上区用水受下区限制，如图 1-12 所示。

② 并联分区。

并联分区供水方式是设置水箱和水泵，水箱设置在各区的顶部，水泵则集中设置在底层或地下室，便于集中管理和维护。各区为独立系统，各自运行、互不影响，供水比较安全可靠，能源消耗相对比较少；但是管材消耗较多，水箱占用建筑物上层使用面积，高区水泵和管道系统的承压能力要求比较高，如图 1-13 所示。

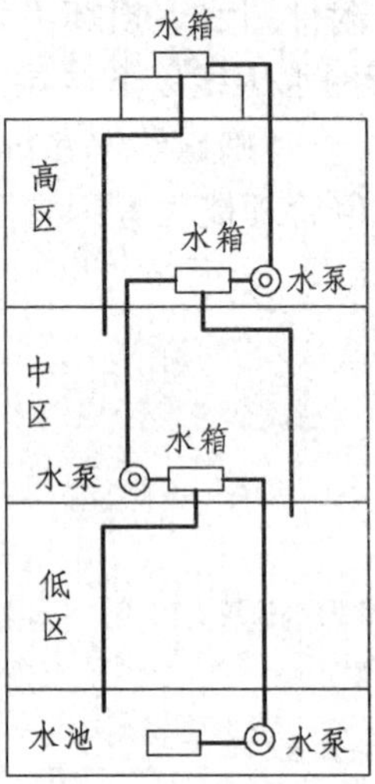

图 1-12　串联分区图

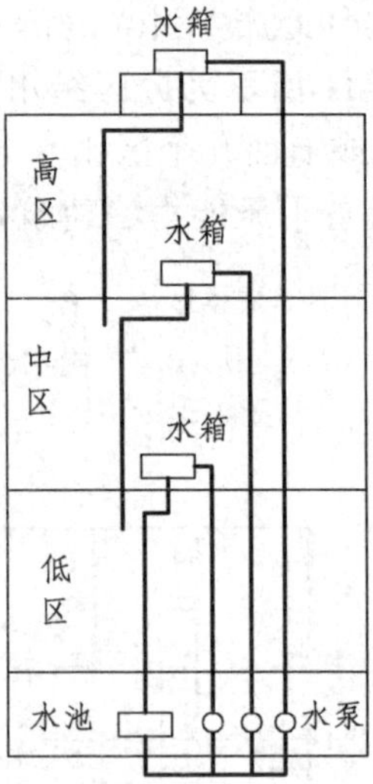

图 1-13　并联分区

③ 减压分区给水方式。

减压分区给水方式是利用减压阀或各区的减压水箱进行减压。水泵将水直接送入最上层的水箱，各区分别设置水箱，由上区的水箱向下区的水箱供水，利用水箱减压；或者在上下区之间设置减压阀，用减压阀代替水箱，起到减压的作用。向下区供水时，先通过干管上的减压阀减压，然后进入下一区的管网，依次向下区供水。这种给水方式的特点是：供水比较可靠，设备和管道系统简单，节约投资，维护管理方便。也可以采用沿垂直立管循序减压的给水方式，即减压阀设置在立管上，将立管分为不同的压力区域。采用减压阀减压，各区不再设置水箱，可提高建筑面积的利用率，且减压阀价格低、安装方便、使用可靠，但下区供水压力损失较大，水泵能源消耗较大。设计时，一般生活给水系统采用可调式减压阀；消防给水系统采用比例式减压阀。图 1-14 所示为减压分区给水方式。

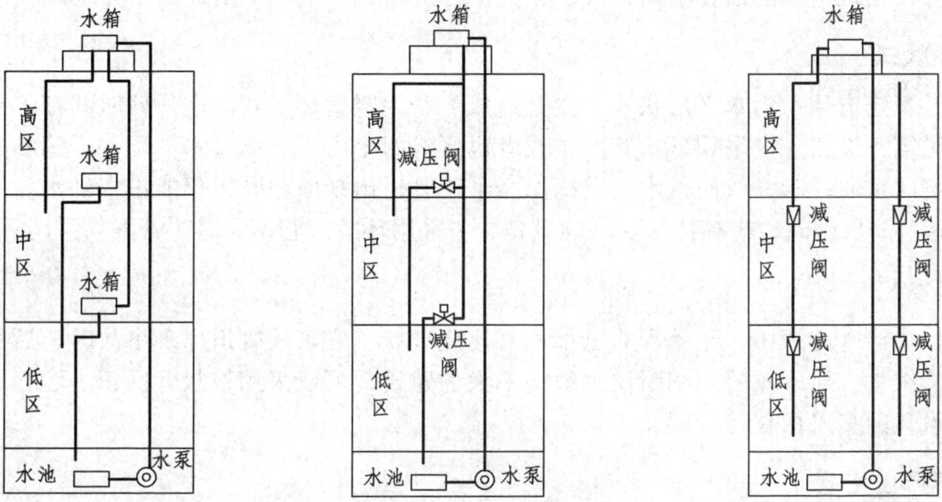

（a）减压水箱给水方式　　（b）减压阀分区给水方式　　（c）沿垂直立管循序减压给水方式

图 1-14　减压分区给水方式

7．分质给水方式

分质给水方式即根据不同用途所需的不同水质，分别设置独立的给水系统，如图 1-15 所示。饮用水给水系统供饮用、烹饪、盥洗等生活用水，水质应符合现行国家标准《生活饮用水卫生标准》(GB 5749)。生活杂用水给水系统水质较差，仅需符合现行国家标准《城市污水再生利用　城市杂用水水质》(GB/T 18920)，只能用于建筑内冲洗便器、绿化、洗车、扫除等。近年来，为了确保水质，有些国家还采用了饮用水与盥洗、沐浴等生活用水分设两个独立管网的分质给水方式。生活杂用水均先入屋顶水箱，空气隔断后，再经管网供给各用水点，以防回流污染；饮用水则根据需要，深度处理达到直接饮用的要求，再进行输配。

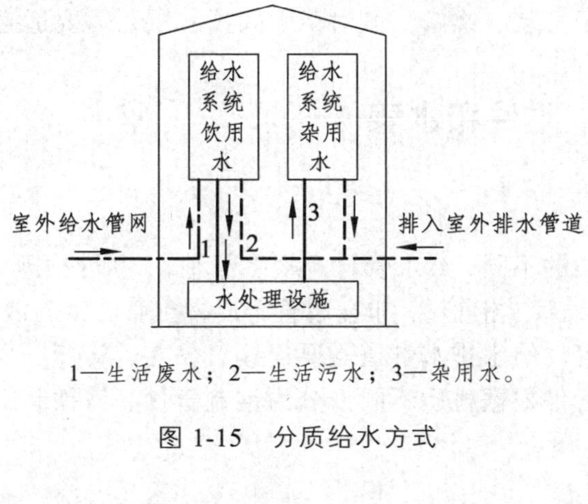

1—生活废水；2—生活污水；3—杂用水。

图 1-15　分质给水方式

1.2.2　建筑内部给水系统的给水形式

建筑内部给水通过引入管引入室内以后，根据管网形式不同可以分为环状式和枝状式；根据横干管在建筑内部的位置不同，可以分为下行上给式、上行下给式和中分式。

1．环状式

水平干管连成环状为水平环状式，立管连成环状为竖直环状式。在任何时间都不允许间断供水的建筑和设备，应采用环状管网；或者也可将两个引入管通过水平配水干管和配水立管连通，组成贯通环状、双向供水，以确保当某段管道出现问题时，仍能正常供水。一般大型公共建筑、高层建筑，或有特殊要求的设备，多采用环状式管网，消防管网均采用环状式。

2．枝状式

在枝状式给水方式中，干管和立管都不必连成环状，当某段管道出现事故时，后面的系统无法正常供水。对于短时间间断供水影响不大的建筑，可以采用枝状管网，一般普通住宅建筑内给水管网多采用枝状管网。

3．下行上给式

下行上给式给水方式是指水平配水干管在建筑物的下部，通过下面的干管向上供水。水平干管一般设置在地下室的天花板下面，如果没有地下室，可以设置在地沟里，或直接埋地。一般民用建筑利用室外管网直接供水时，大都采用这种方式。

4．上行下给式

上行下给式给水方式是指水平配水干管在建筑物的上部，一般设在房屋吊顶内、顶层天花板下，自上向下供水。一般屋顶有水箱或下行布置有困难时，采用这种方式。这种方式因横干管管径较大，且设置在上方，维修困难，施工要求高，一旦发生漏水，墙面、室内装修都会受到破坏，影响较大。

5．中分式

水平配水干管敷设在建筑物中间的技术层（或某一层的吊顶）内，向上、下两个方向供水。适用于屋顶用于其他用途（如露天茶座、舞厅等）的建筑，或有中间技术层的建筑。管道布置在技术层内，便于安装、维修，但对于中间技术层，需要适当增加层高。

1.3　给水管材、附件和水表

1.3.1　给水管材

根据制造工艺和材质的不同，给水管材有很多品种，一般按材质分为黑色金属管（钢管、铸铁管）、有色金属管（铜管、铝管）、非金属管（混凝土管、钢筋混凝土管、塑料管）、复合管（钢塑管、铝塑管）等。给水排水管道需要连接、分支、转弯、变径时，对不同管道就要采取不同材质的管件。管件根据材质不同，分为钢制管件、铸铁制管件、铜制管件、塑料管件等。

黑色金属管包括碳素钢管和铸铁管。碳素钢管按制造方法分为无缝钢管、有缝钢管、铸造管等。

非金属管包括混凝土管、钢筋混凝土管、塑料管等。在建筑给水中，非金属管的主流是塑料管，包括硬聚氯乙烯管（UPVC）、聚乙烯管（PE）、交联聚乙烯管（PEX）、聚丙烯管（PP）、聚丁烯管（PB）、丙烯腈-丁二烯-苯乙烯管（ABS）等。

其中，建筑给水和热水供应管材常用的有：塑料管、复合管、钢管、不锈钢管、有衬里的铸铁管和经可靠防腐处理的钢管等。

无缝钢管、铜管、不锈钢管及其管件的规格通常用符号“D”或“ϕ“表示外径，外径数字写于其后，再乘以壁厚。例如：$D133\times4$ 或 $\phi133\times4$，即表示该管外径为 133 mm、壁厚为 4 mm。

镀锌钢管、铸铁管及其管件的规格通常用符号“DN”表示公称直径。公称直径是一种标准化直径，又叫名义直径，它既不是内径，也不是外径。例如，DN15、DN25 等。

钢筋混凝土管、陶土管、耐酸陶瓷管和缸瓦管的管径以内径 d 表示。

各种新型管材及其管件的规格通常用符号“De”表示公称外径。外径数字写于其后，再乘以壁厚。例如，PB 管的外径是 16 mm，壁厚是 3 mm，表示为 $De16\times3$。

1．塑料管

塑料管是合成树脂加添加剂经熔融成型的制品。添加剂有增塑剂、稳定剂、填充剂、润滑剂、着色剂、紫外线吸收剂和改性剂等。常用的塑料管有：硬聚氯乙烯管（UPVC）、聚丙烯管（PP）、聚丁烯管（PB）、高密度聚乙烯管（HDPE）、交联聚乙烯管（PEX）、丙烯腈-丁二烯-苯乙烯管（ABS）等。塑料管的优点是：化学性能稳定、耐腐蚀，管壁光滑，水头损失小，重量轻，加工、安装方便。其缺点是：强度较低，膨胀系数较大，易受温度影响。

1）聚丙烯管（PP）

普通聚丙烯材质耐低温性差，通过共聚合的方式可以使聚丙烯性能得到改善。改性聚丙烯管有三种：均聚聚丙烯（PP-H，一型）管、嵌段共聚聚丙烯（PP-B，二型）管、无规共聚聚丙烯（PP-R，三型）管。由于 PP-B、PP-R 的适用范围涵盖了 PP-H，故 PP-H 逐步退出了管材市场。PP-B、PP-R 的物理特性基本相似，应用范围基本相同，它们的优点为强度高、韧性好、无毒、温度适应范围广（5 ~ 95 °C）、耐腐蚀、抗老化、保温效果好、不结垢、沿程阻力小、施工安装方便。目前，国内产品规格在 $De20\sim De110$，广泛用于冷水、热水、纯净饮用水系统。管道之间采用热熔连接，管道与金属管件通过带金属嵌件的聚丙烯管件采用丝扣或法兰连接。

2）硬聚氯乙烯管（UPVC）

硬聚氯乙烯管的使用温度为 5 ~ 45 °C，不适用于热水输送，常见规格为 $De20\sim De315$；工作压力为 1.6 MPa。硬聚氯乙烯管的优点是耐腐蚀性好、抗衰老性强、粘接方便、价格低、产品规格全、质地坚硬，符合输送纯净饮用水的标准；缺点是维修麻烦、无韧性，环境温度低于 5 °C 时脆化，高于 45 °C 时软化，长期使用有 UPVC 单体和添加剂渗出。该管材为早期替代镀锌钢管的管材，现已不推广使用。硬聚氯乙烯管通常采用承插粘接，也可采用橡胶密封圈柔性连接、螺纹连接或法兰连接。

3）聚丁烯管（PB）

聚丁烯管是用高分子树脂制成的高密度塑料管，管材质软、耐磨、耐热、抗冻、无毒无害、耐久性好、重量轻、施工安装简单，作为冷水管的工作压力为 1.6 ~ 2.5 MPa，作为热水管的工作压力为 1.0 MPa。能在 – 20 ~ 95 °C 安全使用，适用于冷、热水系统。聚丁烯管与管件的连接方式有三种方式：铜接头夹紧式连接、热熔插接、电熔连接。

4）聚乙烯管（PE）

聚乙烯管包括高密度聚乙烯管（HDPE）和低密度聚乙烯管（LDPE）。聚乙烯管的特点是重量轻、韧性好、耐腐蚀、可盘绕、耐低温性能好、运输及施工方便、具有良好的柔性和抗蠕变性能，在建筑给水中得到广泛应用。聚乙烯管道的连接可采用电熔、热熔、橡胶圈柔性连接，工程上主要采用熔接。

5）交联聚乙烯管（PEX）

交联聚乙烯是通过化学方法，使普通聚乙烯的线性分子结构改性成三维交联网状结构。交联聚乙烯管具有强度高、韧性好、抗老化（使用寿命达 50 年以上）、温度适应范围广（ – 70 ~ 110 °C）、无毒、不滋生细菌、安装维修方便、价格适中等优点。目前，国内产品常用规格为 *De*16 ~ *De*63，主要用于建筑室内热水给水系统。管径小于等于 25 mm 的管道与管件采用卡套式，管径大于等于 32 mm 的管道与管件采用卡箍式连接。

6）丙烯腈-丁二烯-苯乙烯管（ABS）

ABS 管材是丙烯腈、丁二烯、苯乙烯的三元共聚物，丙烯腈提供了良好的耐蚀性和表面硬度；丁二烯作为一种橡胶体提供了韧性；苯乙烯提供了优良的加工性能。三种化合物的共同作用使 ABS 管材强度大、韧性高，能承受冲击。ABS 管材的工作压力 1.6 MPa，常用规格为 *De*15 ~ *De*300，使用温度为 – 40 ~ 60 °C；作为热水管规格不全，使用温度 – 40 ~ 95 °C。管材连接方式为粘接。

2．复合管

1）钢塑复合管

钢塑复合管是在钢管内壁衬（涂）一定厚度的塑料层复合而成，依据复合管基材不同，可分为衬塑复合管和涂塑复合管两种。衬塑钢管是在传统的输水钢管内插入一根薄壁的 PVC 管，使二者紧密结合，就成了 PVC 衬塑钢管；涂塑钢管是以普通碳素钢管为基材，将高分子 PE 粉末融熔后均匀地涂敷在钢管内壁，经塑化后，形成光滑、致密的塑料涂层。

钢塑复合管兼备了金属管材的强度高、耐高压、能承受较强的外来冲击力和塑料管材的耐腐蚀、不结垢、导热系数低、流体阻力小的优点。钢塑复合管可采用沟槽式、法兰式或螺纹式等方式连接，同原有的镀锌管系统完全相容，应用方便，但需在工厂预制，不宜在施工现场切割。

2）铝塑复合管（PE-Al-PE 或 PEX-Al-PEX）

铝塑复合管是通过挤出成型工艺制造出的新型复合管材，它由聚乙烯层—胶合层—铝合金层—胶合层—聚乙烯层五层结构构成，铝塑复合管内部结构见图 1-16。

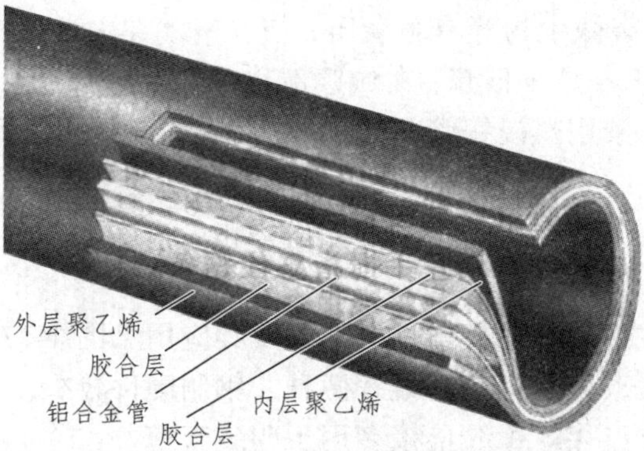

图 1-16　铝塑复合管内部结构

铝塑复合管可以分为三种型号：A 型，耐温≤60 °C；B 型，耐温≤95 °C；C 型，输送燃气用。管件连接主要采用厂家提供的专用夹紧式铜接头和部分专用工具。铝塑复合管安装方便，暗装时可用弯管代替弯头。

3．钢　管

1）无缝钢管

无缝钢管按用途不同分为普通和专用两种，其中，普通无缝钢管又可按材质不同，分为碳素钢管、优质碳素钢管、低合金钢管和合金钢管。常用的无缝钢管为碳素钢管，一般采用 10 号、20 号、35 号、45 号钢制造。无缝钢管按制造工艺不同，可以分为冷扎（拔）和热扎两种，冷扎管包括 *De*5 ~ *De*200 的各种规格，单根长度 1.5 ~ 9 m，热扎管有外径 *De*32 ~ *De*630 的各种规格，单根长度 3 ~ 12.5 m。

无缝钢管管件不多，有无缝冲压弯头和无缝异径管两种。无缝冲压弯头分为 90° 和 45° 两种角度。无缝异径管又称无缝大小头，分为同心和偏心大小头两种。

无缝钢管的强度大、品种和规格较多，广泛用于压力较高的工业管道工程，如热力管道、压缩空气管道、氧气管道、各种化工管道等。无缝钢管在民用安装工程中，一般用于采暖主干管道和煤气主干管道等；在给排水工程中使用较少，在排水系统中用于检修困难地方的管段、机器设备振动较大地方的管段及管道内压力较高的非腐蚀性排水管，采用焊接或法兰连接。

2）焊接钢管

焊接钢管又称有缝钢管，分为水煤气钢管和卷板焊接钢管两种。水煤气钢管，由扁钢管坯卷成管线并沿缝焊接而成。按有无螺纹分为带螺纹（锥形或圆形螺纹）和不带螺纹（光管）两种；按壁厚不同分为普通钢管、加厚钢管和薄壁钢管三种，普通钢管规定的水压试验压力为 2 MPa，加厚钢管为 3 MPa；按表面处理的不同分为普通焊接钢管（黑铁管）和镀锌焊接钢管（白铁管），其中镀锌焊接钢管又分为电镀锌和热浸锌两种。镀锌钢管比普通焊接钢管重 3% ~ 6%，热浸锌焊接钢管广泛用于生活、消防给水管道和煤气管道，故又称为水煤气管；在排水系统中用作卫生器具排水支管及生产设备的非腐蚀性排水支管上管径小于或等于 50 mm 的管道。

镀锌钢管一度是我国生活饮用水采用的主要管材，不过长期的使用证明，其内壁易生锈、结垢、滋生细菌、产生有害微生物等有害杂质，使自来水在输送途中受到“二次污染”。根据国家有关规定，从 2000 年 6 月 1 日起，在城镇新建住宅生活给水系统中禁用镀锌钢管，并根据当地实际情况逐步限时禁用热浸锌管。目前，镀锌钢管主要用于水消防系统，因其强度高、抗振性能好。

钢管的连接方法有螺纹连接、焊接、法兰连接和卡箍连接。

（1）螺纹连接。

螺纹连接是利用配件连接，连接配件的形式及其应用见图 1-17。配件用可锻铸铁制成，抗蚀性及机械强度均较大，分镀锌和不镀锌两种，钢制配件较少。室内给水管道应用镀锌配件，镀锌钢管必须用螺纹连接。螺纹连接多用于明装管道。

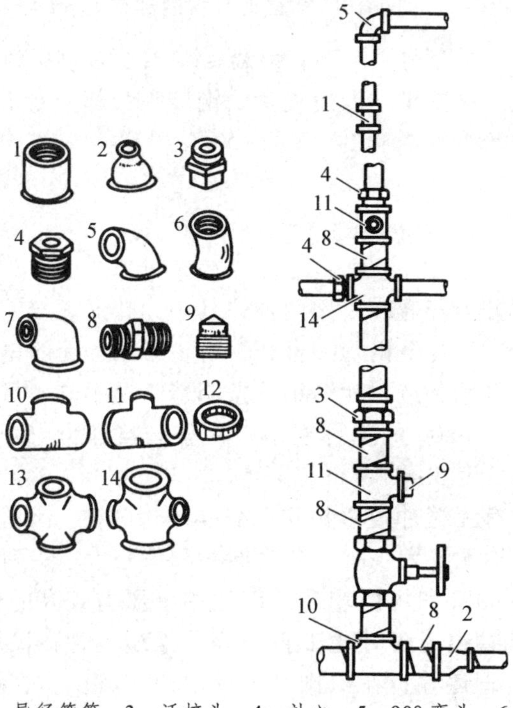

1—管箍；2—异径管箍；3—活接头；4—补心；5—90° 弯头；6—45° 弯头；
7—异径弯头；8—外丝；9—堵头；10—等径三通；11—异径三通；
12—根母；13—等径四通；14—异径四通。

图 1-17　钢管螺纹连接配件及连接方法

（2）焊接。

焊接后的管道接头紧密、不漏水。焊接施工迅速，且不需要配件，但无法像螺纹连接那样方便拆卸。焊接只能用于非镀锌钢管。因为镀锌钢管焊接时镀锌层会遭到破坏，会加速锈蚀。焊接多用于暗装管道。

（3）法兰连接。

法兰连接一般用在管径大于 *DN* 50 的管道上，将法兰盘焊接或用螺纹连接在管端，再以螺栓连接，法兰盘如图 1-18 所示。法兰连接一般用于闸阀、止回阀、水泵、水表等连接处，以及需要经常拆卸、检修的管段上。

图 1-18　法兰盘

（4）卡箍连接。

对于管径较大用螺纹连接较困难且不允许焊接的情况，一般采用卡箍连接。连接时，两管口端应平整无缝隙，沟槽应均匀，卡紧螺栓后，管道应平直，卡箍安装方式应一致。卡箍连接常用管件如图 1-19 所示。

（a）挠性管接头

（b）刚性管接头

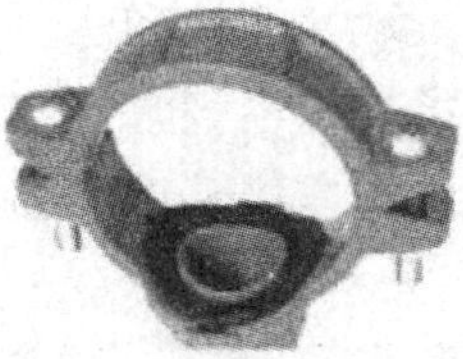

（c）卡箍三通

（d）卡箍四通

（e）沟槽四通

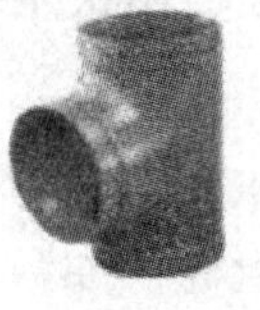

（f）沟槽三通

（g）异径三通

（h）同心异径管

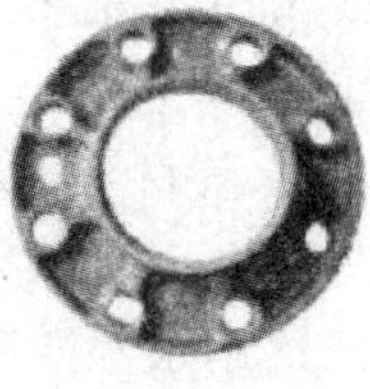

（i）沟槽法兰

（j）90° 弯头

（k）45° 弯头

（l）沟槽偏心异径管

图 1-19　卡箍连接常用管件

3）不锈钢管

耐空气、蒸汽、水等弱腐蚀介质和酸、碱、盐等化学侵蚀性介质腐蚀的钢，称为不锈钢，又称不锈耐酸钢。实际应用中，常将耐弱腐蚀介质腐蚀的钢称为不锈钢，而将耐化学介质腐蚀的钢称为耐酸钢。由于两者在化学成分上的差异，前者不一定耐化学介质腐蚀，而后者则一般具有不锈性。

不锈钢管具有很强的化学稳定性，且有机械强度高、坚固、韧性好、耐腐蚀性好、热膨胀系数低、卫生性能好、可回收利用、外表靓丽大方、安装维护方便、经久耐用等优点，适用于建筑给水特别是管道直饮水及热水系统中。管道可采用焊接、螺纹连接、卡压式、卡套式等多种连接方式。

4．铜　管

铜管包括拉制铜管、挤制铜管、拉制黄铜管、挤制黄铜管，是传统的给水管材，具有耐温、延展性好、承压能力强、化学性质稳定、线性膨胀系数小等优点。铜管公称压力为 2.0 MPa，冷、热水均适用，因为一次性投入较高，一般在高档宾馆等建筑中采用。铜管可采用螺纹连接、焊接及法兰连接。

5．铸铁管

我国生产的给水铸铁管，按其材质分为球墨铸铁管和普通灰口铸铁管，按其浇注形式分为砂型离心铸铁直管和连续铸铁直管，铸铁管具有耐腐蚀性强（为保证其水质，还是应有衬里）、使用期长、价格较低等优点，其缺点是性脆、长度小、重量大。

给水铸铁管连接方法：承插连接和法兰连接两种。承插连接可采用石棉水泥接口、胶圈接口、铅接口和膨胀水泥接口。在经常拆卸的部位应采用法兰连接，但法兰连接只用于明敷管道。离心球墨铸铁管的承插连接采用胶圈接口。

6．石棉水泥管

石棉水泥管重量轻、不易腐蚀、表面光滑，加工时容易割锯、钻孔，但性脆、强度低、抗冲击力差、容易破损，多作为屋面通气管，外排水、雨水水落管之用。

1.3.2　给水管材的选用

选用给水管材时，首先应了解各类管材的特性指标，如耐温范围、耐压能力、线性膨胀系数、抗冲击能力、热传导系数、保温性能、管径范围、卫生性能等，然后根据建筑装饰标准、输送水的温度及水质要求、使用场合、敷设方式等进行技术经济比较后确定。需要遵循的原则是：安全可靠、卫生环保、经济合理、水力条件好、便于施工维护。

（1）“安全可靠”是指管材本身的承压能力，包括管件连接的可靠性。给水管材要有足够的刚度和机械强度，做到在工作压力范围内不渗漏、不破裂。

（2）“卫生环保”要求管材的原材料、改性剂、助剂和添加剂等保证饮用水水质不受污染。

（3）“经济合理”是指在保证管材质量的前提下，尽可能选择价格低廉、货源充足、供货方便的管材。

（4）“水力条件好”要求管材内外表面光滑。

（5）“便于施工维护”要求管材容易加工，且有一定的耐腐蚀能力。

埋地给水管道采用的管材，应具有耐腐蚀性且能承受相应的地面荷载，可采用塑料给水管、有衬里的铸铁给水管、经可靠防腐处理的钢管。室内的给水管道，应选用耐腐蚀且安装连接方便可靠的管材，可采用塑料给水管、塑料和金属复合管、铜管、不锈钢管及经可靠防腐处理的钢管。

1.3.3 管道附件

管道附件是给水管网系统中调节水量、水压，控制水流方向和通断水流等各类装置的总称。管道附件分为配水附件、控制附件和其他附件三类。

1．配水附件

配水附件是指为各类卫生洁具或受水器分配或调节水流的各式水龙头（或阀件），是使用最为频繁的管道附件，产品应符合节水、耐用、通断灵活和美观的要求。

1）旋启式水龙头

旋启式水龙头曾是普遍用于洗涤盆、污水盆、盥洗槽等卫生器具的配水附件，由于密封橡胶垫磨损容易出现滴、漏现象，我国已禁用普通旋启式水龙头，以陶瓷芯片水龙头代之。

2）陶瓷芯片水龙头

陶瓷芯片水龙头采用精密的陶瓷片作为密封材料，由动片和定片组成，通过手柄的水平旋转或上下提压造成动片与定片的相对位移启闭水源，使用方便，但水流阻力较大。

3）旋塞式水龙头

旋塞式水龙头：手柄旋转 90° 即完全开启，可在短时间内获得较大流量，由于启闭迅速容易产生水击，一般设在开水间、浴池、洗衣房等压力不大的给水设备上。

4）混合水龙头

混合水龙头：安装在洗面盆、浴盆等卫生器具上。通过控制冷、热水流量调节水温，作用相当于两个水龙头。使用时将手柄上下移动控制流量，左右偏转调节水温。

5）延时自闭水龙头

延时自闭水龙头：主要用于酒店及商场等公共场所的洗手间，使用时将按钮下压，每次开启持续一定时间后，靠水压力及弹簧的增压而自动关闭水流。

6）自动控制水龙头

自动控制水龙头：根据光电效应、电容效应、电磁感应等原理自动控制水龙头的启闭，常用于建筑装饰标准较高的盥洗、淋浴、饮水等的水流控制。

2．控制附件

控制附件是用于调节水量、水压、关断水流、控制水流方向和水位的各式阀门。控制附件应符合性能稳定、操作方便、便于自动控制、精度高等要求。

1）闸　阀

闸阀又称闸板阀，是利用闸板来控制启闭的阀门，闸板的运动方向与流体方向相垂直，闸阀只能作全开和全关，不能调节和节流，如图 1-20 所示。闸阀多用于对流体介质做全启或全闭操作的管路。闸阀安装一般无方向性要求，但不能倒装。倒装时，操作和检修都不方便。明杆闸阀适用于地面上或管道上方有足够空间的地方；暗杆闸阀多用于地下管道或管道上方没有足够空间的地方。为了防止阀杆锈蚀，明杆闸阀不许装在地下。

在城市轨道交通给排水系统中，闸阀多用于经过人防措施的管道上和密闭性要求比较严格的位置。

2）截止阀

截止阀是利用阀瓣来控制启闭的阀门，其结构如图 1-21 所示。通过改变阀瓣与阀座的间隙来调节介质流量的大小或截断介质通路。安装截止阀必须注意流体的流向。安装截止阀必须遵守的原则是：管道中的流体自下而上通过阀孔，俗称“低进高出”，不许装反，只有这样安装，流体通过阀孔的阻力才最小，开启阀门才省力，且阀门关闭时，因填料不与介质接触，既方便了检修，又能不使填料和阀杆受损坏，从而延长了阀门的使用寿命。

在城市轨道交通给排水系统中，截止阀多用于生产、生活给水系统和反冲洗设备中。

图 1-20　闸阀

图 1-21　截止阀

3）蝶　阀

蝶阀又叫翻板阀，是一种结构简单的调节阀，可用于低压管道的开关控制，其结构如图 1-22 所示。蝶阀的关闭件（阀瓣或蝶板）为圆盘，依靠阀轴旋转来达到开启与关闭。阀门可用于控制空气、水、蒸汽、各种腐蚀性介质、泥浆、油品、液态金属和放射性介质等各种类型流体的流动，在管道上主要起切断和节流作用。

蝶阀的蝶板安装于管道的直径方向。在蝶阀阀体圆柱形通道内，圆盘形蝶板绕着轴线旋转，旋转角度为 0°～90°，旋转到 90° 时，阀门处于全开状态。

在城市市轨道交通给排水系统中，蝶阀主要用于消防系统中。

4）球　阀

指启闭件（球体）绕垂直于通路轴线旋转的阀门。球阀只需旋转 90° 和很小的转动力矩就能关闭严密，如图 1-23 所示。在管路中用来切断、分配和改变介质的流动方向，适用于安装空间小的场所。球阀具有流体阻力小、结构简单、体积小、质量轻、开闭迅速等优点，但容易产生水击。

图 1-22　蝶阀

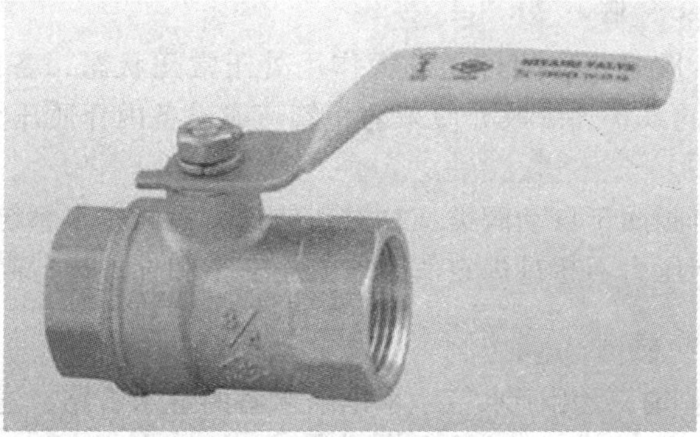

图 1-23　球阀

5）止回阀

止回阀又称逆止阀、单向阀，是一种在阀门前后压力差作用下自动启闭的阀门，如图 1-24 所示。止回阀的作用是使介质只做一个方向的流动，阻止介质逆向往回流动。止回阀按其结构不同，有升降式和旋启式。升降式止回阀又有卧式与立式之分。安装止回阀时，也应注意介质的流向，不能装反。卧式升降式止回阀应水平安装，要求阀体中心线与水平面相垂直。立式升降式止回阀，只能安装在介质由下向上流动的垂直管道上。旋启式止回阀有单瓣、双瓣和多瓣之分，安装时摇板的旋转枢轴必须水平，所以旋启式止回阀既可以安装在水平管道上，也可以安装在介质由下向上流动的垂直管道上。

在城市轨道交通给排水系统中，止回阀属于必不可少的阀门，所有的水泵出水口均有安装。

6）减压阀

当给水管网的压力高于配水点允许的最高使用压力时，应设置减压阀。减压阀是靠阀内敏感元件（如薄膜、活塞、波纹管等）改变阀瓣与阀座间隙，使介质节流降压，并使阀后压力保持稳定，使使用压力不超过允许限度的阀门，如图 1-25 所示。按其结构不同有薄膜式、活塞式和波纹管式。减压阀与其他阀件及管道组合成减压阀组，称为减压器。减压器的直径较小时（*DN* 25 ~ *DN* 40），可采用螺纹连接并可进行预组装，组装后的阀组两侧直线管道上应装活接头，以便和管道螺纹连接。用于蒸汽系统或介质压力较高系统的减压器，多采用焊接连接。

图 1-24　止回阀

图 1-25　减压阀

7）安全阀

安全阀是当启闭件受外力作用处于常闭状态，备或管道内的介质压力升高超过规定值时,通过向系统外排放介质来防止管道或设备内介质压力超过规定数值的特殊阀门,如图 1-26 所示。

安全阀属于自动阀类，在城市轨道交通给排水系统中，主要用于消防泵房内的消防管道上，控制压力不超过规定值，对人身安全和设备运行起重要保护作用。

8）浮球阀

浮球阀广泛用于水箱、水池、水塔的进水管路，通过浮球的调节作用来维持水位。当充水到既定水位时，浮球随水位浮起，关闭进水口，防止流溢；当水位下降时，浮球下落，进水口开启。为保障进水的可靠性，一般采用两个浮球阀并联安装，浮球阀前应安装检修用的阀门，如图 1-27 所示。

图 1-26　安全阀

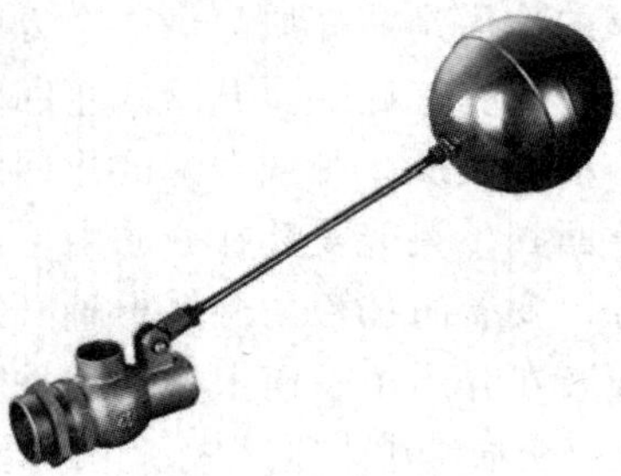

图 1-27　浮球阀

3．其他附件

在给水系统中经常需要安装一些保障系统正常运行、延长设备使用寿命和改善系统工作性能的附件，如管道过滤器、倒流防止器、水锤消除器、排气阀等。

1）倒流防止器

倒流防止器是根据自来水供水设备，尤其是生活饮用水管道回流污染严重，又无有效防止回流污染装置的情况下,研制的一种严格限定管道中水只能单向流动的水力控制组合装置,如图 1-28 所示。它的功能是在任何情况下防止管道中的介质倒流，以避免倒流污染。目前，倒流防止器主要分为低阻力倒流防止器和减压型倒流防止器两类，按国家标准低阻力倒流防止器的水头损失应小于 3 m，减压型倒流防止器的水头损失应小于 7 m。

在城市轨道交通给排水系统中，倒流防止器主要用于各用水支路上端。

2）管道过滤器

管道过滤器用于除去液体中少量固体颗粒，安装在水泵吸水管、水加热器进水管、换热装置的循环冷却水进水管上，以及进水总表、住宅进户水表、减压阀、自动水位控制阀、温度调节阀等阀件前，可以使设备免受杂质的冲刷、磨损、淤积和堵塞，保证设备正常运行，如图 1-29 所示。

图 1-28　倒流防止器

图 1-29　管道过滤器

1.3.4　水　表

1. 水表的类型

水表是一种计量用户用水量的仪表。建筑给水系统中广泛应用的是流速式水表。其计量用水量的原理是当管径一定时，通过水表的流量与水流速度成正比。水表计量的数值为累计值。

流速式水表按叶轮构造不同，分为旋翼式和螺翼式两类。其中，旋翼式水表的叶轮轴与水流方向垂直，水流阻力大，计量范围小，多为小口径水表，宜用于测量较小水流量。螺翼式水表的叶轮轴与水流方向平行，水流阻力小，多为大口径水表，宜用于测量较大水流量。

按计数机件所处环境的不同，流速式水表又分为干式和湿式两种。干式水表的计数机件用金属圆盘将水隔开，湿式水表的计数和表盘均浸没于水中，在计数盘上装有一块厚玻璃（或钢化玻璃）用以承受水压，具有结构简单、计量较准确、不易漏水等优点，应用较广泛。但如果水质浊度高，将降低水表精度，产生磨损而缩短水表寿命，因此湿式水表宜用在水中不含杂质的管道上。

按水流方向不同，水表可分为立式和水平式两种；按适用介质温度不同，水表可分为冷水表和热水表两种。

随着现代技术的发展，远传式水表、IC 卡智能水表已经得到广泛应用。常用水表的类型如图 1-30 所示。

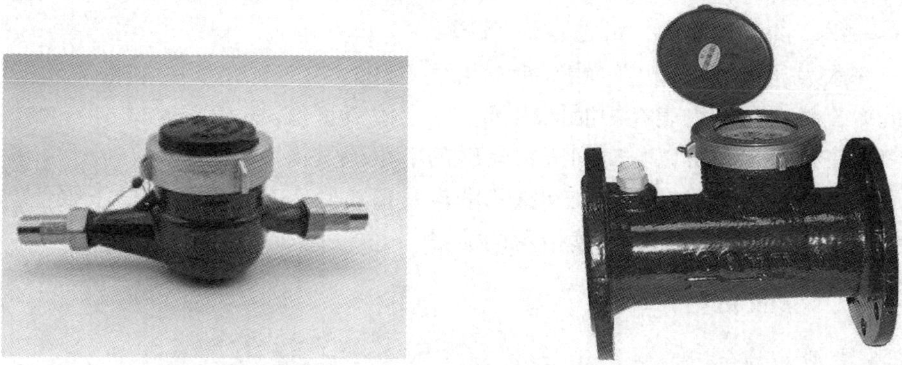

（a）旋翼式水表　　（b）螺翼式水表

（c）远传式水表

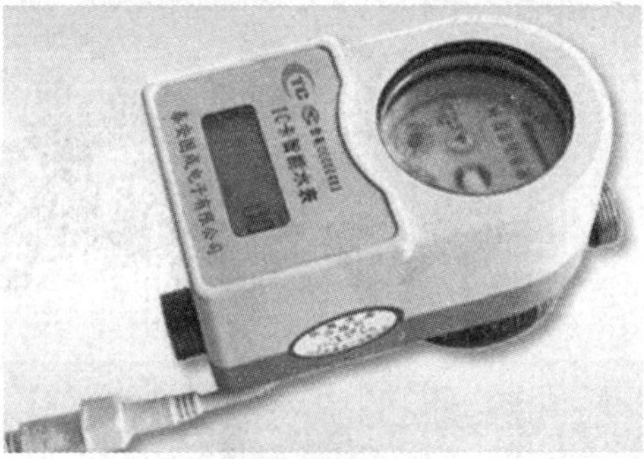

（d）IC 卡水表

图 1-30　常用类型的水表

2．水表的性能参数

（1）流通能力：水流通过水表产生 10 kPa 水头损失时的流量值。

（2）特性流量：水流通过水表产生 100 kPa 水头损失时的流量值，此值为水表的特性指标。根据水力学原理有如下关系：

$$H_{\mathrm{B}}=\frac{Q_{\mathrm{B}}^{2}}{K_{\mathrm{B}}} \tag{1-1}$$

$$K_{\mathrm{B}}=\frac{Q_{\mathrm{t}}^{2}}{100} \tag{1-2}$$

式中　H_{B}——水流通过水表的水头损失，kPa；

Q_{B}——通过水表的流量，$\mathrm{m^3/h}$；

K_{B}——水表特性系数；

Q_{t}——水表特性流量，$\mathrm{m^3/h}$；

100——水表通过特性流量时的水头损失值，kPa。

对于螺翼式水表，根据式（1-2）及流通能力的定义，则有：

$$K_{\mathrm{B}}=\frac{Q_{\mathrm{t}}^{2}}{10} \tag{1-3}$$

式中　Q_{t}——水表的流通能力，$\mathrm{m^3/h}$；

10——水表通过流通能力时的水头损失值，kPa。

（3）最大流量：允许水表在短时间内承受的上限流量值。

（4）额定流量：水表可以长时间正常运转的上限流量值。

（5）最小流量：水表能够开始准确指示的流量值，是水表正常运转的下限值。

（6）灵敏度：水表能够开始连续指示的流量。

3．流速式水表的选用

1）水表类型的确定

选择水表类型时应当考虑的因素有：水温、工作压力、水量大小及其变化幅度、计量范围、管径、工作时间、单向或正逆向流动、水质等。一般管径≤50 mm 时，应采用旋翼式水表；管径 > 50 mm 时，应采用螺翼式水表。当流量变化幅度很大时，应采用复式水表（复式水表是旋翼式和螺翼式的组合形式）。计量热水时，宜采用热水水表。一般应优先采用湿式水表。

2）水表口径的确定

一般以通过水表的设计流量小于等于水表的额定流量（或者以设计流量通过水表所产生的水头损失接近或不超过允许水头损失值）来确定水表的公称直径。

当用水量均匀时（如工业企业生活间、公共浴室、洗衣房等），应按该系统的设计流量不超过水表的额定流量来确定水表口径；当用水不均匀（如住宅、集体宿舍、旅馆等）且高峰流量时间每昼夜不超过 3 h 时，应按该系统的设计流量不超过水表的最大流量来确定水表口径，同时水表的水头损失不应超过允许值；当设计对象为生活（生产）、消防共用的给水系统时，选定水表时不考虑消防流量，但应加上消防流量复核，使其总流量不超过水表的最大流量限值（水头损失必须不超过允许水头损失值）。按最大小时流量选用水表的允许水头损失值如表 1-1 所示。

表 1-1　按最大小时流量选用水表的允许水头损失值　　单位：kPa

表　型	正常与用水时	消防时
旋翼式	< 25	< 50
螺翼式	< 13	< 30

水表选定后，可参照式（1-1）计算水表的水头损失。

4．电控自动流量计（TM 卡智能水表）

随着科学技术的发展，用水管理体制的改变与民众节约用水意识的提高，传统的“先用水后收费”的用水体制和人工进户抄表、结算水费的繁杂方式，已不适应现代管理方式与生活方式，用新型的科学技术手段改变自来水供水管理体制的落后状况已经提上日程。因此，电磁流量计、远程计量仪、IC 卡水表等自动水表应运而生，TM 卡智能水表也是其中之一。TM 卡智能水表内部置有微电脑测控系统，通过传感器检测水量，用 TM 卡传递水量数据，主要用来计量（定量）经自来水管道供给用户的饮用冷水，适于家庭使用。

TM 卡智能水表的安装位置要避免曝晒、冰冻、污染、水淹、砂石等杂物进入管道，水表要水平安装，字面朝上，水流方向应与表壳上的箭头一致。使用时，表内需装入 5 号锂电池 1 节（正常情况下可用 3 ~ 5 年），用户持 TM 卡（有三重密码）先到供水管理部门购买一定的水量，将 TM 卡插入水表的读写口将数据输入水表，即可用水。用户用去一部分水后，水表内存储器的用水余额自动减少，新输入的水量能与剩余水量自动相加。表面上有累计计数显示，供水部门和用户可核查用水总量。插卡后可显示剩余水量，当水量余额只有 1 m^3 时，TM 卡智能水表有提醒用户再次购水的功能。

TM 卡智能水表的特点和优越性是：将传统的先用水、后结算交费的用水方式改变为先预付水费、后限额用水的方式，使供水部门可提前收回资金，减少拖欠水费的损失；将传统的人工进户抄表、人工结算水费的方式改变为无需上门抄表、自动计费、主动交费的方式，减轻了供水部门工作人员的劳动强度；用户无需接待抄表人员，减少计量纠纷，还能提示人们节约用水，保护和利用好水资源；供水部门可实现计算机全面管理，提高了自动化程度，提高了工作效率。

1.4 给水管道的布置、敷设和防护

1.4.1 给水管道的布置

1．给水管道布置的基本要求

建筑物内部给水管网的布置，应根据建筑物的性质、使用要求以及用水设备的位置等因素来确定，一般应符合以下基本要求：

（1）保证最佳水力条件。

（2）保证水质不被污染、供水安全和使用方便。

（3）不影响建筑物的使用功能和美观。

（4）利于检修和维护管理。

2．给水管道布置的基本原则

给水管道的布置按供水可靠程度要求可分为枝状和环状两种形式；按水平干管位置不同可分为上行下给、下行上给和中分式三种形式。枝状管网单向供水，可靠性差，但节省管材，造价低；环状管网双向甚至多向供水，可靠性高，但管线长，造价高。

（1）室内生活给水管道宜布置成枝状管网，单向供水。

（2）当建筑物不允许间断供水时，引入管要设置两条或两条以上，并由市政管网的不同侧引入，在室内将管道连成环状或贯通状双向供水。如不可能时，可由同侧引入，但两根引入管间距不得小于 15 m，并应在接管点间设置阀门。

（3）室内给水管道不得布置在遇水易燃烧、爆炸的原料、产品和设备的上方。

（4）当管道埋地时，应当避免被重物压坏或被设备振坏；管道不得穿越生产设备基础，在特殊情况下必须穿越时，应采取有效的保护措施。

（5）室内给水管道不得布置在烟道、风道、电梯井内、排水沟内；不得穿过橱窗、壁柜、吊柜、木装修处；给水管道不得穿过大便槽和小便槽，且立管离大便槽和小便槽端部不得小于 0.5 m。生活给水管道不得与输送易燃、可燃或有害的液体或气体的管道同管廊（沟）敷设。

（6）室内给水管道不宜穿过伸缩缝、沉降缝，必须穿过时，应设置补偿管道伸缩和剪力变形的装置。常用的措施有：软性接头法，即用橡胶软管或金属波纹管连接沉降缝或伸缩缝两边的管道；丝扣弯头法，在建筑沉降过程中，两边的沉降差由丝扣弯头的旋转来补偿，仅适用于小管径的管道；活动支架法，在沉降缝两侧设支架，使管道只能垂直位移，以适应沉降、伸缩应力。

1.4.2 给水管道的敷设

1．给水管道的敷设形式

给水管道的敷设一般分为明装和暗装两类。

明装是指管道在建筑物内沿墙、梁、柱、地板等处暴露敷设。这种敷设方式造价低、安装维修方便，但容易因管道表面积灰、产生凝结水而影响环境卫生，也有碍室内美观。一般装修标准不高的民用建筑和大部分生产车间均采用明装。

暗装是将管道敷设在地下室的天花板下或吊顶、管沟、管道井、管槽和管廊内。这种敷设方式的优点是室内整洁、美观，但施工复杂，维护管理不便，工程造价高。标准较高的民用住宅、宾馆及工艺技术要求较高的生产车间（例如，精密仪器车间、电子元件车间）内的给水管道一般采用暗装。

2. 给水管道的敷设要求

给水横管道在敷设时应设 0.002 ~ 0.005 的坡度坡向泄水装置。横管设坡度，一是便于维修时管道泄水，或管道安装完毕、清洗消毒时，排空残留的污水；二是便于管道排气，有利于水流通畅和消除水气噪声。

给水管道与排水管道或其他管道同沟敷设、共架敷设时，给水管宜敷设在排水管、冷冻管的上面或敷设在热水管、蒸汽管的下面。给水管道与其他管道平行或交叉敷设时，管道外壁之间的距离应符合现行相关标准的有关要求。

给水管道埋地敷设时，覆土深度不小于 0.3 m。给水管道穿越建筑物楼板、墙或其他构筑物的墙壁时，应设防水套管。管道通过承重墙或基础时应预留洞口，且管顶上部的净空不得小于建筑物的沉降量，一般不小于 0.1 m。给水管道如采用塑料管道，在室内宜暗设，塑料管道耐腐蚀，但强度较差，明设时立管应设置在不易受撞击处，如不能避免，应在塑料管道外加保护措施。

敷设时应考虑给水管道的牢靠性，避免在使用过程中受到损坏。一般悬挂或贴近墙、柱、楼板下的横管和立管都必须用管卡、托架、吊环等固定或支撑，以防止管道受力移位、变形，引起漏水。

高层建筑中，管径超过 50 mm 的立管，向水平方向转弯时，应在向上弯转的弯头下面设置支架或支墩。立管高度超过 30 m 时，应设置补偿管道伸缩的补偿器。

引入管的敷设要注意穿越基础的处理，室内、室外的埋深不同。室外部分的埋深，主要考虑防冻和防止地面荷载（如载重车等）的破坏，一般在冰冻线以下 200 mm，其管顶覆土厚度不小于 0.7 ~ 1.0 m；室内部分不应埋设太深，一般在管沟里，地面下不小于 0.3 m，如直接埋地敷设，室内管道覆土深度一般为 0.30 ~ 0.40 m，室外管道比室内管道埋深大得多，所以室外管道进入室内以后要抬高，然后埋地走管。

引入管进入室内，必须注意避免引入管因建筑物的沉降而受到破坏，一般有图 1-31 所示的两种情况。引入管从建筑物的外墙基础下面通过时，管道应有混凝土基础固定管道；引入管穿过建筑物的外墙基础或穿过地下室的外墙墙壁进入室内时，其穿过墙壁的部分，应配合土建预留孔洞，管顶上部净空不得小于建筑物的沉降量，一般不小于 100 mm，孔洞直径一般应大于引入管直径 200 mm，当给水引入管管径小于或等于 100 mm 时，预留孔洞尺寸为 300 mm × 200 mm（长 × 宽）。而且管道应有套管，有严格防水要求的，应采用柔性防水套管连接。管道穿过孔洞安装好以后，用水泥砂浆堵塞，以保证墙壁的结构强度。

给水引入管应有不小于 0.003 的坡度坡向室外给水管网或坡向阀门井、水表井，以便检修时排放存水。水表节点一般是在室外水表井内，以保证水表不被冻坏，而且便于检修、查表。水表井的设计在设计手册中有标准图，应按照相关标准进行设计。

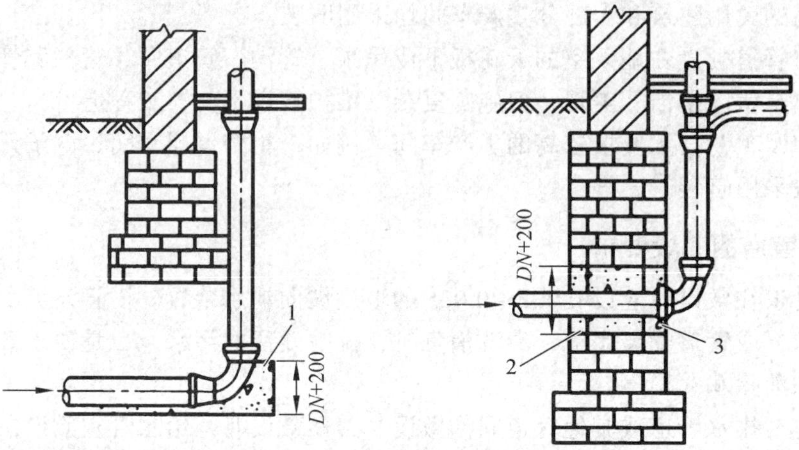

（a）从浅基础下通过　　（b）穿过基础

1—C5.5 混凝土支座；2—黏土；3—M5 水泥砂浆封口。

图 1-31　引入管进入建筑物

管道在空间敷设时，必须采取固定措施，以保证施工方便和供水安全。固定管道可用管卡、吊环、托架等，如图 1-32 所示。给水钢质立管一般每层须安装 1 个管卡，当层高大于 5 m 时，每层须安装 2 个。明装的复合管道、塑料管道也需安装相应的固定卡架。

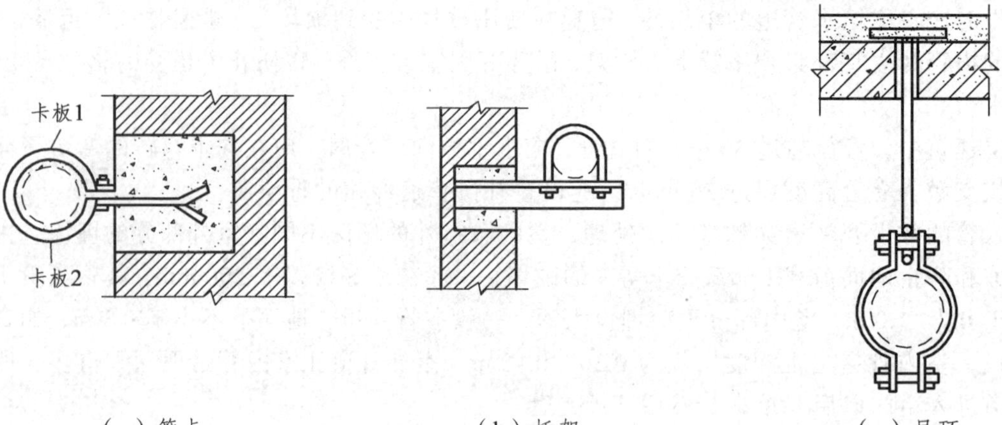

（a）管卡　　（b）托架　　（c）吊环

图 1-32　管道支、吊架

1.4.3　给水管道的防护

1. 防　腐

无论是明装管道还是暗装管道，除镀锌钢管、给水塑料管外，都必须做防腐处理。管道防腐最常用的方法是刷油法，具体做法是：明装管道表面除锈，露出金属光泽并使之干燥，刷 2 道防锈漆（如红丹防锈漆等），然后刷 1 ~ 2 道面漆（如银粉），如果管道需要做标志时，可再刷调和漆或铅油；暗装管道除锈后，刷 2 道防锈漆；埋地钢管除锈后，刷 2 道冷底子油，再刷 2 遍沥青胶（玛蹄脂）。质量较高的防腐做法是做管道防腐层，层数 3 ~ 9 层不等，材料为冷底子油、沥青胶（玛蹄脂）、防水卷材等。对于埋地铸铁管，如果管材出厂时未涂油，敷设前在管外壁涂 2 道沥青防腐；明装部分可刷 2 道防锈漆和 2 道银粉。当通过管道内的水有腐蚀性时，应采用耐腐蚀管材或在管道内壁采取防腐措施。

2. 防　冻

管道保温防冻针对设置在室内温度低于零摄氏度的给水管道，例如敷设在不采暖房间的管道，以及安装在受室外冷空气影响的门厅、过道处的管道。管道安装完毕，经水压试验和管道外表面除锈并刷防腐漆后，应采取保温防冻措施。常用的保温方法有如下两种：

（1）管道外包棉毡（岩棉、超细玻璃棉、玻璃纤维和矿渣棉毡等）作保温层，再外包玻璃丝。

（2）管道用保温瓦（由泡沫混凝土、硅藻土、水泥蛭石、泡沫塑料、岩棉、超细玻璃棉、玻璃纤维、矿渣棉和水泥膨胀珍珠岩等制成）作保温层，外包玻璃丝布保护层，表面刷调和漆。

3. 防　露

在环境温度较高、空气湿度较大的房间（如厨房、洗衣房和某些生产车间等）或管道内水温低于室内温度时，管道和设备表面可能会产生凝结水，而引起管道和设备的腐蚀，影响使用和环境卫生，必须采取防结露措施，其做法一般与防冻的做法相同。

4. 防　漏

如果管道布置不当，或者管材质量和敷设施工质量低劣，可能导致管道漏水，这不仅浪费水量，影响正常供水，严重时还会损坏建筑，特别是在湿陷性黄土地区，埋地管漏水将会造成土壤湿陷，影响建筑基础的稳固性。防漏的办法有如下几种：一是避免将管道布置在易受外力损坏的位置，或采取必要且有效的保护措施，避免其直接承受外力；二是要健全管理制度，加强管材质量和施工质量的检查、监督；三是在湿陷性黄土地区，可将埋地管道设在防水性能良好的检漏管沟内，一旦漏水，水可沿沟排至检漏井内，便于及时发现和检修。管径较小的管道，也可敷设在检漏套管内。

5. 防　振

当管道中水流速度过大，关闭水龙头、阀门时，易出现水击现象，会引起管道、附件的振动，不仅会损坏管道、附件，造成漏水，还会产生噪声。为防止管道的损坏和噪声污染，在设计时应控制管道的水流速度，尽量减少使用电磁阀或速闭型阀门、龙头。住宅建筑进户支管阀门后，应装设一个家用可曲挠橡胶接头进行隔振，并可在管道支架、吊架内衬垫减振材料，以减小噪声的扩散。

1.5　水质防护

1.5.1　水质污染的现象及原因

1. 水体滞留变质

水在水箱、水池中停留时间过长（如贮水池容积过大；或池中水流组织不合理，形成了死角），当水中的余氯量耗尽后，水中的有害微生物就会生长繁殖，污染水质，造成水的腐败变质。消防给水系统与生活给水系统共用水箱的，设计不当，消防用水大量贮存而长期不用时，也有可能造成水体滞留变质。

2. 腐蚀污染水质

若管道材料、贮水箱（池）的制作材料、防腐涂料等含有害成分，选择不当时，有害成分可能会逐渐溶入水中，直接污染水质。金属管道内壁的氧化锈蚀亦会直接污染水质。

3. 回流污染

回流污染即非饮用水或其他液体倒流入生活给水系统中。给水管道内因水压降低，可能会出现负压，如管道系统与使用过的废水、污水等相接触，就有可能在负压的作用下，将使用过的废水或污水吸入给水管道，造成回流污染。形成回流污染的原因有很多，如埋地管道或阀门等给水附件连接不够严密，出现渗漏，一旦系统用水量过大或断流，管道中就会出现负压，此时阀门井中的积水或地下水会通过渗漏处进入给水管道，造成回流污染。

出水口处的给水配件安装不当，也有可能引起回流污染，如图 1-33 所示。当管道系统的底部有大流量水通过，或出现事故，室外管网水压下降或室外管网断流时，位于高处的洗脸盆上的配水龙头处有可能出现负压，如配水龙头安装过低，而洗脸盆中恰好又有使用过的废水没有排放掉，当开启配水龙头时，污废水就会在负压的作用下，被吸入给水管道系统中，造成水质污染。又如，生活饮用水管道与大便器的冲洗管道直接连接，并使用普通阀门控制冲洗，如管道系统因事故出现负压，此时开启阀门，大便器中的污水也会被抽吸，引起回流，造成给水管道系统的水质污染。

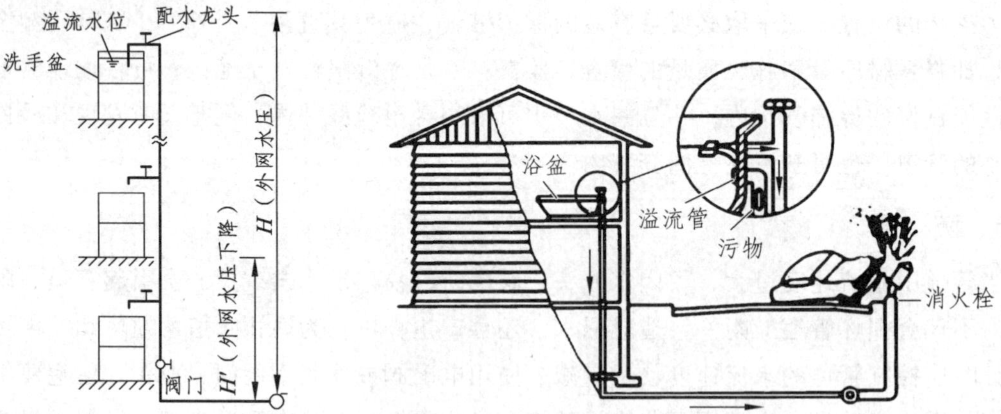

图 1-33　回流污染现象

4．混接污染

符合饮用水水质标准的给水管道系统与其他非饮用水管道直接连接时，或误与排水系统的管道连接，如非饮用水管道中的压力大于饮用水管道中的压力，而且连接管中的阀门密闭性较差或阀门损坏，非饮用水就会通过不密闭的阀门渗入饮用水管道，从而污染饮用水。例如，某工厂生产用水取自自备水源，以城市供水管网的水作为生产备用水源，两者直接连接，中间设置止回阀或闸阀。在这种情况下，当城市供水管网的压力低于生产用水管网压力时，非饮用水就有可能通过止回阀或闸阀渗入城市饮用水管道，污染水质，如图1-34所示。

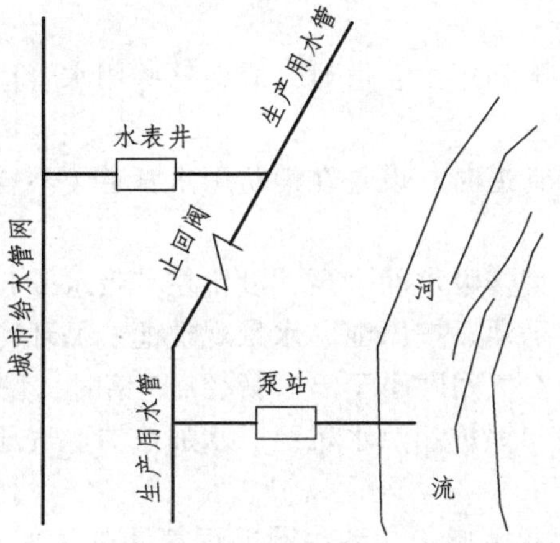

图1-34　饮用水与非饮用水直接连接

5．管道或构筑物渗漏污染水质

贮水构筑物或给水管道渗漏也常常引起水质污染现象，当水池、水箱、管道等出现渗漏，或止回阀、阀门等损坏失灵时，会引起水质污染。利用建筑物的本底结构作为水池池壁、水箱箱壁，当给水管道损坏，或贮水构筑物附近的排水管或化粪池损坏时，尤其是排水管道和化粪池距离给水管道比较近，而且位于给水管道和贮水构筑物的上方时，危害就更加严重了。一旦给水管道系统出现负压，污水、废水就会通过渗漏的部位，被吸进给水管道系统中，从而造成水质污染。

6．水池、水箱等贮水装置中的二次污染

当城市供水管网中的水压不能满足室内给水管网需要的水压时，一般需要在室内设置高位水箱，以调节水量、水压。室内高位水箱作为贮水、调压设备，具有供水安全可靠、压力稳定、系统简单、安装维护方便等优点，目前在许多高层建筑中被采用，应用比较广泛。但高位水箱作为二次供水设备，管理不当或设计不当，都有可能引起水质的二次污染。经水质抽样检验，高位水箱中水质问题比较严重，水样浑浊、细菌总数、大肠杆菌等指标严重超标，水中有漂浮物，水箱底部积存污物等，严重危害人们的身体健康。造成水箱二次污染的原因有很多，如水箱封闭不严、无盖或水箱盖破损；污染物进入水箱；水箱盖板未加锁，人为污染；水箱溢流管未加设防护装置，鼠类或其他小生物在配管或水箱中栖息或误入水中溺毙，污染水质；水箱长期不加以清洗，有害生物繁殖导致水变质等。

1.5.2 水质防护

城市给水管道严禁与自备水源的供水管道直接连接，生活饮用水不得因管道产生虹吸和负压回流而受污染。为防止回流污染，卫生器具和用水设备与生活饮用水管道的配水件出水口应符合下列规定：

（1）出水口不得被任何液体或杂质所淹没。

（2）出水口高出承接用水容器溢流边缘的最小空气间隙，不得小于出水口公称直径的2.5倍。

（3）特殊器具不能设置最小空气间隙时，应设置管道倒流防止器或采取其他有效的隔断措施。

从给水管道上直接接出下列用水管道时，应在这些用水管道上设置管道倒流防止器或其他有效防止倒流污染的装置：

（1）单独接出消防用水管道时，设置在消防用水管道（不含室外给水管道上接出的室外消火栓）的起端。

（2）从城市给水管道上直接吸水的水泵，设置在其吸水管起端。

（3）当游泳池、水上游乐池、按摩池、水景观赏池、循环冷却水集水池等的充水或补水管道出口与溢流水位之间的空气间隙小于出口管径2.5倍时，设置在充（补）水管上。

（4）由城市给水管直接向锅炉、热水机组、水加热器、气压水罐等有压容器或密闭容器注水的，设置在注水管上。

（5）垃圾处理站、动物养殖场（含动物园的饲养展览区），设置在冲洗管道及动物饮水管道的起端。

（6）绿地等自动喷灌系统，当喷头为地下式或自动升降式时，设置在其管道起端。

（7）从城市给水环网的不同管段接出引入管向居住小区供水，且小区供水管与城市给水管形成环状管网时，设置在其引入管上（一般在总水表后）。

生活给水管道应避开毒物污染区，当条件限制不能避开时，应采取防护措施。严禁生活饮用水管道与大便器（槽）直接连接。给水管道不得穿过大、小便槽，且立管离大、小便槽端部不得小于0.5 m，当立管距离大、小便槽端部≤0.5 m时，在大、小便槽端部应有建筑隔断措施。建筑物内埋地敷设的生活给水管与排水管之间的最小净距，平行埋设时不应小于0.5 m；交叉埋设时不应小于0.15 m，且给水管应布置在排水管的上面。

生活饮用水池（箱）应与其他用水的水池（箱）分开设置。

埋地式生活饮用水贮水池周围10 m以内，不得有化粪池、污水处理构筑物、渗水井、垃圾堆放点等污染源；周围2 m以内不得有污水管和污染物。当达不到此要求时，应采取防污染的措施。

建筑物内的生活饮用水水池（箱）体，应采用独立结构形式，不得利用建筑物的本体结构作为水池（箱）的壁板、底板及顶盖。生活饮用水水池（箱）与其他用水水池（箱）并列设置时，应有各自独立的分隔墙，不得共用一幅分隔墙，隔墙与隔墙之间应有排水措施。建筑物内的生活饮用水水池（箱）宜设在专用房间内，其上方的房间不应有厕所、浴室、盥洗室、厨房、污水处理间等。

生活饮用水水池（箱）的构造和配管，应符合下列规定：

（1）人孔、通气管、溢流管应有防止生物进入水池（箱）的措施。

（2）进水管应在水池（箱）的溢流水位以上接入，当溢流水位确定有困难时，进水管口的最低点高出溢流边缘的高度等于进水管管径，但最小不应小于 25 mm，最大不应大于 150 mm。当进水管口为淹没出流时，管顶应钻孔，孔径不宜小于管径的 1/5。孔上宜装设同径的吸气阀或其他能破坏管内出现真空状态的装置。不存在虹吸倒流的低位水池，其进水管不受此限制，但进水管仍宜从最高水面以上进入水池。

（3）进出水管布置不得产生水流短路，必要时应设导流装置。

（4）不得接纳防管道试压水、泄压水等回流水或溢流水。

（5）泄空管和溢流管的出口，不得直接与排水构筑物或排水管道相连接，应采取间接排水的方式，管口应露空；当水池（箱）中的水不能以重力自流泄空时，应设置移动或固定的提升装置。

（6）水池（箱）材质、衬砌材料和内壁涂料，不得影响水质。

当生活饮用水水池（箱）内的贮水，48 h 内不能得到更新时，应设置水消毒处理装置。

在非饮用水管道上接出水嘴或取水短管时，应采取防止误饮误用的措施。

采用中水为生活杂用水时，生活杂用水系统的水质应符合现行国家标准《城市污水再生利用 城市杂用水水质》（GB/T 18920）的要求。中水、回用雨水等非生活饮用水管道严禁与生活饮用水管道连接。

1.6 建筑内部给水系统的计算

建筑内部给水系统包括生活给水系统、生产给水系统和消防给水系统三部分。

生产用水量有一定的规律，比较均匀，一般按消耗在单位产品上的水量或单位时间内消耗在生产设备上的水量进行计算。生活用水量受当地气候、生活习惯、建筑物使用性质、卫生器具和用水设备的完善程度、生活水平及水价等很多因素的影响，用水量并不均匀。建筑内部用水量根据政府相关部门颁布的用水定额进行计算。消防用水量具有偶然性，其用水量视火灾情形而定。

1.6.1 用水定额

用水定额是指用水对象单位时间内所需用水量的规定数值，是确定建筑物设计用水量的主要参数之一。用水定额的数值是在对各类用水对象的实际耗用水量进行多年实测的基础上，经过分析，并且考虑国家目前的经济状况以及发展趋势等综合因素而制定的。用水定额表工程设计时必须遵守相关的规范。合理选择用水定额关系到给水排水工程的规模和工程投资。

生活用水定额是指每个用水单位用于生活所消耗的水量。它包括居住建筑和公共建筑生活用水定额及工业企业建筑生活、淋浴用水定额等。

最高日用水时间内最大的 1 小时用水量称为最大时用水量，最高日最大时用水量与平均时用水量的比值称为小时变化系数。

住宅的最高日生活用水定额及小时变化系数，根据住宅类别、建筑标准、卫生器具完善程度和区域等因素，可按表 1-2 确定。

表 1-2　住宅最高日生活用水定额及小时变化系数

住宅类别		卫生器具设置标准	用水定额 /[L/(人·d)]	小时变化系数 K_h
普通住宅	Ⅰ	有大便器、洗涤盆	85～150	3.0～2.5
	Ⅱ	有大便器、洗脸盆、洗涤盆、洗衣机、热水器和沐浴设备	130～300	2.8～2.3
	Ⅲ	有大便器、洗脸盆、洗涤盆、洗衣机、集中热水供应(或家用热水机组)和沐浴设备	180～320	2.5～2.0
别墅		有大便器、洗脸盆、洗涤盆、洗衣机、洒水栓、家用热水机组和沐浴设备	200～350	2.3～1.8

注：1. 当地主管部门对住宅生活用水定额有具体规定时，应按当地规定执行。
2. 别墅用水定额中含庭院绿化用水和汽车抹车用水。

宿舍、旅馆等公共建筑的生活用水量定额及小时变化系数，根据卫生器具完善程度和区域条件，可按表 1-3 确定。

表 1-3　宿舍、旅馆等公共建筑用水定额及小时变化系数

序号	建筑物名称		单位	最高日生活用水定额/L	使用时数/h	小时变化系数 K_h
1	宿舍	Ⅰ、Ⅱ	每人每日	150～200	24	3.0～2.5
		Ⅲ、Ⅳ	每人每日	100～150	24	3.5～3.0
2	招待所、培训中心、普通旅馆	设公用盥洗室	每人每日	50～100	24	3.0～2.5
		设公用盥洗室、淋浴室	每人每日	80～130		
		设公用盥洗室、淋浴室、洗衣室	每人每日	100～150		
		设单独卫生间、公用洗衣室	每人每日	120～200		
3	酒店式公寓		每人每日	200～300	24	2.5～2.0
4	宾馆客房	旅客	每床位每日	250～400	24	2.5～2.0
		员工	每人每日	80～100		
5	医院住院部	设公用盥洗室	每床位每日	100～200	24	2.5～2.0
		设公用盥洗室、淋浴室	每床位每日	150～250		
		设单独卫生间	每床位每日	250～400		
		医务人员	每人每班	150～250	8	2.0～1.5
		门诊部、诊疗所	每病人每次	10～15	8～12	1.5～1.2
		疗养院、休养所住房部	每床位每日	200～300	24	2.0～1.5

续表

序号	建筑物名称		单位	最高日生活用水定额/L	使用时数/h	小时变化系数 K_h
6	养老院、托老所	全托	每人每日	50～100	24	2.5～2.0
		日托	每人每日	50～80	10	2.0
7	幼儿园、托儿所	有住宿	每儿童每日	50～100	24	3.0～2.5
		无住宿	每儿童每日	30～50	10	2.0
8	公共浴室	淋浴	每顾客每次	100	12	2.0～1.5
		浴盆、淋浴	每顾客每次	120～150		
		桑拿浴（淋浴、按摩池）	每顾客每次	150～200		
9	理发室、美容院		每顾客每次	40～100	12	2.0～1.5
10	洗衣房		每千克干衣	40～80	8	1.5～1.2
11	餐饮业	中餐酒楼	每顾客每次	40～60	10～12	1.5～1.2
		快餐店、职工及学术食堂	每顾客每次	20～25	12～16	
		酒吧、咖啡馆、茶座、卡拉 OK 房	每顾客每次	5～15	8～18	
12	商场员工及顾客		每平方米营业厅面积每日	5～8	12	1.5～1.2
13	图书馆		每人每次	5～10	8～10	1.5～1.2
14	书店		每平方米营业厅面积每日	3～6	8～12	1.5～1.2
15	办公楼		没人每班	30～50	8～10	1.5～1.2
16	教学、实验楼	中小学校	每学生每日	20～40	8～9	1.5～1.2
		高等院校	每学生每日	40～50		
17	电影院、剧院		每观众每场	3～5	3	1.5～1.2
18	会展中心（博物馆、展览馆）		每平方米展厅面积每日	3～6	8～16	1.5～1.2
19	健身中心		每人每次	30～50	8～12	1.5～1.2
20	体育场（馆）	运动员淋浴	每人每次	30～40	4	3.0～2.0
		观众	每人每场	3		1.2
21	会议厅		没座位每次	6～8	4	1.5～1.2
22	航站楼、客运站旅客		每人次	3～6	8～16	1.5～1.2
23	菜市场地面冲洗及保鲜用水		每平方米每日	10～20	8～10	2.5～2.0
24	停车库地面冲洗水		每平方米每次	2～3	6～8	1.0

注：1. 除养老院、托儿所、幼儿园的用水定额中含食堂用水，其他均不含食堂用水。
2. 除注明外，均不含员工生活用水，员工用水定额为每人每班 40～60 L。
3. 医疗建筑用水中已含医疗用水。
4. 空调用水应另计。

工业企业建筑，管理人员的生活用水定额可取 30 ~ 50 L/（人·班），车间工人用水定额应根据车间性质确定，宜采用 30 ~ 50 L/（人·班）；用水时间宜取 8 h，小时变化系数宜取 2.5 ~ 1.5。

工业企业建筑淋浴用水定额，应根据现行国家标准《工业企业设计卫生标准》(GBZ 1）中车间的卫生特征分级确定，可采用 40 ~ 60 L/（人·次），延续供水时间宜取 1 h。

汽车冲洗用水定额应根据冲洗方式，以及车辆用途、道路路面等级和脏污程度等确定，可按表 1-4 确定。

表 1-4 汽车冲洗用水量定额　　单位：L/（辆·次）

冲洗方式	高压水枪冲洗	循环用水冲洗补水	抹车、微水冲洗	蒸汽冲洗
轿车	40 ~ 60	20 ~ 30	10 ~ 15	3 ~ 5
公共汽车 载重汽车	80 ~ 120	40 ~ 60	15 ~ 30	—

生活用水通过各种卫生器具和用水设备来实现，卫生器具的水量大小与所连接的管道直径、配水阀前的工作压力有关。为保证卫生器具能够满足使用要求，对各种卫生器具配水出口在单位时间内流出的规定的水量、连接管的直径和最低工作压力进行相应规定，见表 1-5。

表 1-5　卫生器具的给水额定流量、当量、连接管公称管径和最低工作压力

洗涤盆、拖布盆、盥洗槽给水配件名称	额定流量（L/s）	当量	连接管公称管径/mm	最低工作压力/MPa
单阀水嘴	0.15 ~ 0.20	0.75 ~ 1.00	15	0.050
单阀水嘴	0.30 ~ 0.40	1.50 ~ 2.00	20	
混合水嘴	0.15 ~ 0.20（0.14）	0.75 ~ 1.00（0.50）	15	

1.6.2　给水系统设计流量

1. 最高日用水量

建筑内生活用水的最高日用水量可按公式（1-4）计算：

$$Q_d = \frac{\sum m_i \cdot q_{di}}{1\,000} \tag{1-4}$$

式中　Q_d——最高日用水量，L/d；

m_i——用水单位数（人数、床位数等），工业企业建筑为每班人数；

q_{di}——最高日生活用水定额，L/（人·d）、L/（床·d）。

建筑物的最高日用水量 Q_d（L/d），即一年中最大日用水量，一般在确定贮水池（箱）容积时使用。

2．最大小时用水量

根据最高日用水量、建筑物内每天用水时间和小时变化系数，可以计算出最大小时用水量：

$$Q_{\mathrm{h}}=\frac{Q_{\mathrm{d}}\cdot K_{\mathrm{h}}}{T}=Q_{\mathrm{p}}\cdot K_{\mathrm{h}} \tag{1-5}$$

式中 Q_{h}——最大小时用水量（L/h），即最高日用水时间内最大小时的用水量；

T——建筑物内每天或每班的用水时间（h）；

Q_{p}——最高日平均小时用水量（L/h），又称平均时用水量，为最高日生活用水量在给水时间内以小时计的平均值；

K_{h}——小时变化系数，最大日中最大小时用水量与该日平均小时用水量之比。

最大小时用水量 Q_{h} 用来设计厂区和居住区室外给水管道、水箱、贮水池容积时，尚能满足要求。这是因为室外管网服务面积大，卫生器具数量及使用人数多，用水时间参差不一，用水不会太集中而显得比较均匀。对于单栋建筑物，用水的不均匀性较大，按室外给水管网的设计计算方法计算出来的结果就难以满足使用要求，因此，对于建筑内部给水管道的计算，还需要建立相应的设计流量的计算公式。

3．生活给水设计秒流量

基于系统的正常运行，生活给水管道的设计流量指的是给水管网中所负担的卫生器具按最不利情况组合出流时的最大瞬时流量，又称为设计秒流量。它是确定各管段管径、管路水头损失，进而确定给水系统所需压力的主要依据。

生活给水管网设计秒流量的计算方法，按建筑的性质及用水特点分为概率法、平方根法和经验法。为了简化计算，将安装在污水盆上直径为 15 mm 的配水龙头的额定流量 0.2 L/s 作为一个当量，其他卫生器具的给水额定流量与它的比值，即为该卫生器具的给水当量。这样，便可把某一管段上不同类型卫生器具的流量换算成当量值进行计算。

1）概率法

住宅类建筑生活给水管道设计秒流量，按概率法进行计算。

根据住宅卫生器具给水当量、使用人数、用水定额、使用时数和小时变化系数，按公式（1-6）计算最大用水时卫生器具给水当量平均出流概率：

$$U_0=\frac{q_0\cdot m\cdot K_{\mathrm{h}}}{0.2\cdot N_{\mathrm{g}}\cdot T\cdot 3\,600} \tag{1-6}$$

式中 U_0——生活给水管道的最大用水时卫生器具给水当量平均出流概率，%；

q_0——最高日生活用水定额，按表 1-2 取用；

m——每户用水人数；

K_{h}——小时变化系数，按表 1-2 取用；

N_{g}——每户设置的卫生器具给水当量数；

T——用水小时数，h；

0.2——1 个卫生器具给水当量的额定流量。

根据计算管段上的卫生器具给水当量总数，按公式（1-7）计算得出该管段的卫生器具给水当量的同时出流概率：

$$U=\frac{1+\alpha_c(N_g-1)^{0.49}}{\sqrt{N_g}} \quad (1\text{-}7)$$

式中 U——计算管段的卫生器具给水当量同时出流概率，%；

α_c——对应于不同 U_0 的系数，按表 1-6 取用；

N_g——计算管段的卫生器具给水当量总数。

表 1-6　给水管段卫生器具给水当量同时出流概率计算系数 α_c

U_0	1.0	1.5	2.0	2.5	3.0	3.5	4.0	4.5	5.0	6.0	7.0	8.0
α_c	0.032 3	0.069 7	0.010 97	0.015 12	0.019 39	0.023 74	0.028 16	0.032 63	0.037 15	0.046 29	0.055 55	0.064 89

根据计算管段上的卫生器具给水当量同时出流概率，按公式（1-8）计算管段的设计秒流量：

$$q_g=0.2\cdot U\cdot N_g \quad (1\text{-}8)$$

式中 q_g——计算管段的设计秒流量，L/s。

给水干管有两条或两条以上具有不同最大用水时卫生器具给水当量平均出流概率的给水支管时，该管段的最大时卫生器具给水当量平均出流概率按公式（1-9）计算：

$$\bar{U}_0=\frac{\Sigma U_{0i}N_{gi}}{\Sigma N_{gi}} \quad (1\text{-}9)$$

式中 $\bar{U}_0$——给水干管的卫生器具给水当量平均出流概率，%；

U_{0i}——支管的最大用水时卫生器具给水当量平均出流概率，%；

N_{gi}——相应支管的卫生器具给水当量总数。

2）平方根法

宿舍（Ⅰ类、Ⅱ类）、旅馆、宾馆、酒店式公寓、医院、疗养院、幼儿园、养老院、办公楼、商场、图书馆、书店、客运站、航站楼、会展中心、中小学教学楼、公共厕所等建筑的生活给水设计秒流量，按平方根法计算：

$$q_g=0.2\alpha\sqrt{N_g} \quad (1\text{-}10)$$

式中 q_g——计算管段的给水设计秒流量，L/s；

α——根据建筑物用途而定的系数，按表 1-7 取用；

N_g——计算管段的卫生器具给水当量总数。

如计算值小于该管段上 1 个最大卫生器具给水额定流量时，应采用 1 个最大的卫生器具给水额定流量作为设计秒流量；如计算值大于该管段上按卫生器具给水额定流量累加所得流量值时，应按卫生器具给水额定流量累加所得流量值采用。

有大便器延时自闭冲洗阀的给水管段，大便器延时自闭冲洗阀的给水当量均以 0.5 计，计算得到的 q_g 附加 1.20 L/s 的流量后，为该管段的给水设计秒流量。

综合楼建筑的 α 值应按表 1-7 进行加权平均计算。

表 1-7　根据建筑物用途而定的系数 α 值

建筑物名称	α 值
幼儿园、托儿所、养老院	1.2
门诊部、诊疗所	1.4
办公楼、商场	1.5
图书馆	1.6
书店	1.7
学校	1.8
医院、疗养院、休养所	2.0
酒店式公寓	2.2
宿舍（Ⅰ类、Ⅱ类）、旅馆、招待所、宾馆	2.5
客运站、航站楼、会展中心、公共厕所	3.0

3）经验法

宿舍（Ⅲ类、Ⅳ类）、工业企业的生活间、公共浴室、职工食堂或营业餐馆的厨房、体育场馆、剧院、普通理化实验室等建筑的生活给水管道的设计秒流量，按经验法计算。根据卫生器具给水额定流量、同类型卫生器具数和卫生器具的同时给水百分数按公式（1-11）计算：

$$q_g = \sum q_0 N_0 b \qquad (1\text{-}11)$$

式中　q_g——计算管段的给水设计秒流量，L/s；

q_0——同类型的 1 个卫生器具给水额定流量，L/s；

N_0——计算管段同类型卫生器具数；

b——卫生器具的同时给水百分数，应按表 1-8、表 1-9 和表 1-10 采用。

表 1-8　宿舍（Ⅲ类、Ⅳ类）、工业企业生活间、公共浴室、影剧院、体育场馆卫生器具同时给水百分数

卫生器具名称	宿舍（Ⅲ类、Ⅳ类）	工业企业生活间	公共浴室	影剧院	体育场馆
洗涤盆（池）	—	33	15	15	15
洗手盆	—	50	50	50	（70）50
洗脸盆、盥洗槽水嘴	50～100	60～100	60～100	50	80
浴盆	—	—	50	—	—

续表

卫生器具名称	宿舍（Ⅲ类、Ⅳ类）	工业企业生活间	公共浴室	影剧院	体育场馆
无间隔淋浴器	20～100	100	100	—	100
有间隔淋浴器	5～80	80	60～80	（60～80）	（60～100）
大便器冲洗水箱	5～70	30	20	20	20
大便槽自动冲洗水箱	100	100	—	100	100
大便器自闭式冲洗阀	1～2	2	2	10（2）	5（2）
小便器自闭式冲洗阀	2～10	10	10	50（10）	70（10）
小便器（槽）自动冲洗水箱	—	100	100	100	100
净身盆	—	33	—	—	—
饮水器	—	30～60	30	30	30
小卖部洗涤盆	—	—	50	50	50

注：1. 表中括号内的数值系电影院、影剧院的化妆间，体育场馆的运动员休息室使用；
2. 健身中心的卫生间，可采用本表体育场馆运动员休息室的同时给水百分率。

如计算值小于该管段上 1 个最大卫生器具给水额定流量时，应采用 1 个最大卫生器具给水额定流量作为设计秒流量。大便器自闭式冲洗阀应单列计算，当单列计算值小于 1.2 L/s 时，以 1.2 L/s 计；大于 1.2 L/s 时，以计算值计。

表 1-9 职工食堂、营业餐馆厨房设备同时给水百分数

厨房设备名称	洗涤盆（池）	煮锅	生产性洗涤机	器皿洗涤机	开水器	蒸汽发生器	灶台水嘴
同时给水百分数	70	60	40	90	50	100	30

注：职工或学生饭堂的洗碗台水嘴，按 100%同时给水，但不与厨房用水叠加。

表 1-10 实验室化验水嘴同时给水百分数

化验水嘴名称	同时给水百分数	
	科学研究实验室	生产实验室
单联化验水嘴	20	30
双联或三联化验水嘴	30	50

1.7 给水管网水力计算

1.7.1 给水管网水力计算的任务

给水管网水力计算需要完成以下工作：

（1）确定给水管道各管段的管径。

（2）求出计算管路通过设计秒流量时各管段产生的水头损失。

（3）确定室内管网所需水压。
（4）复核室外给水管网水压是否满足系统最不利配水点所需要的水压。
（5）选定加压装置所需扬程、安装位置和高位水箱设置高度。

1.7.2 确定给水管径

要进行计算，必须先了解管道布置、管段长度、管道材料、流量等，因此，管道的计算是在完成管道布置、绘出管道系统轴侧图以后，根据水龙头等用水配件的布置、轴侧图中的管道位置、管轴线标高等进行计算。

在确定管径设计中，首先根据建筑物性质和卫生器具当量数来计算各管段的设计秒流量，根据流量计算公式，已知流速、流量，即可确定管径。

$$q_g = Av = \frac{\pi d^2}{4}v \tag{1-12}$$

$$d = \sqrt{\frac{4q_g}{\pi v}} \tag{1-13}$$

式中 q_g——计算管段的设计秒流量，m/s；
v——计算管段内的流速，m/s；
d——计算管段的管径，m。

由公式（1-13）可以看出，管径和流速成反比。如流速选择过大，则管径就小，会引起水锤，产生噪声，易导致水击而损坏管道或附件，并将增加管网的水头损失，提高建筑内给水系统所需的压力，增大运行费用；如流速选择过小，则管径就大，又将造成管材投资偏大。

因此，设计时应综合考虑以上因素，将给水管道流速控制在适当的范围内，即所谓的经济流速，使管网系统运行平稳且不浪费。生活或生产给水管道的经济流速按表 1-11 确定。消火栓给水管道的流速不宜大于 2.5 m/s，自动喷水灭火系统给水管道的流速不宜大于 5 m/s。

表 1-11 生活与生产给水管道的流速

公称直径/mm	15 ~ 20	25 ~ 40	50 ~ 70	≥80
水流速度/（m/s）	≤1.0	≤1.2	≤1.5	≤1.8

根据公式计算所得管道直径一般不等于标准管径，可根据计算结果取相近的标准管径，并核算流速是否符合要求。如不符合，应调整流速后重新计算。

在实际工程方案设计阶段，可以根据管道所负担的卫生器具当量数，按表 1-12 估算管径。但住宅的进户管，公称直径应不小于 20 mm。

表 1-12 按卫生器具当量数确定管径

管径/mm	15	20	25	32	40	50	70
卫生器具当量数	3	6	12	20	30	50	75

1.7.3 给水管网的水头损失计算

给水管网中的水头损失包括沿程水头损失、局部水头损失及水表的水头损失等。

1. 沿程水头损失计算

沿程水头损失计算公式为

$$h_{\mathrm{f}} = i \cdot L = 105 C_{\mathrm{h}}^{-1.85} d_{\mathrm{j}}^{-4.87} q_{\mathrm{g}}^{1.85} L \tag{1-14}$$

式中 h_{f}——沿程水头损失，kPa；

i——单位长度管道上的水头损失，kPa/m；

L——管道长度，m；

C_{h}——海澄-威廉系数，按表 1-13 采用；

d_{j}——管道计算内径，m；

q_{g}——管道设计流量，$\mathrm{m^3/s}$

表 1-13 各种管材的海澄-威廉系数

管道类别	塑料管、内衬（涂）塑管	铜管、不锈钢管	衬水泥、树脂的铸铁管	普通钢管、铸铁管
C_{h}	140	130	130	100

2. 局部水头损失计算

局部水头损失计算公式为

$$h_{\mathrm{j}} = \sum \varsigma \frac{u^2}{2g} \tag{1-15}$$

式中 h_{j}——管段的局部水头损失之和，kPa；

ς——管段局部阻力系数；

u——沿流动方向局部零件下游的流速，m/s；

g——重力加速度，$\mathrm{m/s^2}$。

由于室内给水管网中的局部配件比较多，如阀门、弯头、三通等，局部阻力系数各不相同，在实际工程设计时，将每一种局部水头损失折算成相应沿程水头损失的当量长度进行计算，螺纹接口的阀门及管件摩阻损失的当量长度见表 1-14。当管道的管（配）件当量长度资料不足时，可根据下列管件的连接状况，按管网的沿程水头损失的百分数取值：

（1）管（配）件内径与管道内径一致，采用三通分水时，取 25%~30%；采用分水器分水时，取 15%~20%。

（2）管（配）件内径略大于管道内径，采用三通分水时，取 50%~60%；采用分水器分水时，取 30%~35%。

（3）管（配）件内径略小于管道内径，管（配）件的插口插入管口内连接，采用三通分水时，取 70%~80%；采用分水器分水时，取 35%~40%。

表 1-14　螺纹接口的阀门及管件的摩阻损失当量长度表

管件内径/mm	各种管件的折算管道长度/m						
	90° 弯头	45° 弯头	三通 90° 转角	三通直向流	闸阀	球阀	角阀
9.5	0.3	0.2	0.5	0.1	0.1	2.4	1.2
12.7	0.6	0.4	0.9	0.2	0.1	4.6	2.4
19.1	0.8	0.5	1.2	0.2	0.2	6.1	3.6
25.4	0.9	0.5	1.5	0.3	0.2	7.6	4.6
31.8	1.2	0.7	1.8	0.4	0.2	10.6	5.5
38.1	1.5	0.9	2.1	0.5	0.3	13.7	6.7
50.8	2.1	1.2	3.0	0.6	0.4	16.7	8.5
63.5	2.4	1.5	3.6	0.8	0.5	19.8	10.3
76.2	3.0	1.8	4.6	0.9	0.6	24.3	12.2
101.6	4.3	2.4	6.4	1.2	0.8	38.0	16.7
127.0	5.2	3	7.6	1.5	1.0	42.6	21.3
152.4	6.1	3.6	9.1	1.8	1.2	50.2	24.3

注：本表的螺纹接口是指管件无凹口的螺纹，即管件与管道在连接点内径有突变，管件内径大于管道内径。当管件有凹口螺纹或管件与管道为等径焊接，其当量长度取本表值的一半。

水表的局部水头损失，应按选用产品所给定的压力损失值计算。在未确定具体产品时，可按下列情况选用：住宅进户管上的水表，宜取 0.01 MPa。建筑物或小区引入管上的水表，在生活用水工况时，宜取 0.03 MPa；在校核消防工况时，宜取 0.05 MPa。

比例式减压阀的水头损失，阀后动水压宜按阀后静水压的 80% ~ 90% 采用。

管道过滤器的局部水头损失，宜取 0.01 MPa。

管道倒流防止器的局部水头损失，宜取 0.025 ~ 0.04 MPa。

过去为了简化计算，管道的局部水头损失之和，一般可以根据经验采用沿程水头损失的百分数进行估算。不同用途的室内给水管网，其局部水头损失相应沿程水头损失的百分数如下：

（1）生活给水管网为 25% ~ 30%。

（2）生产给水管网为 20%。

（3）消防给水管网为 10%。

（4）自动喷淋给水管网为 20%。

（5）生活、消防共用的给水管网为 25%。

（6）生活、生产、消防共用的给水管网为 20%。

为了方便计算，可以根据管段的设计秒流量、控制流速，查水力计算表，得出管径和单位长度水头损失，然后计算沿程水头损失。

1.7.4　建筑室内给水系统所需压力

建筑室内给水系统必须保证将需要的水量输送到建筑物内部最不利配水点，并保证有足够的流出压力。距给水系统水源点最高最远的配水点称为最不利点，最不利点可能是直接给水方式的进户管、增压给水方式的水泵吸水管、高位水箱出水管。要保证最不利点的压力需求，必须进行不同给水方式下的压力计算。

对于如图 1-35 所示的直接给水方式，系统所需水压可按公式（1-16）计算：

$$H = H_1 + H_2 + H_3 + H_4 \tag{1-16}$$

式中 H——给水系统所需的供水压力，kPa；

H_1——由最不利配水点与引入管起点的高程差产生的静压差，kPa；

H_2——计算管路的沿程与局部水头损失之和，kPa；

H_3——水流通过水表的水头损失，kPa；

H_4——管网最不利点所需的最低工作压力，kPa；

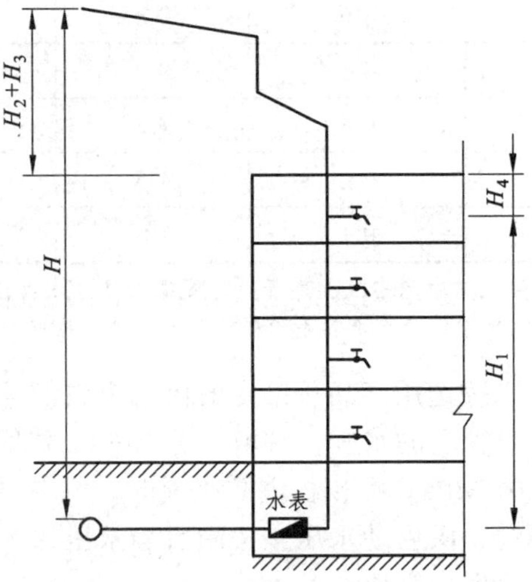

图 1-35　给水系统所需压力

在进行方案的初步设计时，对层高不超过 3.5 m 的民用建筑，给水系统所需的水压可根据建筑物层数估算（自室外地面算起）其最小水压值：一层建筑物为 100 kPa；二层建筑物 120 kPa；三层及三层以上建筑物，每增加一层，水压增加 40 kPa。对采用竖向分区供水方案的高层建筑，也可根据已知的室外给水管网能够保证的最低水压，按上述标准初步确定由市政管网直接供水的范围。

【例】　一栋 6 层居住建筑，层高 3 m，试估算所需要供水压力。如果城市管网压力为 300 kPa，是否需要加压设备？

【解】　根据经验，二层为 120 kPa，三层以上每增加一层，水压增加 40 kPa，共增加了 4 层，则水压增加了 160 kPa。

这栋六层居住建筑所需要供水压力应为

$$H = 120 + 40 \times 4 = 280\ \text{kPa} < 300\ \text{kPa}\ 。$$

即系统所需要压力小于城市管网压力，可以不另设加压设备。

1.8 增压和贮水设备

1.8.1 水 泵

水泵是给水系统中的主要升压设备。

1. 离心式水泵

在建筑内部给水系统中，一般采用离心式水泵，它具有结构简单、体积小、效率高且流量和扬程在一定范围内可以调整等优点。选择水泵应以节能为原则，使水泵在给水系统中大部分时间保持高效运行。当采用水泵和水箱联合的给水方式时，通常水泵直接向水箱输水，水泵的出水量、扬程几乎不变，选用离心式恒速水泵（恒速泵）即可保持高效运行。对于无水量调节设备的给水系统，在电源可靠的条件下，可选用装有自动调速装置的离心式水泵（调速泵）。

2. 水泵的选择

水泵的流量、扬程应根据给水系统所需的流量、压力确定，由流量、扬程查水泵性能表（或曲线）即可确定其型号。

1）流 量

在生活（生产）给水系统中，无水箱调节时，水泵出水量要满足系统高峰用水的要求，故不论是恒速泵还是调速泵，其流量均应以系统的高峰用水量即设计秒流量来确定。有水箱调节时，水泵流量可按最大时流量确定：若水箱容积较大，并且用水量均匀，则水泵流量也可按平均时流量确定。

消防水泵流量应以室内消防设计水量确定。生活、生产、消防共用调速水泵，在消防时，其流量除应保证消防用水总量外，还应保证生活、生产用水量的要求。

2）扬 程

根据水泵的用途及与室外给水管网连接的方式不同，其扬程的计算公式也有所不同。

（1）当水泵从贮水池吸水向室内管网输水时，其扬程

$$H_b = H_z + H_s + H_c \tag{1-17}$$

（2）当水泵从贮水池吸水向室内管网中的高位水箱输水时，其扬程

$$H_b = H_z + H_s + H_v \tag{1-18}$$

（3）当水泵直接由室外管网吸水向室内管网输水时，其扬程

$$H_b = H_z + H_s + H_v - H_0 \tag{1-19}$$

式中 H_b——水泵扬程，kPa；

H_z——水泵吸入端最低水位至室内管网最不利配水点所需要的静水压，kPa；

H_s——水泵吸入口至室内最不利配水点的总水头损失，kPa；

H_v——水泵出水管末端的流速水头，kPa；

H_0——室外给水管网所能提供的最小压力，kPa。

3．水泵的台数确定

当供给生活用水时，按建筑物的重要性考虑一般设置一台备用泵。对小型民用建筑允许短时间停水的，不考虑备用泵对生产及消防给水，水泵的备用台数应按生产工艺要求及相关防火规定来确定。

水泵工作时会产生噪声，必要时应在水泵的进、出水管上设隔声装置，并设减振装置，如弹性基础或弹簧减振器。

4．水泵管路设置

1）管路敷设

吸水管路和压水管路是泵房的重要组成部分，正确设计、合理布置与安装对于保证水泵的安全运行、节省投资和减少电耗有很大的关系。

水泵能正常运行对于吸水管路的基本要求是不漏气、不积气、不吸气，但在实际管路布置及施工时，往往忽视了某些局部做法，导致水泵不能完全正常运行，如图 1-36 所示。

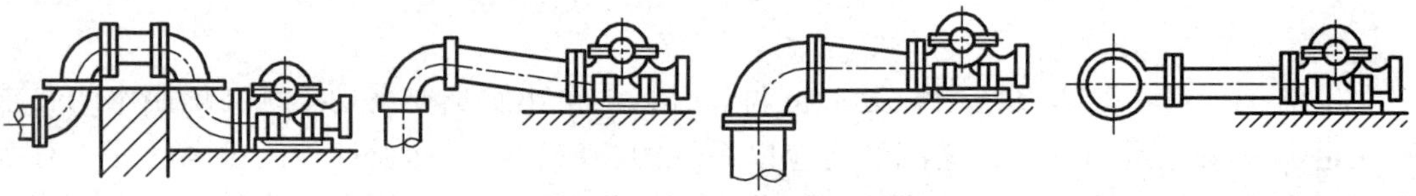

（a）不正确

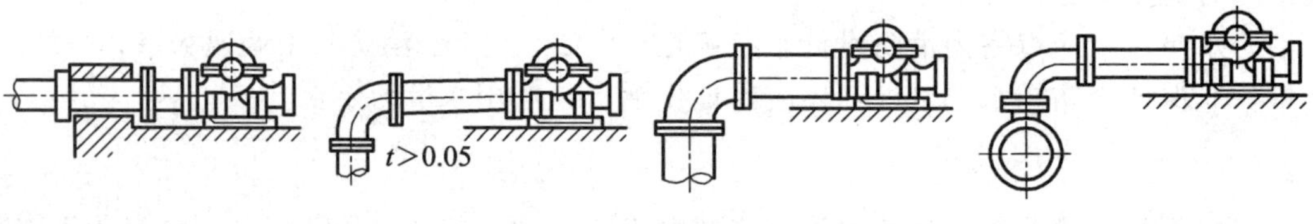

（b）正确

图 1-36　水泵吸水管的安装

2）管路附件

每台水泵的出水管上应装设压力表、止回阀和阀门。符合多功能阀安装条件的出水管，可用多功能阀取代止回阀和阀门，必要时应设置水锤消除装置。自灌式吸水的水泵吸水管上应装设阀门，并宜装设管道过滤器。

水泵吸水管上的阀门平时常开，仅在检修时关闭，宜选用手动阀；出水管上的阀门启闭比较频繁，应选用电动、液动或气动阀门。为减小水泵运行时振动所产生的噪声，每台水泵的吸水管、压水管上应设橡胶接头或其他减振装置。自灌式吸水的水泵吸水管上应安装真空压力表，吸入式水泵的吸水管上应安装真空压力表，出水管可能滞留空气的管段上方，应设排气阀。

水泵直接从室外给水管网吸水时，应在吸水管上装设阀门和压力表，并应绕水泵设旁通管，旁通管上应装设阀门和止回阀。

5．水泵的安装

水泵间净高不得小于 3.2 m，应光线充足，通风良好，干燥不冻结，并有排水措施，为保证安装检修方便，水泵之间、水泵与墙壁之间应留有足够的距离。水泵机组的基础侧边之间和至墙面的距离不得小于 0.7 m，对于电动机功率小于等于 20 kW 或吸水口直径小于等于 100 mm 的小型水泵，两台同型号的水泵机组可共用一个基础，基础的一侧与墙面之间可不留通道。不留通道的机组突出部分与墙壁之间的净距及相邻突出部分间的净距，不得小于 0.2 m；水泵机组的基础端边之间和至墙的距离不得小于 1.0 m，电动机端边至墙的距离还应保证能抽出电动机转子；水泵机组的基础至少应高出地面 0.1 m，如图 1-37 所示。

为减小水泵运行时振动所产生的噪声，在水泵及其吸水管、出水管上均应设隔振装置，通常可采用在水泵机组的基础下设橡胶、弹簧减振器或橡胶隔振垫，在吸水管、出水管中装设可曲挠橡胶接头等装置，如图 1-38 所示。

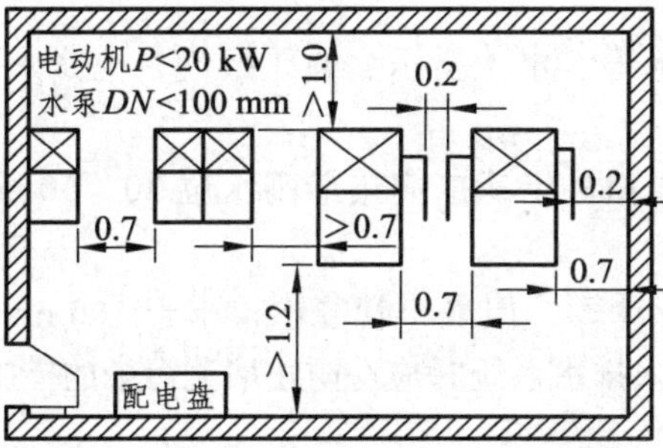

图 1-37　水泵机组的布置间距（m）

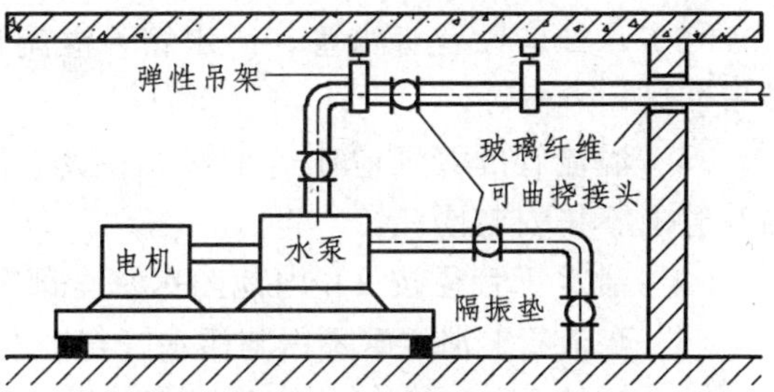

图 1-38　水泵隔振安装结构示意图

1.8.2　贮水池与水泵吸水井

1．贮水池的设置

贮水池是贮存和调节水量的构筑物。有以下情况之一者，应设置贮水池，水泵从贮水池中抽水。

（1）当水源不可靠，水量或水压不能满足室内用水要求，又不允许间断供水时。

（2）水源不能满足最大小时供水量，设置其他设备不可能或不经济时。

（3）水源为定时供水制度。

（4）根据“防火规范”规定必须设置消防水池的情况。

（5）市政管理部门不允许水泵直接从城市给水管网抽水时。

2．贮水池的类型

贮水池可设置成生活用水贮水池、生产用水贮水池、消防用水贮水池，或者生活与生产、生活与消防、生产与消防合用的贮水池，以及生活，生产与消防合用的贮水池。贮水池的形状有圆形、矩形和因地制宜的异形。贮水池一般采用钢筋混凝土结构，小型贮水池也可以采用金属、玻璃钢等材料，以保证不漏（渗）水。

3．贮水池的设计要求

贮水池一般设置在建筑物内，可以设置在地下室、半地下室中，也可以设置在比较高的位置。设置贮水池应注意防止水池中发生水质污染现象，保证安全供水，便于维护检修。一般应注意以下几点：

（1）生活贮水池应远离化粪池、厕所、厨房等构筑物或场所，与化粪池的净距离不应小于 10 m，当净距离不能保证大于 10 m 时，应采取措施保证生活用水不被污染，如提高生活贮水池的标高，或改变化粪池池壁的材料、加强化粪池的防渗漏措施等。

（2）贮水池设在建筑物内时，不应利用建筑物的本底结构作为生活水池的池壁和池底，以防止产生裂缝污染水质。

（3）水池的进水管和出水管应布置在相对位置，以保证池水能循环，避免水流短路而导致的水质恶化；当水池比较大时，应设置导流墙（板）等，以保证不出现滞水区。

（4）贮水池宜分成两格，能独立工作、分别泄空，以便于水池的清洗，或便于出现事故时检修。消防水池容积如超过 500 m^3 时，应分成两个，且两池间应设置连通管，并应在每池（格）单独配置阀门。

（5）水池应设置进水管、出水管、溢流管、泄水管、水位指示、通风换气、检修人孔等装置。

（6）溢流管的管径应比进水管大一级，溢水喇叭口的上缘应高出最高水位 30 ~ 50 mm，溢流管上不得安装阀门。

（7）泄水管管径按 2 h 内池内存水全部泄空进行计算，但最小管径不得小于 100 mm。

（8）溢流管、泄水管不得与污水管直接连接，排入排水系统时应有防止回流污染的措施。

（9）溢流管、通气管等末端应加设防虫网罩。

（10）贮水池宜设吸水坑，吸水坑深度不宜小于 1 m，池底应有不小于 0.005 的坡度坡向吸水坑。

（11）当水池贮有消防水量时，必须采取有效措施，以保证消防用水平时不被动用，常见的措施与水箱的相应措施相同。

（12）贮水池设在室内时，池顶板距建筑顶板底的高度应满足检修人员出入的需要，一般不宜小于 1.5 m。

4．贮水池的容积

贮水池容积，应根据室内的用水要求、室外供水的可靠性，即水池进水管的供水能力来确定。贮水池容积如果过大，则增加土建投资，而且会因水在水池中的停留时间过长而造成水质恶化变质；如果贮水池容积过小，则不能保证供水的安全可靠。

确定贮水池的有效容积，还需要考虑调节水量、消防水量、生产事故备用水量等。贮水池的有效容积一般可按式（1-20）计算。

$$V \geqslant (Q_b - Q_g)T_b + V_s + V_x \tag{1-20}$$

同时应满足：

$$Q_g T \geqslant (Q_b - Q_g)T_b \tag{1-21}$$

式中 V ——贮水池的有效容积，m^3；

Q_b ——水泵出水量，m^3/h；

Q_g——水源供水能力（水池进水量），m^3/h；

T_b——水泵运行时间，h；

T_t——水泵运行间隔时间，h；

V_s——生产事故用水储备量，m^3（根据工艺要求确定）；

V_x——消防用水储备量，m^3（按设计规范确定，一般是 3 h 的消防水量）；

$(Q_b - Q_g)T$——水池的调节容积，m^3。

同时应满足：$Q_g T_t \geqslant (Q_b - Q_g) T_b$，即保证水池的水不被抽干。

当水池的进水量 Q_g 大于水泵的出水量 Q_b 时，不设调节水量；设计时，按式（1-20）和式（1-21）进行计算；当资料不足时，贮水池的调节水量 $(Q_g - Q_g)T_b$ 不得小于全日用水量的 8% ~ 12%。

5．吸水井

在不需要设置贮水池，但又不允许水泵直接从城市给水管网中抽水时，可以设置吸水井或吸水罐。吸水井设置于地面下，可以设置在建筑物内部，也可以设置在建筑物外部。吸水井的尺寸应满足吸水管的布置、安装、检修以及保证水泵正常工作的要求，吸水井的有效容积不得小于最大一台水泵 3 min 的出水量。图 1-39 所示为吸水管在吸水井内布置的最小尺寸。

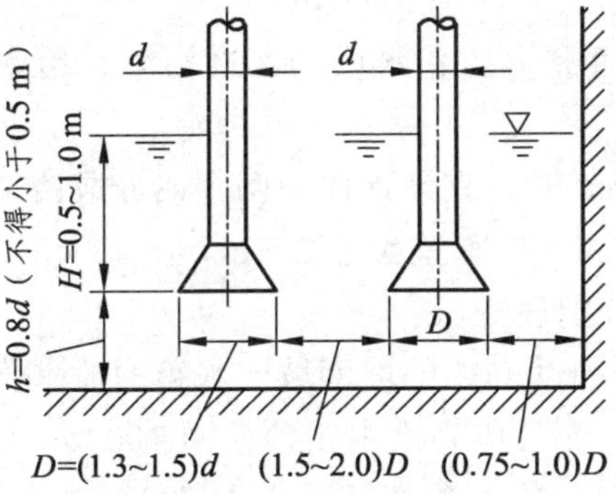

图 1-39　吸水管在吸水井中布置的最小尺寸

1.8.3　水　箱

1．水箱的设置

当城市给水管网的水压周期性或经常性不能满足室内用水要求时，需设置水箱；当室内给水管网对水压的稳定性要求比较高、需要恒压供水时，或需要贮存事故水量、消防水量时，亦需设置水箱；高层建筑供水系统竖向分区时，也应设置水箱。水箱起稳压、贮存水量的作用，有时也起增压或减压的作用。

设置水箱的给水方式的优点是：一般系统比较简单；利用夜间或用水低峰时室外管网的水压直接为水箱充水，在用水高峰时，室外管网压力不足，由水箱补充外网的不足；水箱有一定的调节容积，能利用重力自动供水，同时设置水箱能缓解城市供水管网在用水高峰时出现的供需矛盾，起到“削峰”作用，节约电能，保证供水的可靠性；水箱可设计成自动控制水位，方便管理。

但设置水箱的给水方式也存在很多问题，应在设计时加以注意。

（1）水箱设计不当、管理不当造成水质的二次污染问题。

（2）水箱位于建筑物的上部，对结构抗震不利，增加建筑物的结构荷载。

（3）水箱占用一定的建筑面积。

（4）建筑立面如处理不好，影响建筑物的美观。

（5）水箱设置在建筑物的顶部，防冻抗寒能力差。

（6）顶层用户的水压不足，会影响燃气热水器、自闭式冲洗阀以及瓷片式、轴筒式、球阀式水龙头的正常使用。

（7）如果浮球阀选用不当，会因溢流造成水量损失。

2．水箱类型

按不同用途，水箱可分为高位水箱、减压水箱、冲洗水箱和断流水箱等多种类型，其形状多为矩形和圆形，制作材料有钢板、钢筋混凝土、不锈钢、玻璃钢和塑料等。目前，玻璃钢水箱用得较多。玻璃钢水箱重量轻、强度高、耐腐蚀、安装维修方便，大容积的水箱可以现场组装。钢筋混凝土水箱造价低，适用于大型水箱，但重量大，管道连接处理不好容易漏水。

3．水箱的设计要求

为保证给水系统的安全可靠，防止水质的二次污染，给水水箱的设计一般应符合以下要求：

（1）水箱的容量超过 50 m^3 时，宜设计成为两个或分成两格。

（2）有效水深不小于 0.7 m，也不宜大于 2.5 m。

（3）进出水管应相对和分别设置。

（4）水箱的箱底应有不小于 0.005 的坡度坡向水箱的泄水管口。

（5）人孔盖应密闭加锁，而且应高出水箱顶板面 100 mm 以上。人孔尺寸应满足检修人员和箱内配件等的进出要求，一般人孔直径不小于 700 mm。检修人孔的顶面至建筑物顶板的距离，不宜小于 1.5 m，以方便检修人员进出人孔。

（6）水箱应布置在便于维护管理、通风和采光良好、不受污染、有利于管道布置的位置，水箱间的温度应不低于 5 °C。

4．水箱配管、附件

水箱上的配管、附件，如进水管、出水管、溢流管、排水管、泄水管、水箱托盘、通气孔、水位信号装置、连通管、检修人孔、水箱盖等，都有一定的要求，设计时按设计手册的要求进行设计，水箱配管如图 1-40 所示。

1）进水管

水箱进水管一般由水箱侧壁接入，为防止溢流，进水管上应装设水力自动控制阀，如浮球阀或液压水位控制阀。浮球阀或液压水位控制阀的数量一般不少于两个，其中一个发生故障时，其余浮球阀仍能正常工作，浮球阀应尽量同步开启和关闭。在每个浮球阀前的进水管上应设置阀门，以便检修。浮球阀应设置在人孔的下方，以便于检查浮球阀的工作状况。

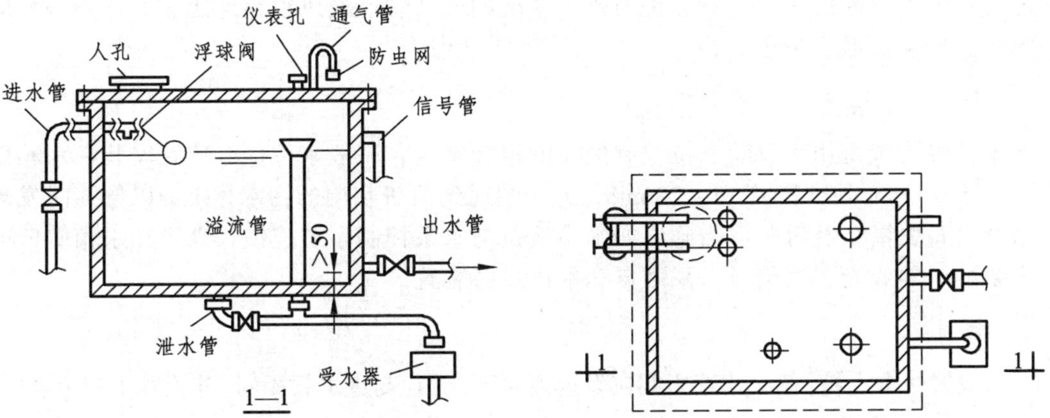

图 1-40　水箱配管、附件示意图

进水管应在水池（箱）的溢流水位以上接入，当确定溢流水位有困难时。进水管口的最低点高出溢流边缘的高度应等于进水管管径，但最小不得小于 25 mm，最大不大于 150 mm。进水管中心距离水箱顶应有 150 ~ 200 mm 的距离，进水管管径按水泵流量或室内管网设计秒流量计算。

2）出水管

出水管一般从水箱侧壁接出，管口下缘距离水箱底不应小于 50 mm，如从水池底部接出，出水管管顶入水口距水箱底的距离也不应小于 50 mm，以防沉淀物进入配水管网，其管径按室内设计秒流量确定；水箱出水管管口应低于水箱最低水位，以防止水箱在最低水位时，管网用水量达到设计秒流量时造成供水量不足，同时也可以防止在低水位时空气进入给水管网。为防止水流短路，出水管、进水管应分设在水箱两侧。

3）溢流管

溢流管的作用是当水箱进水管控制失灵或水泵控制失灵时，多余的水从溢流管中流出，避免水箱溢水，造成破坏。溢流管管口应高出设计最高水位 50 mm；管径应比进水管管径大 1 ~ 2 号，溢流管上不允许装设阀门。溢流管不得与排水系统的管道直接连接。溢水管出口应装设网罩，以防止小动物进入。

4）泄水管

水箱清洗或检修时，水箱中的水通过泄水管泄空。泄水管从水箱底部最低处接出，泄水管上装设阀门，平时关闭，泄水时开启。泄水管的阀门可以与溢流管相连接，但不得与排水系统的管道直接连接。如无特殊要求，泄水管的管径可以比进水管缩小 1 ~ 2 号，但一般不小于 50 mm。

5）通气管

生活给水系统中的水箱为防止水质污染，水箱盖板、人孔等都应封闭，为保证水箱内空气流通，需设置通气管，防止水体变质。通气管从箱盖上接出，伸至室外或水箱间内，但不得伸入到有有害气体的地方。通气管末端应装设滤网，而且管口应朝下设置。

通气管上不得装设阀门，不允许与排水系统的通气管或通风道相连接。其管径一般应大于 50 mm，数量一般不少于 2 根。

6）水位信号装置

水位信号装置是用来反映水位控制失灵的报警装置，一般水位信号装置安装在水箱壁溢流管口以下 10 mm 处，管径 15 ~ 20 mm，另一端通到值班室内的污水盆上，以便随时发现水箱浮球阀设备失灵，及时采取措施。如水箱液位与水泵控制系统连锁，则可在水箱侧壁或顶盖上安装继电器或光、声信号，采用自动水位报警装置。

7）连通管

如需设置两个水箱，两个水箱之间应设置连通管，管径与进水管相同。连通管上应装设阀门。

8）人　孔

为便于清洗、检修，箱盖上应设人孔。

5．水箱的有效容积及设置高度

1）有效容积

水箱的有效容积为水箱最高水位至水箱最低水位之间的容积。有效容积在理论上应根据用水和进水流量变化曲线确定。但变化曲线难以获得，故常按经验确定：对于生活用水的调节水量，由水泵联动提升进水时，可按不小于最大小时用水量的 50% 计；仅在夜间由城镇给水管网直接进水的水箱，生活用水贮量应按用水人数和最高日用水定额确定；生产事故备用水量应按工艺要求确定；当生活和生产调节水箱兼作消防用水贮备时，水箱的有效容积除生活或生产调节水量外，还应包括 10 min 的室内消防设计流量（这部分水量平时不能动用）。

水箱内的有效水深一般为 0.70 ~ 2.50 m。水箱的保护高度一般为 200 mm。

2）水箱设置高度

水箱的设置高度应满足以下条件。

$$Z = Z_1 + H_1 + H_2 \tag{1-22}$$

式中　Z——水箱最低动水位标高，m；

Z_1——最不利配水点标高，m；

H_1——设计流量下水箱至最不利配水点的总水头损失，m；

H_2——最不利配水点的流出水头，m。

对于贮备消防用水的水箱，如最不利配水点为最高层最远处的消火栓，为满足该点的流出水头要求，顶层水箱位置就要提高，当水箱在楼顶上，提高安装位置有困难时，可以考虑单独设置增压泵，为最不利配水点加压供水，并且不影响水箱的设置高度。

6．水箱的布置与安装

水箱间的位置应结合建筑、结构条件，便于管道布置，尽量缩短管线长度。水箱间应有良好的通风、采光和防蚊蝇措施，室内最低气温不得低于 5 °C。水箱间的净高不得低于 2.2 m，并能满足布管要求。水箱间的承重结构采用非燃烧材料。

水箱布置间距要求见表 1-15。对于大型公共建筑和高层建筑，为保证供水安全，宜将水箱分为两格或设置两个水箱。

表 1-15 水箱布置间距 单位：m

形式	箱外壁至墙面的距离		水箱之间的距离	箱顶至建筑最低点的距离
	有阀一侧	无阀一侧		
圆形	0.8	0.5	0.7	0.8
矩形	1.0	0.7	0.7	0.8

金属水箱的安装用槽钢（工字钢）梁或钢筋混凝土支墩支承。为防水箱底与支承接触面发生腐蚀，应在它们之间垫以石棉橡胶板、橡胶板或塑料板等绝缘材料。

水箱底距地面宜有不小于 800 mm 的净空高度，以便安装管道和进行检修。

有些建筑对抗震和隔声有要求时，水箱的安装方法参见《给水排水设计手册》第 2 册。

1.8.4 气压给水设备

气压给水设备是给水系统中一种利用密闭储罐内空气的可压缩性进行贮存、调节和压送水量的装置。其作用相当于高位水箱或水塔，是一种应用较为广泛的给水设备，与水泵、水箱联合供水方式比较，其主要优点是：便于搬迁和隐蔽，灵活性大，气压水罐可以设置于任何高度；施工安装方便，运行可靠，维护和管理方便；由于气压水罐是密闭装置，水质不易被污染；气压水罐具有一定的消除水锤作用。其主要缺点是：气压水罐调节能力较小，水泵启动频繁；变压式气压给水压力变化幅度较大，因而电频高，经常性费用较高。

按罐内气与水接触方式不同，可分为补气式和隔膜式气压给水设备；按气压给水设备输水压力稳定性不同，可分为变压式和定压式气压给水设备。补气式气压水罐，因有空气融入水中，对供水水质存在水质污染的潜在危险，且可能引起用户表计量不准确，故应慎用。

1. 变压式气压给水设备

变压式气压给水设备常用在中小型给水系统中。其供水压力变化幅度较大，对给水附件的寿命有一定的影响，不适于用水量大和要求水压稳定的用水对象，使用受到一定限制。当用户允许供水压力有一定波动时，宜采用这种方式。

其工作过程为：罐内空气的起始压力高于管网所需的设计压力，水在压缩空气的作用下被送至配水管网。随着水量的减少，水位下降，罐内的空气体积增大，压力逐渐减小，到达设定压力的下限值 P_1 时，在压力继电器作用下，水泵自动启动，向给水系统加压供水，水泵出水除供用户外，多余部分进入气压罐，罐内水位上升，空气被压缩。当压力达到设定压力的上限值 P_2 时，压力继电器切断电路，水泵停止工作，罐内空气压力高于管网压力，水被压送至配水管网。当压力降至 P_1 时，水泵再次启动。如此往复，实现供水。

图 1-41 为设补气罐的变压式气压给水设备。气与水在气压水罐中直接接触，设备运行过

程中，部分气体溶于水中，随着空气量的减少，罐内压力下降，不能满足供水需要，为保证给水系统的设计工况，需设补气调压装置。

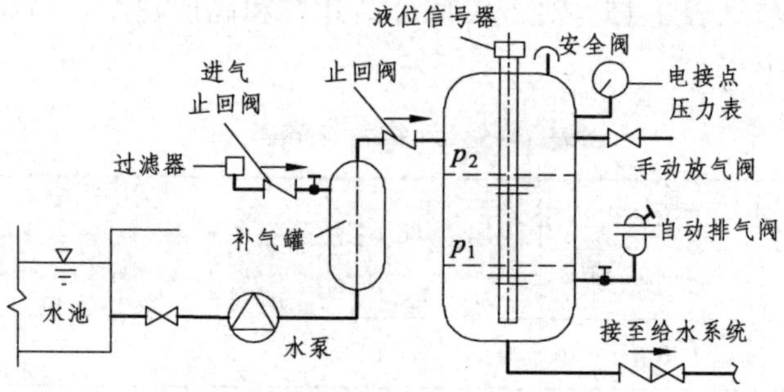

图 1-41　设置补气罐的变压式气压给水设备

补气的方法很多，如在允许停水的给水系统中，可采用开启罐顶进气阀，泄空罐内存水的简单补气法；对不允许停水的给水系统，可采用空气压缩机补气，也可通过在水泵吸水管上安装补气阀，在水泵出水管上安装水射器或补气罐等方法补气。以上方法属余量补气，多余的补气量需通过排气装置排出。有条件时，宜采用限量补气法，使补气量等于需气量，如当气压水罐内气量达到需气量时，补气装置停止从外界吸气，自行平衡，达到限量补气的目的，可省去排气装置。

2．定压式气压给水设备

当用户要求水压稳定时，可在气与水共罐的单罐变压式气压给水装置的供水管上安装压力调节阀，将出水压力控制在要求范围内，使管网处于恒压下工作，如图 1-42 所示，也可在气与水不共罐的双罐变压式气压给水设备的压缩空气连通管上安装压力调节阀，将调节阀出口的气压控制在要求范围内，以使供水压力稳定。

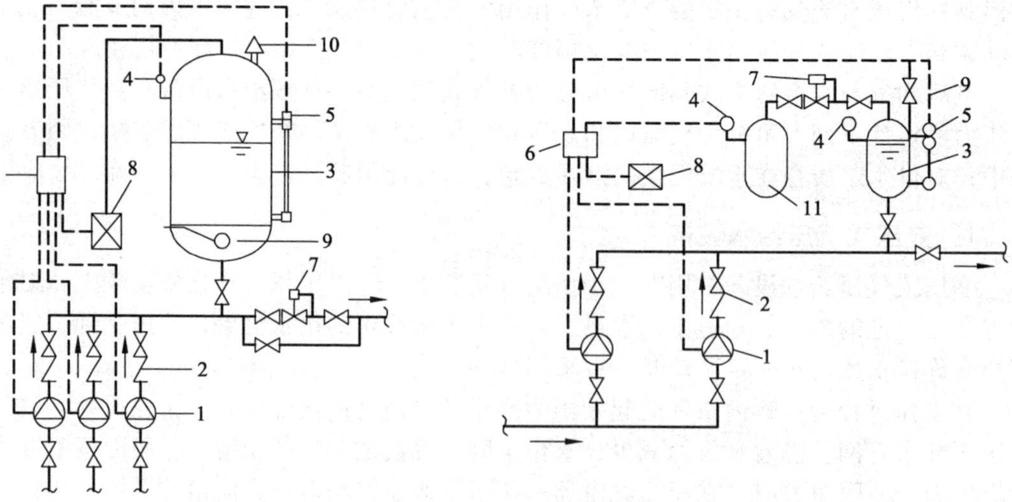

（a）单罐　　（b）双罐

1—水泵；2—止回阀；3—气压罐；4—压力信号器；5—液位信号器；6—控制器；7—压力调节阀；8—补气装置；9—排气阀；10—安全阀；11—贮气罐。

图 1-42　定压式气压给水设备

3．隔膜式气压给水设备

隔膜式气压给水设备是在气压水罐中设置胶质弹性隔膜，将气水分离，既使气体不会溶于水中，又使水质不易被污染，补气装置也不需设置。从而减少了机房面积，节约了基建投资。

隔膜主要有帽形、囊形两类，囊形隔膜又有球囊、梨囊、斗囊、筒囊、折囊、胆囊之分。两类隔膜均固定在罐体法兰盘上，如图 1-43 所示。囊形隔膜可缩小气压水罐固定隔膜的法兰，气密性好、调节容积大，且隔膜受力合理、不易损坏，优于帽形隔膜。

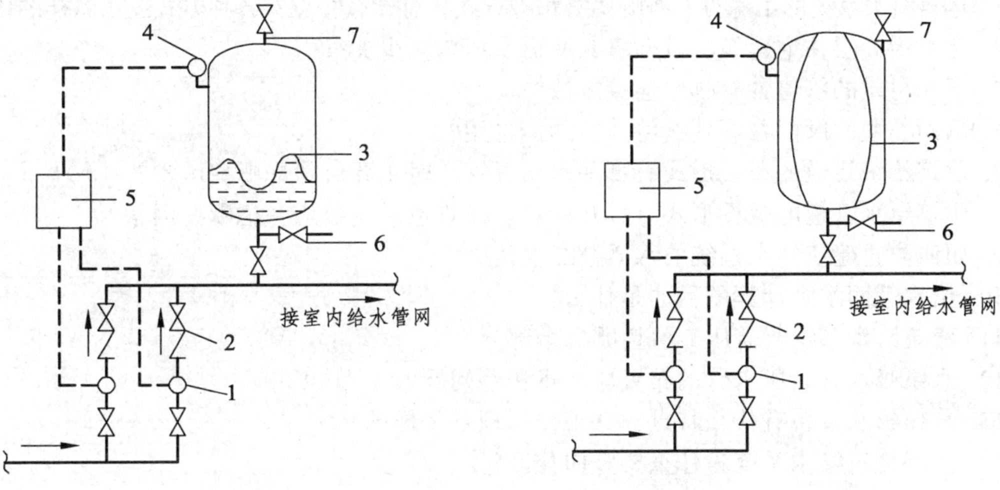

（a）帽型隔膜　　（b）囊型隔膜

图 1-43　隔膜式气压给水设备

气压给水设备的工作间应采光和通风良好，不致冻结，环境温度为 5 ~ 40 °C，相对湿度不大于 85%。罐顶至建筑结构最低点的距离不得小于 1.0 m；罐与罐之间及罐壁与墙面的净距不宜小于 0.7 m。

补气式气压罐应设置在空气清洁的场所。利用空气压缩机补气时，小型的气压给水设备可采用手摇式空气压缩机；大中型气压给水设备一般采用电动空气压缩机。空气压缩机的工作压力应略大于气压水罐的最大工作压力，一般可选用小型空气压缩机。压缩空气管道一般采用焊接钢管。

生活给水系统采用气压给水设备供水时，应符合下列规定：

气压水罐内的最低工作压力，应满足管网最不利处配水点所需水压；气压水罐内的最高工作压力，不得使管网最大水压处配水点的水压大于 0.55 MPa；水泵（或泵组）的流量（以气压水罐内的平均压力计，其对应的水泵扬程流量），不应小于给水系统最大小时用水量的 1.2 倍。

项目小结

本项目主要介绍了给水系统的分类、组成以及不同的给水方式，介绍了常用的给水管材、附件和水表，给水管道的布置与敷设，还有建筑内部给水系统的计算和给水管网的水力计算以及给水系统的增压和贮水设备。需要重点掌握给水管材和阀门水表等附件的选用，掌握给水管道的布置与敷设、增压和贮水设备的布置与安装。

思考与练习

1. 建筑给水系统根据其用途分为哪些类别？
2. 建筑给水系统一般由哪些部分组成？
3. 建筑给水系统的给水方式有哪些？每种方式各有什么特点？各种方式适用怎样的条件？
4. 有一幢 8 层住宅建筑，试估算其所需水压为多少 kPa？
5. 不同材质的管道各有哪些连接方法？
6. 不同类型的阀门各有什么特点？如何选用？
7. 建筑给水管道的布置形式有哪些？布置管道时主要应考虑哪些因素？
8. 建筑给水管道的敷设形式有哪几种？敷设管道时主要应考虑哪些因素？
9. 如何防止建筑给水系统的水质被二次污染？
10. 给水管网水力计算的目的是什么？
11. 建筑给水系统所需压力包括哪几个部分？
12. 水泵吸水管、压水管的布置应注意哪些问题？
13. 气压给水设备有什么特点？其工作原理是怎样的？
14. 高层建筑给水系统为什么要竖向分区？
15. 应当如何防止建筑给水系统的水质被二次污染？

2 建筑消防系统

火灾是当今人类所面临的最严重的灾害之一，且发生的频率为各种灾害之首。最近几十年来，我国重特大火灾呈上升趋势。建筑物中完善的消防系统，可以帮助人们逃离火场。一旦火灾发生，建筑物中的温感器和烟感器将会报警，并将火灾信号传输到保安室，随后发生一系列联动：火灾报警灯和警笛开始报警；应急照明系统引导人们向安全通道逃离；自动灭火系统开始工作；防火分区的防火闸门自动下降隔离火灾；排烟风机工作抽走有毒气体。这一系列的联动，对减少事故损失，保障人民生命财产安全起着举足轻重的作用。

作为工程技术人员，我们要认识到消防控制室的重要意义，能够坚守岗位，并具备处理消防控制室消防联动的能力；加强道德实践，杜绝随意按压火灾自动报警按钮，树立正确的道德观。

消防设施一直保持良好的状态是我们从业人员的基本职责，是保障公共安全的必然要求，是公共交通履行社会安全责任的具体体现。消防的重心在“防”。提前预防火灾的发生是确保消防安全的必然要求。工作中自觉遵守规章制度，及时消除火灾隐患，对消防法律法规长持敬畏之心，保持对生命安全的敬畏感，尽力防患于未然。

建筑消防系统根据使用的灭火介质分类，常用的灭火系统可以分为水灭火系统、气体灭火系统、泡沫灭火系统、干粉灭火系统，按灭火方式可分为下列 3 种灭火系统。

（1）消火栓给水灭火系统；

（2）自动喷水灭火系统；

（3）其他使用非水灭火剂的固定灭火系统，如二氧化碳灭火系统、干粉灭火系统和其他气体灭火系统等。

水是不燃液体，在与燃烧物接触后会通过物理、化学反应从燃烧物中摄取热量，对燃烧物起到冷却作用；同时，水在被加热和汽化的过程中所产生的大量水蒸气，能够阻止空气进入燃烧区，并能稀释燃烧区内氧的含量从而减弱燃烧强度；另外，经水枪喷射出来的压力水流具有很大的动能和冲击力，可以冲散燃烧物使燃烧强度显著减弱。

在水、泡沫、酸碱、卤代烷、二氧化碳和干粉等灭火剂中，水具有使用方便、灭火效果好、来源广泛、价格便宜、器材简单等优点，是目前建筑消防的主要灭火剂。本章重点介绍以水作为灭火剂的消火栓给水灭火系统和自动喷水灭火系统。

知识目标

- 熟悉室外消防系统的组成、水源、管道及设施。
- 掌握消火栓给水系统的设置原则、组成、给水方式及布置原则。
- 掌握自动喷水灭火系统的分类及组成，掌握主要部件的作用及系统的设置原则。
- 掌握水喷雾灭火系统的组成及零部件的作用。

能力目标

- 具备正确使用消火栓灭火装置的能力。
- 能正确设置消火栓系统，并能正确地选用增压和贮水设备。
- 能正确布置自动喷水灭火系统，能准确识别系统的主要零部件。

2.1 室外消防系统

2.1.1 室外消防系统的作用、设置范围与组成

室外消防系统主要是用来供消防车从该系统取水，供消防车、曲臂车等带架水枪的用水，控制和扑救火灾或利用消防车从该系统取水，经水泵接合器向室内消防系统供水，增补室内消防用水的不足。

消防给水系统的设置范围，除了耐火等级为一、二级且体积不超过 3 000 m 的戊类厂房或居住区人数不超过 500 人且建筑物不超过 2 层的居住小区可不设室外消火栓之外，下列建筑均应设室外消火栓给水系统。

（1）工厂、仓库和民用建筑。

（2）易燃、可燃材料的露天、半露天堆场，惰性气体储罐区。

（3）高层民用建筑。

（4）汽车库（区）。

（5）甲、乙、丙类液体储罐、堆场等。

室外消防系统由室外消防水源、室外消防管道和室外消火栓组成。

2.1.2 室外消防给水水源

建筑室外消防给水系统是指多幢建筑所组成的小区及建筑群的室外消防给水系统。消防用水可由市政给水管网、天然水源或消防水池供给。为了确保供水安全可靠，高层建筑室外消防给水系统的水源不宜少于两个。

1. 以市政消防管网为水源

城镇、居住区、企业单位的室外消防给水，一般均采用低压给水系统，即消防时市政管网中最不利点的供水压力为大于或等于 0.1 MPa。市政给水管网在满足建筑物内最大时生活用水量的同时，要确保建筑所需的消防用水量（包括室内、室外消防用水量）。

2．天然水源

当建筑物靠近江河、湖泊等天然水源时，可采用其作为消防水源，但应采取必要的措施，使消防车靠近水源，并保证在枯水期最低水位时及寒冷地区冰冻期也能够正常取水，以确保消防用水量。

3．消防水池

国家标准《建筑设计防火规范》（GB 50016—2014）中明确规定以下情况必须设置消防水池。

（1）当生产、生活用水量达到最大时，市政给水管网或天然水源不能满足室内外消防用水量。

（2）市政给水管道为枝状或只有一条进水管，且室内外消防用水量之和大于 25 L/s。

消防水池的设置应符合下列规定：

（1）当室外给水管网能保证室外消防用水量时，消防水池的有效容量应满足在火灾延续时间内室内消防用水量的要求。当室外给水管网不能保证室外消防用水量时，消防水池的有效容量应满足在火灾延续时间内室内消防用水量与室外消防用水量不足部分之和的要求。当室外给水管网供水充足且在火灾情况下能保证连续补水时，消防水池的容量可减去火灾延续时间内补充的水量。

（2）补水量应经计算确定，且补水管的设计流速不宜大于 2.5 m/s。

（3）消防水池的补水时间不宜超过 48 h；对于缺水地区或独立的石油库区，不应超过 96 h。

（4）容量大于 500 m^3 的消防水池，应分设成两个能独立使用的消防水池。

（5）供消防车取水的消防水池应设置取水口（或取水井），且吸水高度不应大于 6.0 m。取水口（或取水井）与建筑物（水泵房除外）的距离不宜小于 15 m；与甲、乙、丙类液体储罐的距离不宜小于 40 m；与液化石油气储罐的距离不宜小于 60 m，如采取防止辐射热的保护措施时，可减为 40 m。

（6）消防水池的保护半径不应大于 150 m。

（7）消防用水与生产、生活用水合并的水池，应采取确保消防用水不作他用的技术措施（例如，生产、生活用水的出水管设在消防水面之上）。在气候条件允许并利用游泳池、喷水池、冷却水池等作为消防水池时，必须具备消防水池的功能，设置必要的过滤装置，各种用作储存消防用水的水池，当清洗放空时，必须另有保证消防用水的水池。

（8）严寒和寒冷地区的消防水池应采取防冻保护设施。

2.1.3　室外消防管道及设施

1．室外消防给水管道

室外消防给水管道是从市政给水干管接往居住小区、工厂和公共建筑物室外的消防给水管道。

室外消防管网按其用途分为生活与消防合用的给水管网，生产与消防合用的给水管网，生产、生活与消防合用的给水管网以及独立的消防给水管网，设计时应根据具体情况正确地选择室外消防管网的形式。

室外消防给水管道的布置应符合下列要求：

（1）室外消防给水管网应布置成环状；当室外消防用水量小于等于 15 L/s 时，可布置成枝状。

（2）向环状管网输水的进水管不应少于两条，当其中一条发生故障时，其余的进水管应能满足消防用水总量的供给要求。

（3）环状管道应采用阀门分成若干独立段，每独立段内室外消火栓的数量不宜超过 5 个。

（4）室外消防给水管道的直径不应小于 *DN* 100。

（5）室外消防给水管道设置的其他要求应符合现行国家标准《室外给水设计标准》（GB 50013）的有关规定。

2．室外消火栓

室外消火栓有地上式与地下式两种，如图 2-1 所示。在我国北方寒冷地区宜采用地下式消火栓，在南方温暖地区可采用地上式或地下式消火栓。地下式消火栓应有直径为 *DN*100 和 *DN*100 的栓口各一个，地上式消火栓应有一个直径为 *DN*150 或 *DN*100 的栓口和两个 *DN*65 的栓口，消火栓应有明确的标志。

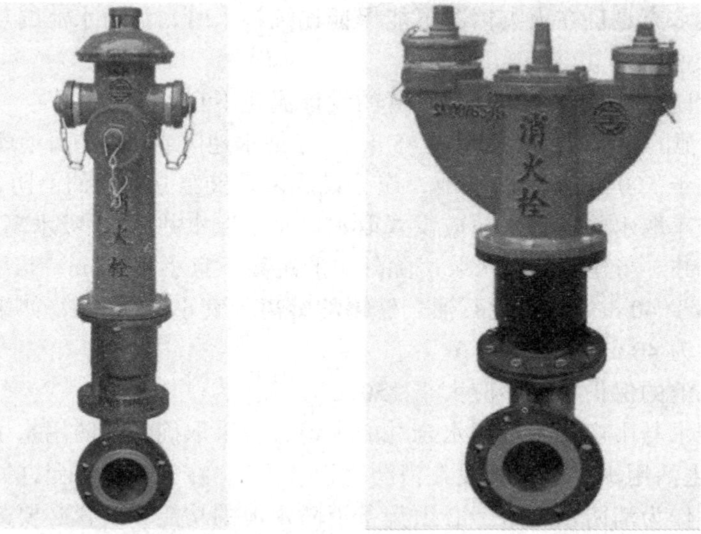

（a）地上式　　（b）地下式

图 2-1　室外消火栓

室外消火栓的布置应符合下列要求：

（1）室外消火栓应沿道路设置。当道路宽度大于 60 m 时，宜在道路两边设置消火栓，并宜靠近十字路口。

（2）甲、乙、丙类液体储罐区和液化石油气储罐区的消火栓应设置在防火堤或防护墙外，距罐壁 15 m 范围内的消火栓，不应计算在该罐可使用的数量内。

（3）室外消火栓的间距不应大于 120 m。

（4）室外消火栓的保护半径不应大于 150 m；在市政消火栓保护半径 150 m 以内，当室外消防用水量小于等于 15 L/s 时，可不设置室外消火栓。

（5）室外消火栓的数量应按其保护半径和室外消防用水量等综合计算确定，每个室外消火栓的用水量应按 10 ~ 15 L/s 计算；与保护对象的距离在 5 ~ 40 m 范围内的市政消火栓，可计入室外消火栓的数量内。

（6）室外消火栓宜采用地上式消火栓，地上式消火栓应有 1 个 *DN* 150 或 *DN* 100 的栓口和 2 个 *DN* 65 的栓口。采用室外地下式消火栓时，应有 *DN* 100 和 *DN* 65 的栓口各 1 个。寒冷地区设置的室外消火栓应有防冻措施。

（7）消火栓距路边不应大于 2 m，距房屋外墙不宜小于 5 m。

（8）工艺装置区内的消火栓应设置在工艺装置的周围，其间距不宜大于 60 m。当工艺装置区宽度大于 120 m 时，宜在该装置区内的道路边设置消火栓。

2.2 室内消火栓系统

建筑消火栓给水系统是把室外给水系统提供的水量，经过加压（室外管网压力不满足需要时），输送到用于扑灭建筑物内的火灾而设置的固定灭火设备，是建筑物中最基本的灭火设施。

建筑消火栓给水系统按压力分为高压（常高压）给水系统、临时高压给水系统和低压消防给水系统三类。高压（常高压）给水系统在准工作状态和在消防时，能始终保持满足水灭火设施所需的系统工作压力和流量，火灾时无需消防水泵加压系统；临时高压给水系统指平时不能满足水灭火设施所需的系统工作压力和流量，火灾时能直接自动启动消防水泵以满足水灭火设施所需的压力和流量的系统；低压消防给水系统是能满足消防车或手抬消防泵等取水所需，从地面算起不得小于 0.10 MPa 压力和流量的系统。

2.2.1 设置室内消火栓给水系统的原则

按照国家标准《建筑设计防火规范》（GB 50016—2014）的规定，下列建筑物应设置消火栓给水系统：

（1）建筑占地面积大于 300 m^2 的厂房和仓库；

（2）高层公共建筑和建筑高度大于 21 m 的住宅建筑（建筑高度不大于 27 m 的住宅建筑，设置室内消火栓系统确有困难时，可只设置干式消防竖管和不带消火栓箱的 *DN* 65 的室内消火栓）；

（3）体积大于 5 000 m^3 的车站、码头、机场的候车（船、机）建筑、展览建筑、商店建筑、旅馆建筑、医疗建筑和图书馆建筑等单、多层建筑；

（4）特等、甲等剧场，超过 800 个座位的其他等级的剧场和电影院等以及超过 1 200 个座位的礼堂、体育馆等单、多层建筑；

（5）建筑高度大于 15 m 或体积大于 10 000 m^3 的办公建筑、教学建筑和其他单、多层民用建筑；

（6）国家级文物保护单位的重点砖木或木结构的古建筑，宜设置室内消火栓；

（7）人员密集的公共建筑、建筑高度大于 100 m 的建筑和建筑面积大于 200 m^2 的商业服务网点应设置消防软管卷盘或轻便消防水龙。高层住宅建筑的户内宜配置轻便消防水龙。

下列建筑物可不设消火栓给水系统，但宜设置消防软管卷盘或轻便消防水龙：

（1）耐火等级为一、二级且可燃物较少的单、多层丁、戊类厂房（仓房）。

（2）耐火等级为三、四级且建筑体积不大于 3 000 m^3 的丁类厂房；耐火等级为三、四级且建筑体积不大于 5 000 m^3 的戊类厂房（仓房）。

（3）粮食仓库、金库，或远离城镇且无人值班的独立建筑。

（4）存有与水接触能引起燃烧爆炸的物品的建筑。

（5）室内无生产、生活给水管道，室外消防用水取自贮水池且建筑体积不大于 5 000 m^3 的其他建筑。

2.2.2　消火栓给水系统的组成与供水方式

1．消火栓给水系统的组成

建筑消火栓给水系统一般由水枪、水带、消火栓、消防管道、消防水池、高位水箱、水泵接合器及增压水泵等组成。图 2-2 所示为设有水泵、水箱的消防供水方式。

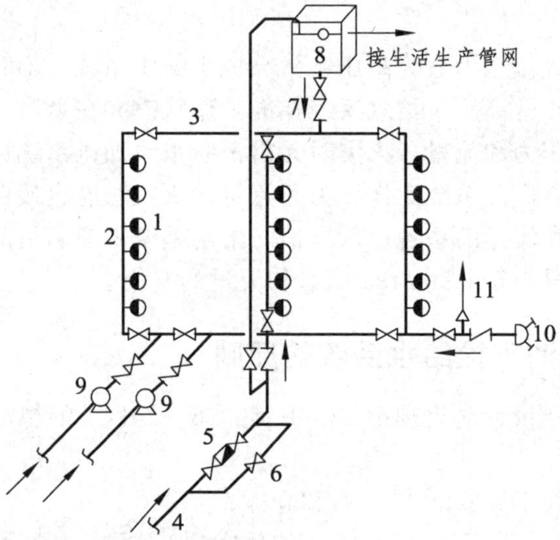

1—室内消火栓；2—消防立管；3—干管；4—进户管；5—水表；6—旁通管及阀门；7—止回阀；8—水箱；9—消防水泵；10—水泵接合器；11—安全阀。

图 2-2　设水泵、水箱的消防供水方式

1）消火栓设备

消火栓设备由水枪、水带和消火栓组成，均安装于消火栓箱内，如图 2-3 所示。

（1）水枪。

水枪一般为直流式，喷嘴口径有 13 mm、16 mm、19 mm 三种。口径 13 mm 的水枪配备直径 50 mm 水带，口径 16 mm 的水枪可配 50 mm 或 65 mm 水带，口径 19 mm 的水枪配备 65 mm 水带。低层建筑的消火栓可选用 13 mm 或 16 mm 口径的水枪。

发生火灾时，火场的辐射热使消防人员无法接近着火点，因此，要求从水枪喷出的水流应该具有足够的射程和消防流量到达着火点。消防水流的有效射程通常用充实水柱表述。

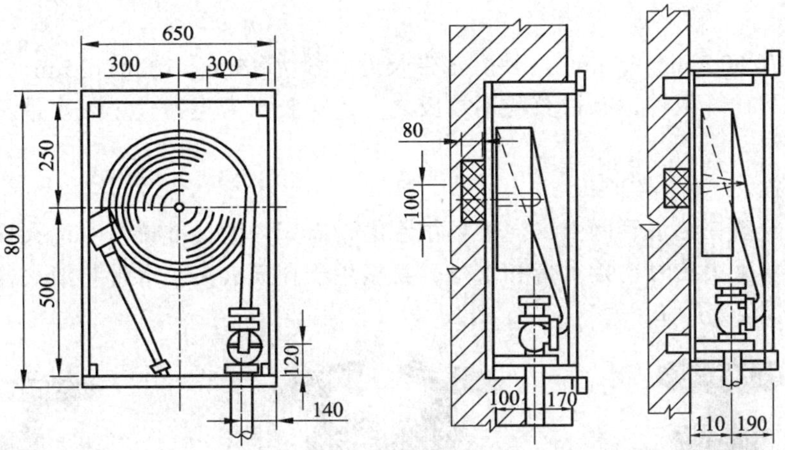

图 2-3 消火栓箱结构图

水枪的充实水柱长度是指水从水枪喷射出来的消防射流中一段最有效的射流长度。射流顶部呈为散射状时，已经没有灭火能力了，只有具有一定强度的密实的水柱部分才有灭火能力。对于手提式水枪，充实水柱长度的规定为：从水枪喷嘴起至包括 90% 的全部消防水量穿过直径为 38 cm 的圆断面后保持密实水柱的长度。图 2-4 所示为水枪充实水柱。充实水柱长度一般为 10 ~ 17 m，小于 10 m 时，由于火焰辐射热的作用，会造成灭火人员的伤亡和灭火的失败；如果充实水柱长度超过 17 m，由于射流的反作用力比较大，消防人员难以灵活地把握住水枪，有效地实施灭火。设计时，各类建筑要求的水枪充实水柱长度应先计算再与表 2-1 所示的数据比较后取值。

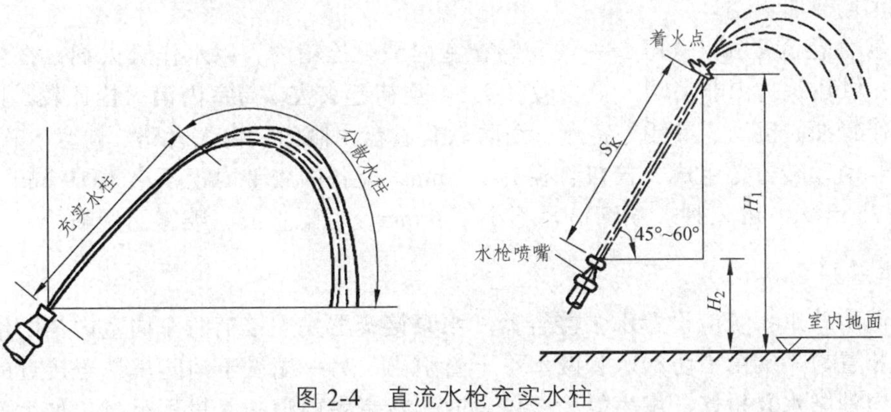

图 2-4 直流水枪充实水柱

表 2-1 各类建筑要求水枪充实水柱长度

建筑物类别		充实水柱长度/m
低层建筑	一般建筑	≥7
	甲、乙类厂房，大于 6 层民用建筑，大于 4 层厂、库房	≥10
	高架库房	≥13
高层建筑	民用建筑高度 < 100 m	≥10
	民用建筑高度 ≥ 100 m	≥13
	高层工业建筑	≥13
人防工程内		≥10
停车库、修车库内		≥10

（2）水带。

水带口径有 50 mm、65 mm 两种。水带长度一般为 15 m、20 m、25 m、30 m 四种。水带材质有麻织和化纤两种，有衬胶与不衬胶之分，衬胶水带阻力较小。水带长度应根据水力计算选定。

（3）消火栓。

消火栓是安装在给水管网上，向火场供水的带有阀门的标准接口。消火栓的作用是截断和控制水流，发生火灾时连接水带和水枪，直接用于扑灭火灾。水带与消火栓栓口的口径应完全一致，如图 2-5 所示。

（a）单阀双出口　　（b）双阀双出口　　（c）单阀单出口

图 2-5　室内消火栓

消火栓均为内扣式接口的球形阀式龙头，有单出口和双出口之分。双出口消火栓直径为 65 mm；单出口消火栓直径有 50 mm 和 65 mm 两种。当每支水枪最小流量小于 5 L/s 时选用直径为 50 mm 的消火栓；最小流量大于或等于 5 L/s 时选用直径为 65 mm 的消火栓。

（4）消防软管卷盘。

消防软管卷盘又称灭火喉，一般安装在室内消火栓箱内，以水作灭火剂，在启用室内消火栓之前，供建筑物内非消防人员自救扑灭 A 类初起火灾。与室内消火栓比较，具有设计体积小，操作轻便、机动、灵活等特点，消防软管卷盘由阀门、输入管路、卷盘、软管、喷枪、固定支架、活动转臂等组成，栓口直径为 25 mm，配备的胶带内径不小于 19 mm，软管长度有 20 m、25 m、30 m 三种，喷嘴口径不小于 6 mm，可配直流、喷雾两用喷枪。

2）水泵接合器

室内消防给水系统应设置水泵接合器。水泵接合器是连接消防车向室内消防给水系统加压供水的装置，一端由消防给水管网水平干管引出，另一端设于消防车易于接近的地方。

当室内消防水泵检修、发生故障或停电时，或者室内消防水量不足时（如大面积恶性火灾时，火场用水量超过消防水泵的设计供水能力时），水泵接合器供室外消防车使用，消防车从室外消火栓、室外消防水池或天然水源取水，通过水泵接合器的接口向建筑物内的消防给水管道系统加压送水，使室内消火栓或其他灭火设备得到补充水量和水压，以扑灭火灾。

水泵接合器有地下式、地上式、墙壁式和多用式四种，如图 2-6 所示。水泵接合器宜采用地上式或墙壁式，当采用地下式水泵接合器时，应有明显标志。

3）消防水泵

消防水泵包括消防主泵和稳压泵。消防主泵在火灾发生后通过消火栓箱内的按钮或由消防控制中心远程启动或现场启动。

地上式　　地下式　　墙壁式　　多用式

图 2-6　水泵接合器外形图

稳压泵用于对水箱设置高度不能满足最不利消火栓水压要求的系统增压，稳压泵对消火栓给水系统的出水量不应大于 5 L/s；对自动喷水灭火系统不应大于 1 L/s。稳压泵应与消防主泵连锁，当消防主泵启动后稳压泵自动停运。

消防给水系统应设置备用消防水泵，其工作能力不应小于其中最大一台消防工作泵。

4）消防水箱

消防水箱对扑救初期火灾起着重要作用，为确保其自动供水的可靠性，应在建筑物的最高部位设置重力自流消防水箱；消防用水与其他用水合并的水箱，应有消防用水不作他用的技术设施；水箱的安装高度应满足室内最不利点消火栓所需的水压要求，且消防水箱的有效容积应满足初期火灾消防水量的要求。

5）消防水池

消防水池用于无室外消防水源情况下，贮存火灾持续时间内的室内消防用水量。消防水池可设于室外地下或地面上，也可设在室内地下室，或与室内游泳池、水景水池兼用。消防水池应设有水位控制阀的进水管和溢水管、通气管、泄水管、出水管及水位指示器等附属装置。根据各种用水系统的供水水质要求是否一致，可将消防水池与生活或生产贮水池合用，也可单独设置。消防用水与其他用水合用的水池应采取确保消防水量不作他用的技术措施。

6）消防管道

建筑物内消防管道是否与其他给水系统合并或独立设置，应根据建筑物的性质和使用要求经技术经济比较后确定。

2．消火栓给水系统的给水方式

1）室外管网直接供水的消防给水方式

室外给水管网提供的水量和水压，在任何时候都能够满足室内消火栓给水系统所需要的水量和水压时，不必设水箱、水泵，直接利用室外管网水压，系统简单而且节约能源、降低投资。

无加压水泵和水箱的消火栓给水系统如图 2-7 所示。该方式中消防管道有两种布置形式：一种是消防用水和生活用水合用，此时在水表处应设置旁通管，选水表时，要考虑到大流量时水表的过流能力，即能够承受短时间内通过较大的消防水量；另一种是消防给水管道单独设置，单独设置可以避免消防管道中的水长期不用水质恶化后对生活用水产生污染。

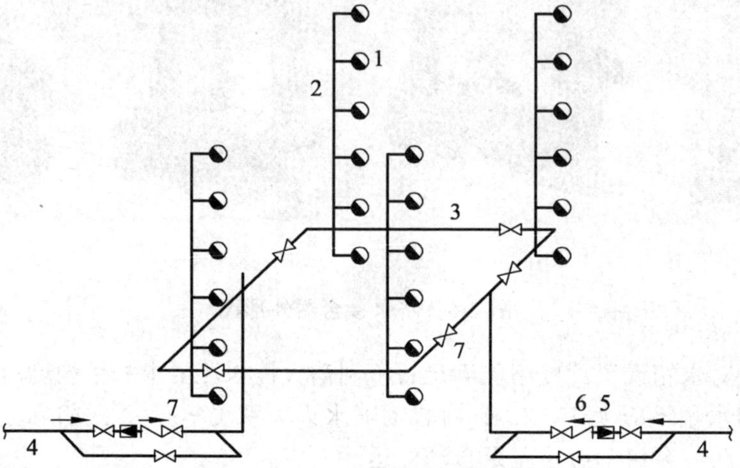

1—室内消火栓；2—消防立管；3—消防干管；4—进户管；
5—水表；6—止回阀；7—闸阀。

图 2-7 无水泵、水箱的消火栓给水系统

2）设水箱的消火栓给水方式

当室外管网压力变化较大，但水量满足要求，一天之内有一定时间能够满足室内消防、生活和生产用水水量和水压要求时，可采用只设水箱的给水方式，如图 2-8 所示。这种方式管网和水箱应独立设置。

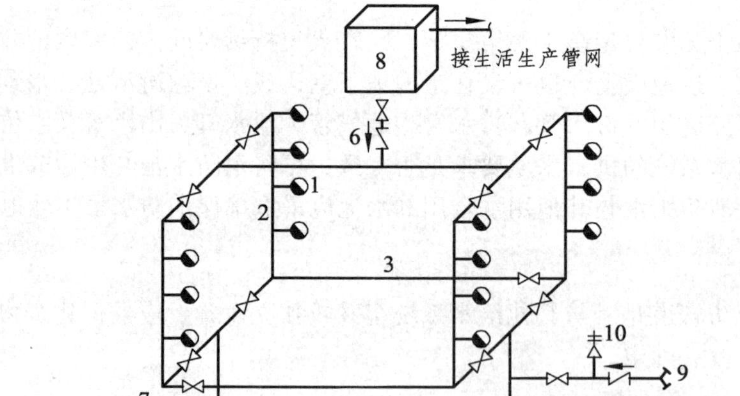

1—室内消火栓；2—消防竖管；3—干管；4—进户管；5—水表；6—止回阀；
7—旁通管及阀门；8—水箱；9—水泵接合器；10—安全阀。

图 2-8 设有水箱的室内消火栓给水系统

3）设水泵、水箱的消火栓给水方式

当室外管网水压经常不能满足室内消火栓给水系统水压和水量要求时，宜采用设水泵、

水箱的消火栓给水方式，如图 2-9 所示。当消防用水与生活、生产用水共用室内给水系统时，其消防水泵应保证供应生活、生产、消防用水的最大秒流量，并应满足室内最不利点消火栓的水压要求。水箱的设置高度应保证室内最不利点消火栓所需的水压要求。

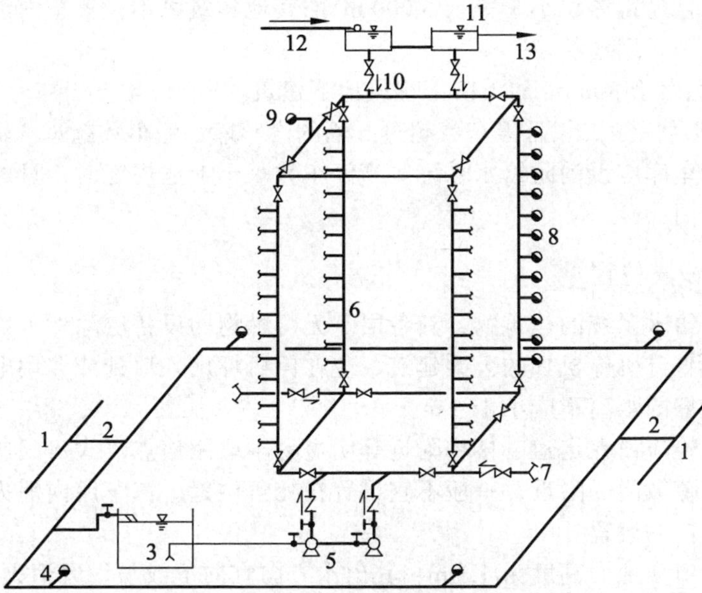

1—室外给水管网；2—进户管；3—贮水池；4—室外消火栓；5—消防水泵；
6—消防管网；7—水泵接合器；8—室内消火栓；9—屋顶试验消火栓；
10—止回阀；11—消防水箱；12—水箱进水管；13—生活用水。

图 2-9　设消防水泵和水箱的室内消火栓给水系统

2.2.3　消火栓给水系统的布置

1. 室内消火栓给水系统设置规定

下列建筑应设室内消火栓给水系统：

（1）建筑面积大于 300 m^2 的厂房（仓库）。

对耐火等级为一、二级且可燃物较少的单层、多层的丁、戊类厂房（仓库），耐火等级为三、四级且建筑体积小于或等于 3 000 m^2 的丁类厂房（仓库），粮食仓库、金库可不设消火栓。

（2）体积大于 5 000 m^3 的车站、码头、机场的候车（船、机）楼以及展览建筑、商店、旅馆、病房楼、门诊楼、图书馆建筑等。

（3）特等、甲等剧场，超过 800 个座位的其他等的剧场和电影院等，超过 1 200 个座位的礼堂、体育馆等。

（4）超过 5 层或体积超过 10 000 m^3 的办公楼、教学楼、非住宅类居住建筑等其他民用建筑。

（5）超过 7 层的住宅应设置室内消火栓系统，当有困难时，可只设置干式消防竖管和不带消火栓箱的 *DN* 65 的室内消火栓。消防竖管的直径不得小于 *DN* 65。

（6）国家级文物保护单位的重点砖木或木结构的古建筑，宜设置室内消火栓。

（7）设有室内消火栓的人员密集公共建筑以及低于上述 1～5 条规定规模的其他公共建

筑，宜设置消防软管卷盘；建筑面积大于 200 m^2 的商业服务网点应设置消防软管卷盘或轻便消防水栓。

（8）存有遇水能引起燃烧爆炸的物品的建筑物和室内没有生产、生活给水管道，室外消防用水取自储水池且建筑体积小于等于 5 000 m^2 的其他建筑可不设置室内消火栓。

（9）高层工业和民用建筑。

（10）建筑面积大于 300 m^2 的人防工程或地下建筑。

（11）耐火等级为一、二级且停车数超过 5 辆的汽车库，停车数超过 5 辆的停车场，超过 2 个车位的Ⅳ类修车库应设消防给水系统。当停车数小于上述规定时，且建筑内有消防给水系统时，也应设置消火栓。

2．消火栓的设置位置

（1）设有消防给水系统的建筑物，其各层（无可燃物的设备层除外）均应设置消火栓。

（2）设有屋顶直升机停机坪的公共建筑，应在停机坪出入口处或非用电设备机房处设置消火栓，且距停机坪的距离不应小于 5 m。

（3）室内消火栓应设在走道、楼梯附近等明显易于取用地点。大房间或大空间的消火栓应首先考虑设置在疏散门的附近，一般不宜设置在死角位置。汽车库内消火栓的设置应不影响汽车的通行和车位的设置。

（4）消火栓栓口离地面高度为 1.1 m，其出水方向宜向下或与设置消火栓的墙面垂直。

（5）消防电梯前室应设室内消火栓。

（6）冷库的室内消火栓应设在常温穿堂或楼梯间内。

（7）设有室内消火栓的建筑，应在层顶设置一个装有压力显示装置的试验检查用消火栓，采暖地区可设在顶层出口处或水箱间内。

3．消火栓的布置

（1）消火栓的布置，应保证有 2 支水枪的充实水柱同时到达室内任何部位。建筑高度小于或等于 24 m 时，且体积小于或等于 5 000 m^3 的库房，可采用 1 支水枪充实水柱到达室内任何部位。Ⅳ类汽车库及Ⅲ、Ⅳ类修车库，可采用一支水枪充实水柱到达室内任何部位。

（2）室内消火栓的布置间距由计算确定。高架库房、高层建筑、人防工程（当保证有两支水枪的充实水柱到达室内任何部位时）、高层汽车库和地下汽车库的室内消火栓间距不应超过 30 m；单层汽车库、其他单层和多层建筑、人防工程（当保证有两支水枪的充实水柱到达室内任何部位时）、高层建筑裙房的室内消火栓间距不应超过 50 m，消火栓的布置如图 2-10 所示。

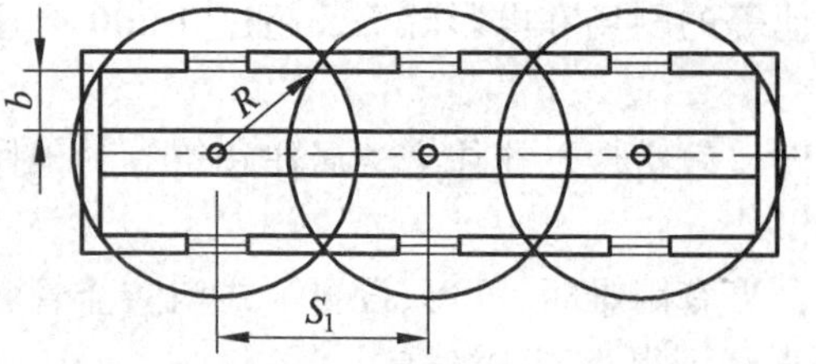

（a）单排单股水柱到达室内任何部位

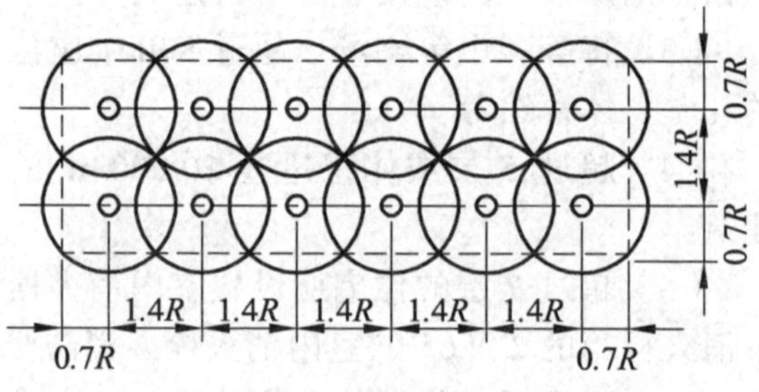

（b）单排双股水柱到达室内任何部位

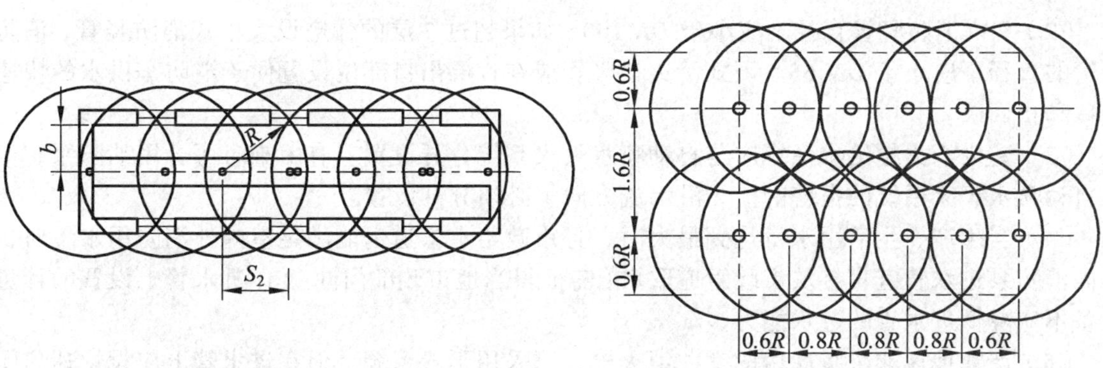

（c）多排单股水柱到达室内任何部位　　（d）多排多股水柱到达室内任何部位

图 2-10　消火栓的布置

（3）布置消火栓时，其作用半径应按消防队员手握水龙带实际行走路线来计算。车库的室内消火栓保护半径不应超过 25 m。消火栓的保护半径，是指以消火栓为中心，一定规格的消火栓、水枪、水龙带配套后，消火栓能充分发挥灭火作用的圆形区域的半径。

当室内宽度较小只有一排消火栓，并且要求一股水柱达到室内任何部位时，如图 2-10（a）所示，消火栓的间距计算公式如下。

$$S = 2\sqrt{R^2 - b^2} \tag{2-1}$$

式中　S——消火栓布置间距，m；

R——消火栓的保护半径，m；

b——消火栓的最大保护宽度，m。

当室内宽度较小只有一排消火栓，但要求两股水柱达到室内任何部位时，如图 2-10（b）所示，消火栓的间距计算公式如下。

$$S = \sqrt{R^2 - b^2} \tag{2-2}$$

当室内需要布置多排消火栓，并且要求一股水柱达到室内任何部位时，如图 2-10（c）所示，消火栓的间距计算公式如下。

$$S = \sqrt{2}R \tag{2-3}$$

当房间较宽，需要布置多排消火栓，且要求有两股水柱同时达到室内任何部位时，如图 2-10（d）所示，消火栓的间距按式（2-3）计算的值缩短一半。

4．室内消防给水管网的布置

（1）高层建筑、人防工程（室内消火栓超过 10 个）、汽车库及修车库（室内消火栓超过 10 个）、多层建筑（室内消火栓超过 10 个且室外消防用水量大于 15 L/s）等的室内消防给水管道应布置成环状；当室内消火栓数量少于 10 个，且室外消防用水量小于 15 L/s 时可布置为枝状管网。室内消防给水环状管网的进水管和区域高压或临时高压给水系统的引入管不应少于两根，当其中一根发生故障时，其余的进水管或引入管应能保证消防用水量和水压的要求。

（2）室内消防竖管直径不应小于 $DN\,100$。如果超过 7 层的住宅设置干式消防竖管，消防竖管的直径不应小于 $DN\,65$。干式消火栓竖管应在首层出口部位设置便于消防车供水的快速接口和止回阀。

（3）室内消火栓给水系统应与自动喷水灭火系统分开设置。有困难时可合用消防泵，但在自动喷水灭火系统的报警阀前（沿水流方向）必须分开设置。

（4）当生产、生活用水量达到最大时，且市政给水管道仍能满足室内外消防用水量时，室内消防泵进水管宜直接从市政管道取水（需征得当地市政部门同意）。进水管上设置的计量设备不应降低进水管的过水能力。

（5）严寒地区非采暖库房的室内消火栓，可采用干式系统，但在进水管上应设快速启闭装置，管道最高处应设排气阀。

（6）室内消防给水管网为环状管网时，应采用阀门分成若干独立段。阀门的布置要求是，高层建筑应保证检修管道时关闭停用的竖管不超过一根，当竖管超过 4 根时，可关闭不相邻的两根；高层建筑的裙房及非高层建筑应保证检修管道时停止使用的消火栓在一层中不超过 5 个。对于多层民用建筑，仓库和厂房室内消防给水管道上阀门的布置应保证检修管道时关闭的竖管不超过 1 根，但设置的竖管超过 3 根时，可关闭 2 根。阀门应保持常开，并应有明显的启闭标志或提示。

（7）必须采用双阀双出口型消火栓的地方，宜采用双立管双消火栓，且消火栓分别接自不同立管，立管顶部相连并设阀门。

（8）消火栓立管最高点处应设置自动排气阀。

2.2.4　消防给水设施

1．消防水池

下列情况应设置消防水池：

（1）当生产、生活用水量达到最大时，市政给水管网或引入管不能满足室内、室外消防用水量时；

（2）当采用一条管道进行消防供水或只有一条引入管，且室外消火栓设计流量大于 20 L/s 或建筑高度大于 50 m 时；

（3）市政消防给水设计流量小于建筑的消防给水设计流量时。

当市政给水管网能保证室外消防给水设计流量时，消防水池的有效容积应满足在火灾延续时间内室内消防用水量的要求。

当市政给水管网不能保证室外消防给水设计流量时，消防水池的有效容积应满足火灾延续时间内室内消防用水量和室外消防用水量不足部分之和的要求。消防水池的消防贮存水量应按式（2-4）确定。

$$V_{\mathrm{f}} = 3.6(Q_{\mathrm{f}} - Q_{\mathrm{L}})\cdot T_{\mathrm{X}} \tag{2-4}$$

式中　V_{f}——消防水池贮存消防水量，m^3；

Q_{f}——室内消防用水量与室外消防用水量之和，L/s；

Q_{L}——市政管网可连续补充的水量，L/s；

T_X——火灾延续时间，h，查设计手册取值。

消防水池的给水管应根据其有效容积和补水时间确定，补水时间不宜大于 48 h，但当消防水池有效总容积大于 2 000 m^3 时不应大于 96 h。当消防水池采用两条管道供水且在火灾情况下连续补水能满足消防要求时，消防水池的有效容积应根据计算确定，但不应小于 100 m^3，当仅设有消火栓系统时不应小于 50 m^3。

消防水池的总蓄水有效容积大于 500 m^3 时，宜设两个能独立使用的消防水池，并应设置满足最低有效水位的连通管；但当大于 1 000 m^3 时，应设置能独立使用的两座消防水池，每座消防水池应设置独立的出水管，并应设置满足最低有效水位的连通管。

消防用水与其他用水共用的水池，应采取确保消防用水量不作他用的技术措施。

2．消防水箱的消防贮水量及设置高度

1）消防水箱的消防贮水量

高层民用建筑、总建筑面积大于 10 000m^2 且层数超过 2 层的公共建筑和其他重要建筑，必须设置高位消防水箱。

临时高压消防给水系统的高位消防水箱的有效容积应满足初期火灾消防用水量的要求，并应符合下列规定：

（1）一类高层公共建筑不应小于 36 m^3，但当建筑高度大于 100 m 时不应小于 50 m^3，当建筑高度大于 150 m 时不应小于 100 m^3。

（2）多层公共建筑、二类高层公共建筑和一类高层居住建筑不应小于 18 m^3；当一类住宅建筑高度超过 100 m 时不应小于 36 m^3。

（3）二类高层住宅不应小于 12 m^3。

（4）建筑高度大于 21 m 的多层住宅建筑不应小于 6 m^3。

（5）当工业建筑室内消防给水设计流量小于等于 25 L/s 时不应小于 12 m^3；大于 25 L/s 时不应小于 18 m^3。

2）消防水箱的设置高度

高位消防水箱设置的位置应高于其所服务的水灭火设施，且最低有效水位应满足水灭火设施最不利点处的静水压力，并应按下列规定确定：

（1）一类高层公共建筑，不应低于 0.10 MPa，但当建筑高度超过 100 m 时，不应低于 0.15 MPa。

（2）高层住宅、二类高层公共建筑、多层公共建筑，不应低于 0.07 MPa，多层住宅不宜低于 0.07 MPa。

（3）工业建筑不应低于 0.10 MPa，当建筑体积小于 20 000 m^3 时，不宜低于 0.07 MPa。

（4）自动喷水灭火系统等自动水灭火系统应根据喷头灭火需求压力确定，但最小不应小于 0.10 MPa。

（5）当高位消防水箱不能满足以上的静压要求时，应设稳压泵。

3．消防水泵的选择计算

消防水泵的流量按式（2-5）计算：

$$Q_{Xb} = \frac{Q_X}{N_X} \tag{2-5}$$

式中　Q_{Xb}——消防水泵的流量，L/s；

Q_X——室内消防用水总量，L/s；

N_X——消防水泵台数。

消防水泵的扬程按式（2-6）计算：

$$H_{xb} = H_{xh} + h_{xg} + 10H_z \tag{2-6}$$

式中　H_{xb}——消防水泵的扬程，kPa；

H_{xh}——最不利点处消火栓口的水压，kPa；

h_{xg}——计算管路的水头损失，kPa；

H_z——消防水池最低水位与最不利点消火栓之高差，m。

当消防水泵直接从市政给水管网吸水时，应在消防水泵出水管上设置减压型倒流防止器，消防水泵的扬程应按市政给水管网的最低压力计算，并以市政给水管网的最高压力校核。

消防水泵应设置备用泵，其工作能力不应小于最大一台消防工作泵的能力。单台消防水泵的最小额定流量不应小于 10 L/s，最大额定流量不宜大于 320 L/s。当建筑高度超过 50 m 的其他建筑，室外消防给水设计流量小于等于 25 L/s 时或室内消防给水设计流量小于等于 10 L/s 时，可以不设置备用泵。

4．稳压泵

稳压泵的设计流量应符合下列规定：

（1）稳压泵的设计流量不应小于消防给水系统管网的正常泄漏量和系统自动启动流量。

（2）消防给水系统管网的正常泄漏量应根据管道材质、接口形式等确定。当没有管网泄漏量数据时，稳压泵的设计流量宜按消防给水设计流量的 1% ~ 3% 计，且不宜小于 1 L/s。

稳压泵的设计压力应符合下列要求：

（1）稳压泵的设计压力应满足系统自动启动和管网充满水的要求。

（2）稳压泵的设计压力应保持系统自动启动设置点处的压力在准工作状态时大于系统设置自动启动压力值，且增加值宜为 0.07 ~ 0.10 MPa。

（3）稳压泵的设计压力应保持系统最不利点处的水灭火设施在准工作状态时的静水压力应大于 0.15 MPa。

设置稳压泵的临时高压消防给水系统应采取防止稳压泵频繁启停的技术措施。当采用气压水罐时，其调节容积应根据稳压泵启动次数每小时内不大于 15 次来计算确定，但有效贮水容积不宜小于 150 L。

5．水泵接合器

下列场所的室内消火栓给水系统应设置消防水泵接合器：

（1）高层民用建筑。

（2）设有消防给水系统的住宅及超过五层的其他多层民用建筑。

（3）超过 2 层或建筑面积大于 10 000 m^2 的地下或半地下建筑（室）、室内消火栓设计流量大于 10 L/s 的人防工程。

（4）高层工业建筑和超过四层的多层工业建筑。

（5）城市交通隧道。

自动喷水灭火系统、水喷雾灭火系统、泡沫灭火系统和固定消防炮灭火系统等水灭火系统，均应设置消防水泵接合器。

消防水泵接合器的给水流量宜按每个 10 ~ 15 L/s 计算。每种水灭火系统的消防水泵接合器设置的数量应按系统设计流量经计算确定，但当计算数量超过 3 个时，可根据供水可靠性适当减少。水泵接合器应设在室外便于消防车使用的地点，且距室外消火栓或消防水池的距离不宜小于 15 m，并不宜大于 40 m。消防给水为竖向分区供水时，在消防车供水压力范围内的分区，应分别设置水泵接合器；当建筑高度超过消防车供水高度时，应在消防给水设备层等方便操作的地点设置手抬泵或移动泵等接力供水的吸水和加压接口。

2.3 自动喷水灭火系统

自动喷水灭火系统是一种在发生火灾时，能自动打开喷头喷水灭火并同时发出火警信号的消防灭火设施。据资料统计，自动喷水灭火系统扑灭初期火灾的效率在 97% 以上，因此，国外一些国家的公共建筑都要求设置自动喷水灭火系统。

（1）设置闭式喷水灭火系统（常用的是湿式、干式、预作用喷水灭火系统）的场所：

① 大于等于 50 000 纱锭的棉纺厂的开包、清花车间；大于等于 5 000 锭的麻纺厂的分级、梳麻车间；火柴厂的烤梗、筛选部位；泡沫塑料厂的预发、成型、切片、压花部位；占地面积大于 1 500 m^2 的木器厂房；占地面积大于 1 500 m^2 或总建筑面积大于 3 000 m^2 的单层、多层制鞋、制衣、玩具及电子等厂房；高层乙、丙类厂房；飞机发动机试验台的准备部位；建筑面积大于 500 m^2 的丙类地下厂房。

② 占地面积大于 1 000 m^2 的棉、毛、丝、麻、化纤、毛皮及其制品的仓库（单层占地面积不大于 2 000 m^2 的棉花库房，可不设置自动喷水灭火系统）；占地面积大于 600 m^2 的火柴仓库；邮政楼中建筑面积大于 500 m^2 的空邮袋库；建筑面积大于 500 m^2 的可燃物品地下仓库；可燃、难燃物品的高架仓库和高层仓库；设计温度高于 0 °C 的高架冷库，设计温度高于 0 °C 且每个防火分区建筑面积大于 1 500 m^2 的非高架冷库。

③ 特等、甲等或超过 1 500 个座位的其他等级的剧院；超过 2 000 个座位的会堂或礼堂；超过 3 000 个座位的体育馆；超过 5 000 人的体育场的室内人员休息室与器材间等。

④ 任一楼层建筑面积大于 1 500 m^2 或总建筑面积大于 3 000 m^2 的展览建筑、商店、旅馆建筑，以及医院中同样建筑规模的病房楼、门诊楼、手术部；总建筑面积大于 500 m^2 的半地下或地下商店。

⑤ 设置有送回风道（管）的集中空气调节系统且总建筑面积大于 3 000 m^2 的办公楼等。

⑥ 设置在地下、半地下或地上四层及四层以上或设置在建筑的首层、二层和三层且任一层建筑面积超过 300 m^2 的地上歌舞、娱乐、放映、游艺场所（游泳场所除外）。

⑦ 藏书量超过 50 万册的图书馆。

⑧ 建筑高度超过 100 m 的一类高层建筑及其裙房均应设自动喷水灭火系统（除游泳池、溜冰场、建筑面积小于 5 m^2 的卫生间、不设集中空调且户门为甲级防火门的住宅的户内用房和不宜用水扑救的部位外）。

⑨ 一类高层公共建筑（除游泳池、溜冰场外）及其地下、半地下室。

⑩ 二类高层公共建筑及其地下、半地下室公共活动用房、过道、办公室和旅馆的客房、可燃物品库房、自动扶梯底部。

⑪ 高层民用建筑内的歌舞、娱乐、放映、游艺场所。

⑫ 建筑高度超过 100 m 的住宅建筑。

⑬ Ⅰ、Ⅱ、Ⅲ类地上汽车库、停车数超过 10 辆的地下汽车库、机械式立体汽车库、复式汽车库、采用垂直升降梯作为汽车疏散出口的汽车库、Ⅰ类修车库，均应设自动喷水灭火系统。

（2）设置水幕系统的场所：

① 特等、甲等或超过 1 500 个座位的其他等级的剧院和超过 2 000 个座位的会堂或礼堂的舞台口以及与舞台相连的侧台、后台的门窗侧口。

② 应设防火墙等防火分隔物而无法设置的开口部位。

③ 需要冷却保护的防火卷帘或防火幕的上部。

④ 高层民用建筑物内超过 800 个座位的剧院、礼堂的舞台口宜设防火幕或水幕分隔。

（3）设置雨淋喷水灭火系统的场所：

① 火柴厂的氯酸钾压碾厂房，建筑面积大于 100 m^2 生产、使用硝化棉、喷漆棉、火胶棉、赛璐珞胶片、硝化纤维的厂房。

② 建筑面积大于 60 m^2 或贮存量超过 2 t 的硝化棉、喷漆棉、火胶棉、赛璐珞胶片、硝化纤维的库房。

③ 日装瓶数量超过 3 000 瓶的液化石油气储配站的灌瓶间、实瓶库。

④ 特等、甲等或超过 1 500 个座位的其他等级的剧院和超过 2 000 个座位的会堂或礼堂的舞台的葡萄架下部。

⑤ 乒乓球厂的轧坯、切片、磨球、分球检验部位。

⑥ 建筑面积大于等于 400 m^2 的演播室；建筑面积大于等于 500 m^2 的电影摄影棚。

（4）设置水喷雾灭火系统的场所：

① 单台容量在 40 MV·A 及以上的厂矿企业可燃油油浸式电力变压器、单台容量在 90 MV·A 及以上的电厂油浸电力变压器或单台容量在 125 MV·A 及以上的独立变电所油浸电力变压器。

② 飞机发动机试验台的试车部位。

③ 高层建筑内的下列房间：可燃油油浸式电力变压器室；充有可燃油高压电容器和多油开关室；自备发电机房。

2.3.1 自动喷水灭火系统的分类及组成

自动喷水灭火系统可用于各种建筑物中允许用水灭火的保护对象和场所，根据被保护建筑物的使用性质、环境条件和火灾发生、发展特性的不同，分为多种不同类型。按喷头开启形式不同，分为闭式系统和开式系统；按报警阀的形式，分为湿式系统、干式系统、干湿两用系统、预作用系统和雨淋系统等；按对保护对象的功能，分为暴露防护型（水幕或冷却等）和控灭火型；按喷头形式，分为普通型（传统型）喷头、洒水型喷头、大水滴喷头和 ESER 型喷头等。

1．湿式自动喷水灭火系统

湿式自动喷水灭火系统通常由闭式喷头、管道系统、湿式报警阀、水流指示器、报警装置和供水设施等组成，如图 2-11 所示。由于这种系统在报警阀前后管道内始终充满压力水，被称为湿式自动喷水灭火系统。

火灾发生时，在火场温度作用下，闭式喷头的感温元件温度达到预定的动作温度后，喷头开启喷水灭火，此时管网中有压水流动，水流指示器被感应，送出电信号，在报警控制器上显示，某一区域已在喷水。持续喷水造成报警阀的上部水压低于下部水压，其压力差值达到一定值时，原来处于关闭的报警阀就会自动开启，同时，消防水通过湿式报警阀，流向自动喷洒管网供水灭火。另一部分水进入延迟器、压力开关及水力警铃设施，使其发出火警信号。另外，根据水流指示器和压力开关的信号或消防水箱的水位信号，控制箱内的控制器能自动开启消防泵，以达到持续供水的目的。

湿式自动喷水灭火系统结构简单、施工和管理维护方便、使用可靠、灭火速度快、控火效率高、建设投资少。不过由于管路始终充满水，万一出现渗漏会损坏建筑装饰，应用受环境温度的限制，适合安装在温度范围 4 ~ 70 °C 且能用水灭火的建筑物内。

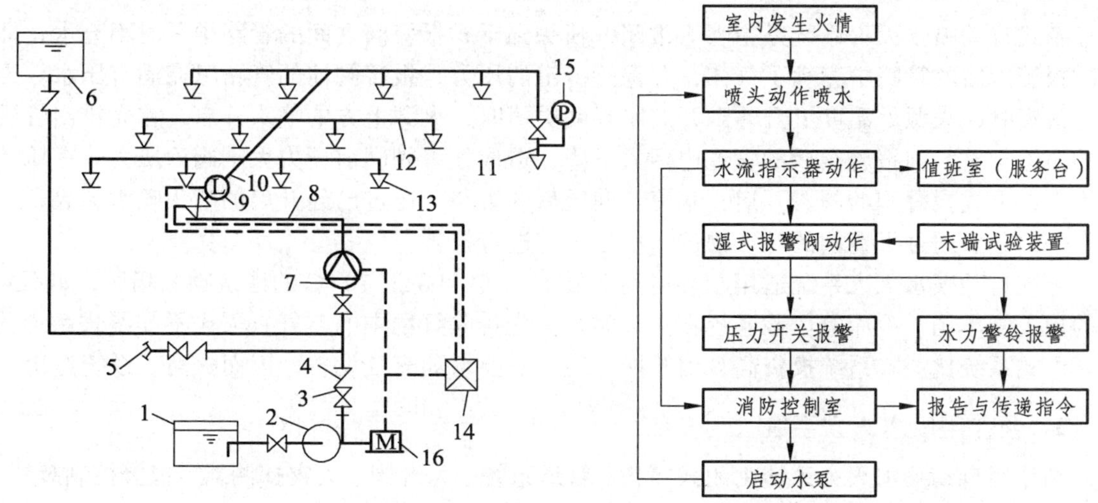

（a）组成示意图　　（b）工作原理流程图

1—水池；2—水泵；3—闸阀；4—止回阀；5—水泵接合器；6—消防水箱；7—湿式报警阀组；8—配水干管；9—水流指示器；10—配水管；11—末端试水装置；12—配水支管；13—闭式洒水喷头；14—报警控制器；15—压力表；16—驱动电机。

图 2-11　湿式自动喷水系统图

2．干式自动喷水灭火系统

干式自动喷水灭火系统主要由闭式喷头、管网、干式报警阀、充气设备、报警装置、供水设备等组成，如图 2-12 所示。

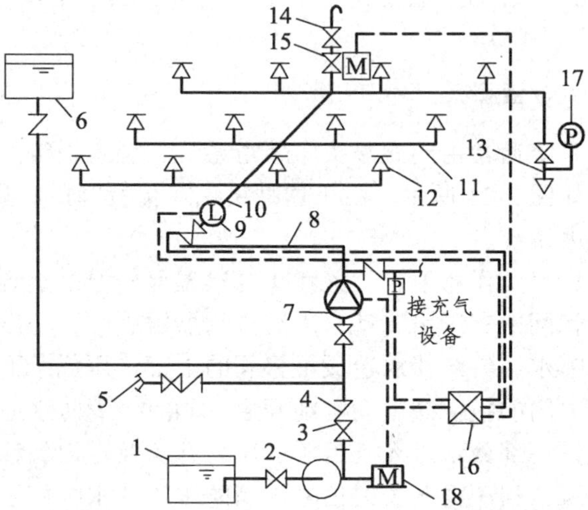

1—水池；2—水泵；3—闸阀；4—止回阀；5—水泵接合器；6—消防水箱；7—干式报警阀组；8—配水干管；9—水流指示器；10—配水管；11—配水支管；12—闭式喷头；13—末端试水装置；14—快速排气阀；15—电动阀；16—报警控制器；17—压力表；18—驱动电机。

图 2-12　干式自动喷水灭火系统示意图

干式自动喷水灭火系统是指喷头常闭，喷头到干式报警阀之间的管路中平时不充水，即平时报警阀后的管路中充满了气体，并保持一定的压力，报警阀前的管路里充满有压水。当发生火灾时，火源处温度上升达到开启闭式喷头值时，火源上方的喷头开启，首先排出管网中的压缩空气，则报警阀后的管道内压力下降，造成报警阀阀前压力大于阀后压力。在压差作用下，干式报警阀的阀瓣开启，水流流向阀后的管路，通过已经开启的喷头喷水灭火，同时有一部分水通过报警阀的环形槽进入信号设施进行报警。

干式自动喷水灭火系统适用于环境温度低于 4 °C 和高于 70 °C 的建筑物和场所，如不采暖的地下停车场、冷库等。该系统在灭火时，需先排除管网中的空气，灭火不如湿式系统及时。干式系统比湿式系统投资高，因管网充气，需要增加充气设备，因而提高了系统造价。

3．预作用喷水灭火系统

预作用自动喷水灭火系统由闭式喷头、管道系统、雨淋阀、火灾探测器、报警控制装置、充气设备、控制组件和供水设施等部件组成，如图 2-13 所示。系统将火灾自动探测报警技术和自动喷水灭火系统有机地结合在一起，雨淋阀之后的管道平时呈干式，充满低压气体。火灾发生时，安装在保护区的感温、感烟火灾探测器发出火警信号，开启雨淋阀，水进入管路，短时间内将系统转变为湿式，之后的动作与湿式系统相同。

预作用系统在雨淋阀以后的管网中充低压空气或氮气，平时不充水，避免了因系统破损而造成的水渍损失。这种系统有早期报警装置，在喷头动作之前及时报警并转换成湿式系统，克服了干式喷水灭火系统必须喷头动作完成排气后，才能喷水灭火的缺点。预作用系统比湿式系统或干式系统多一套自动探测报警和自动控制系统，构造复杂。预作用于系统应用于准工作状态时严禁管道漏水、严禁系统误喷、替代干式系统的场所。

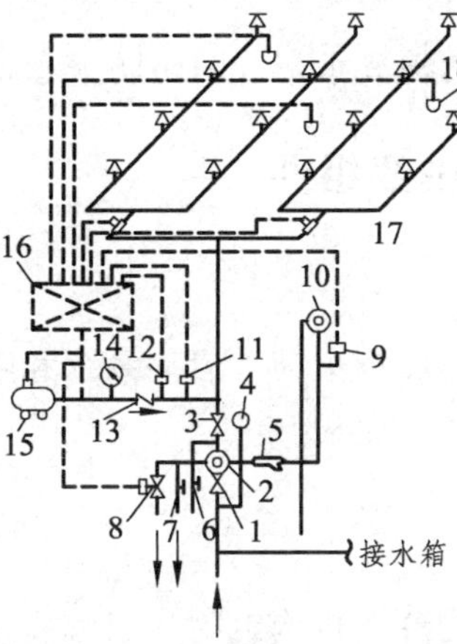

1—总控制阀；2—预作用阀；3—检修闸阀；4—压力表；5—过滤器；6—截止阀；7—手动开启截止阀；8—电磁阀；9—压力开关；10—水力警铃；11—空压机信号开关；12—低气压报警开关；13—止回阀；14—空气压力表；15—空压机；16—火灾报警控制箱；17—水流指示器；18—火灾探测器；19—闭式喷头。

图 2-13　预作用系统示意图

4．雨淋喷水灭火系统

雨淋喷水灭火系统又称为喷头常开的灭火系统，采用开式洒水喷头、雨淋报警阀组，由配套使用的火灾自动报警系统或传动管联动雨淋阀，由雨淋阀控制其配水管道上的全部开式喷头同时喷水。当建筑物发生火灾时，由自动控制装置打开集中控制闸门，使整个保护区域所有喷头喷水灭火，如图 2-14 所示。该系统具有出水量大，灭火及时的优点。适用于火灾蔓延快、危险性大的建筑或部位。

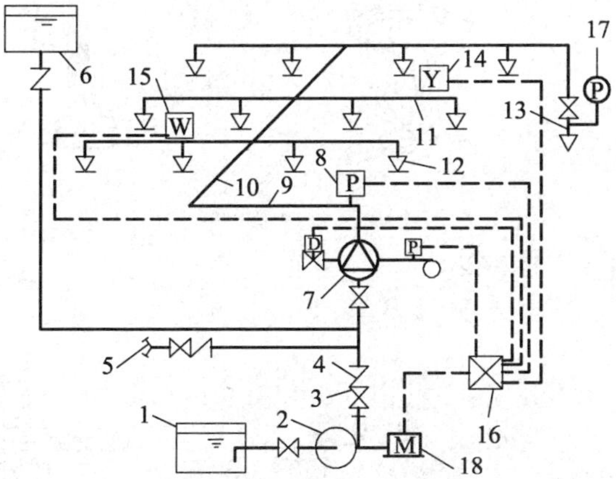

1—水池；2—水泵；3—闸阀；4—止回阀；5—水泵接合器；6—消防水箱；7—雨淋报警阀组；8—压力开关；9—配水干管；10—配水管；11—配水支管；12—开式洒水喷头；13—末端试水装置；14—感烟探测器；15—感温探测器；16—报警控制器；17—压力表；18—驱动电机。

图 2-14　电动启动雨淋系统示意图

5．水幕系统

水幕系统喷头沿线状布置，发生火灾时主要起阻火、冷却、隔离的作用，适用于需防火隔离的开口部位，如舞台与观众之间的隔离水帘、消防防火卷帘的冷却水幕等。

2.3.2　自动喷水灭火系统的主要组件

1．喷　头

喷头在自动喷水灭火系统中担负着探测火灾、启动系统和喷水灭火的任务，它是自动喷水灭火系统中的关键组件之一。

1）闭式喷头

闭式喷头的喷口由感温元件组成的释放机构封闭，当温度达到喷头的公称动作温度范围时感温元件动作，释放机构脱落，喷头开启。闭式喷头具有感温自动开启的功能，并按照规定的水量和形状洒水，主要在湿式系统、干式系统和预作用系统中使用，有时也可作为火灾探测器使用。

闭式喷头可分为多种类型，按热敏元件可分为玻璃球洒水喷头、易熔合金洒水喷头两类；按出水口径可分为小口径（≤11.1 mm）、标准口径（12.7 mm）、大口径（13.5 mm）、超大口径（≥15.9 mm）四类；按热敏性能可分为标准响应型、快速响应型两类；按安装方式可分为下垂型（下喷水）、直立型（上喷水）、普通型（上、下喷通用）、边墙直立型、边墙水平型、吊顶型六类。各类闭式喷头如图 2-15 所示。

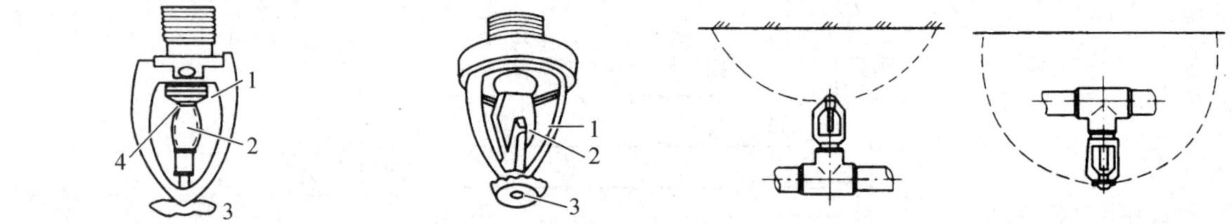

（a）玻璃球洒水喷头　（b）易熔合金洒水喷头　（c）直立型　（d）下垂型

1—支架；2—玻璃球；3—溅水盘；4—喷水口。

1—支架；2—合金锁片；3—溅水盘。

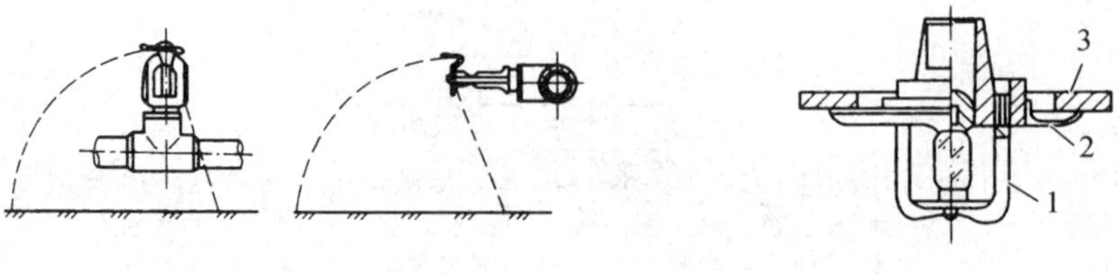

（e）边墙型（立式、水平式）　（f）吊顶型

1—支架；2—装饰罩；3—吊顶。

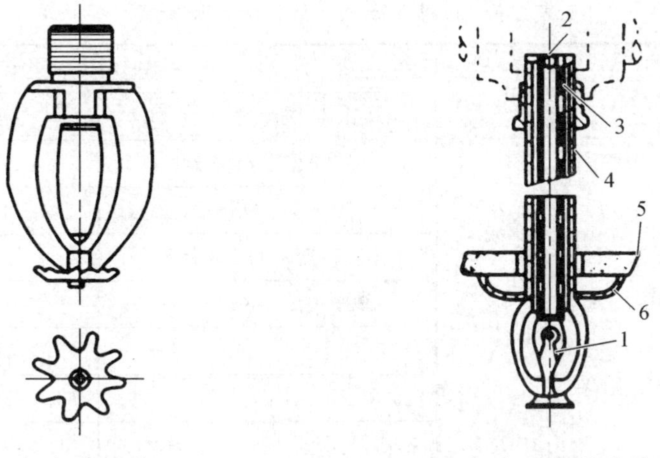

（g）普通型　　　　（h）干式下垂型

1—热敏元件；2—钢球；3—密封圈；
4—套筒；5—吊顶；6—装饰罩。

图 2-15　各类闭式喷头构造

各种喷头的适用场所见表 2-2，各种类型的喷头技术性能参数见表 2-3。

表 2-2　各种类型喷头适用场所

	喷头类别	适用场所
闭式喷头	玻璃球洒水喷头	因具有外形美观、体积小、重量轻、耐腐蚀，适用于宾馆等要求美观高和具有腐蚀性场所
	易熔合金洒水喷头	适用于外观要求不高、腐蚀性不大的工厂、仓库和民用建筑
	直立型洒水喷头	适用安装在管路下经常有移动物体场所，在尘埃较多的场所
	下垂型洒水喷头	适用于各种保护场所
开式喷头	边墙型洒水喷头	安装空间狭窄、通道状建筑适用此种喷头
	吊顶型喷头	属装饰型喷头，可安装于旅馆、客厅、餐厅、办公室等建筑
	普通型洒水喷头	可直立，下垂安装，适用于有可燃吊顶的房间
	干式下垂型洒水喷头	专用于干式喷水灭火系统的下垂型喷头
	开式洒水喷头	适用于雨淋喷水灭火和其他开式系统
	水幕喷头	凡需保护的门、窗、洞、檐口、舞台口等应安装这类喷头
特殊喷头	自动启闭洒水喷头	这种喷头具有自动启闭功能，凡需降低水渍损失场所均适用
	快速反应洒水喷头	这种喷头具有短时启动效果，凡要求启动时间短场所均适用
	大水滴洒水喷头	适用于高架库房等火灾危险等级高的场所
	扩大覆盖面洒水喷头	喷水保护面积可达 30～36 m^2，可降低系统造价

表 2-3　几种类型喷头的技术性能参数

喷头类别	喷头公称口径/mm	动作温度/°C 和色标	
		玻璃球喷头	易熔元件喷头
闭式喷头	10、15、20	57—橙，68—红	57 ~ 77—本色
		79—黄，93—绿	80 ~ 107—白
		141—蓝，182—紫红	121 ~ 149—蓝
		227—黑，343—黑	163 ~ 191—红
			204 ~ 246—绿
			260 ~ 302—橙
			320 ~ 343—黑
开式喷头	10、15、20		
水幕喷头	6、8、10、12.7、16、19		

2）开式喷头

开式喷头应用于开式系统，是和闭式系统的主要区别所在。开式洒水喷头如图 2-16 所示。

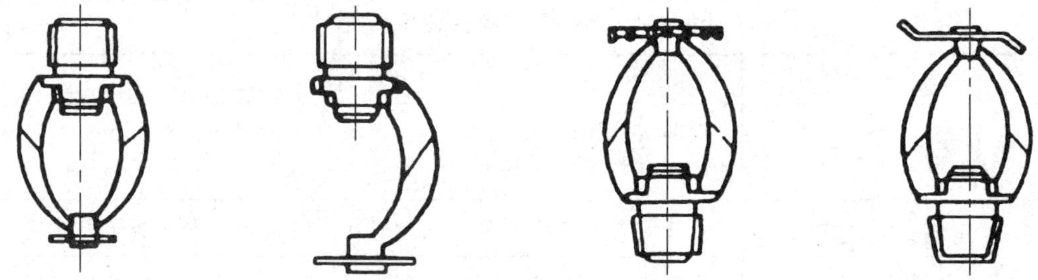

双臂下垂型　　单臂下垂型　　双臂直立型　　双臂边墙型

（a）开启式洒水喷头

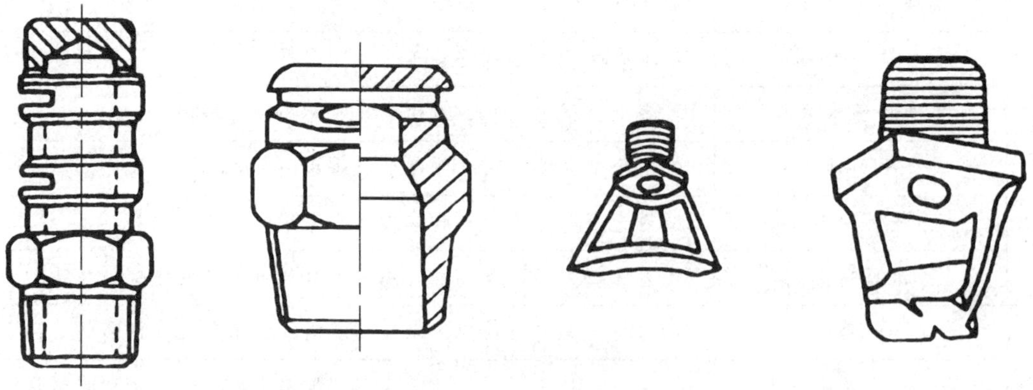

双隙式　　单隙式　　窗口式　　檐口式

（b）水幕喷头

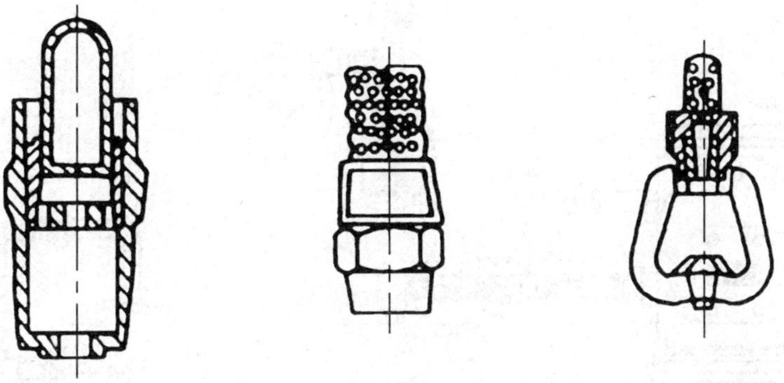

高速喷雾式　　高速喷雾式　　中速喷雾式

（c）喷雾喷头

图 2-16　各类开式喷头构造

2．报警阀

报警阀的作用是开启和关闭管网的水流，传递控制信号至控制系统并启动水力警铃直接报警。有湿式、干式、干湿式和雨淋式 4 种类型，如图 2-17 和图 2-18 所示。湿式报警阀用于湿式自动喷水灭火系统；干式报警阀用于干式自动喷水灭火系统；干湿式报警阀是由湿式、干式报警阀依次连接而成，在温暖季节用湿式装置，在寒冷季节则用干式装置；雨淋阀用于雨淋、预作用、水幕、水喷雾自动喷水灭火系统。

3．水流报警装置

水流报警装置主要有水力警铃、水流指示器和压力开关。

水力警铃主要用于湿式喷水灭火系统，宜装在报警阀附近（其连接管不宜超过 6 m）。当报警阀开启消防水源后，具有一定压力的水流冲动叶轮打铃报警。水力警铃不得由电动报警装置取代。

图 2-17　湿式报警阀组

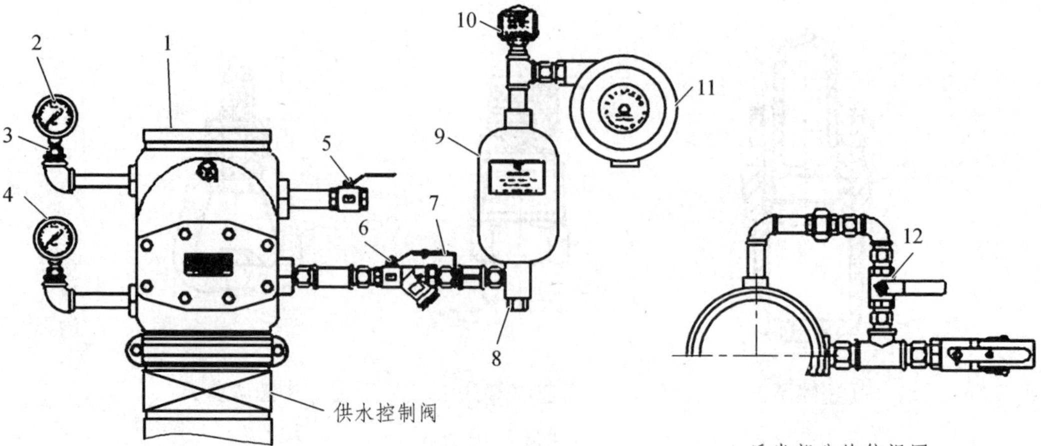

ZSFZ型湿式报警阀结构图　　　　后半部分的俯视图

1—报警阀；2—管网侧压力表；3—压力表接头；4—供水侧压力表；5—放余水阀、放水试验阀；6—报警管路阀；7—控制阀锁定装置；8—保压接头；9—延迟器；10—压力开关；11—水力警铃；12—报警试验阀。

图 2-18　ZSFZ（沟槽式）报警阀结构图

水流指示器用于湿式喷水灭火系统中。当某个喷头开启喷水或管网发生水量泄漏时，管道中的水产生流动，引起水流指示器中桨片随水流而动作，接通延时电路 20 ~ 30 s 之后，继电器触电吸合发出区域水流电信号，送至消防控制室，如图 2-19 所示。通常将水流指示器安装于各楼层的配水干管或支管上。

压力开关垂直安装于延迟器和水力警铃之间的管道上。在水力警铃报警的同时，依靠警铃管内水压的升高自动接通电触点，完成电动警铃报警，向消防控制室传送电信号或启动消防水泵。

（a）法兰式水流指示器

（b）焊接式水流指示器

（c）马鞍式水流指示器

（d）丝口式水流指示器

图 2-19　水流指示器

4．延迟器

延迟器是一个罐式容器，安装于报警阀与水力警铃（或压力开关）之间，用于防止由于水压波动原因引起报警阀开启而导致的误报。报警阀开启后，水流需经 30 s 左右充满延迟器后方可冲打水力警铃。

延迟器下端为进水口，与报警阀报警口连接相通；上端为出水口，接水力警铃。当湿式报警阀因水锤或水源压力波动阀瓣被冲开时，水流由报警支管进入延迟器，因为波动时间短，进入延迟器的水量少，压力水不会推动水力警铃的轮机或作用到压力开关上，故能有效起到防止误报警的作用。

5．火灾探测器

火灾探测器是自动喷水灭火系统的重要组成部分，常用的有感烟、感温探测器。感烟探测器是利用火灾发生地点的烟雾浓度进行探测，感温探测器是通过火灾引起的温升进行探测。

火灾探测器布置在房间或走道的天花板下面，其数量应根据探测器的保护面积和探测区的面积计算确定。

6．信号阀

为了让消防控制室及时了解系统中阀门的关闭情况，在每一层和每个分区的水流指示器前安装一个信号阀。信号阀由闸阀或蝶阀与行程开关组成，当阀门打开 3/4 时，才有信号输出，表明此阀门打开；当阀门关上 1/4 时，就有信号输出，表明此阀门关闭。

7．末端试水装置

末端试水装置用来测试系统能否在开放一只喷头的最不利条件下可靠报警并正常启动，是在自动喷水灭火系统中，每个水流指示器作用范围内供水最不利点处设置的检验水压、水流指示器以及报警与自动喷水灭火系统、水泵联动装置可靠性的检测装置。该装置由试水阀、压力表、试水接头组成，如图 2-20 所示。排入试水的排水管可单独设置，也可利用雨水管，但必须间接排除。

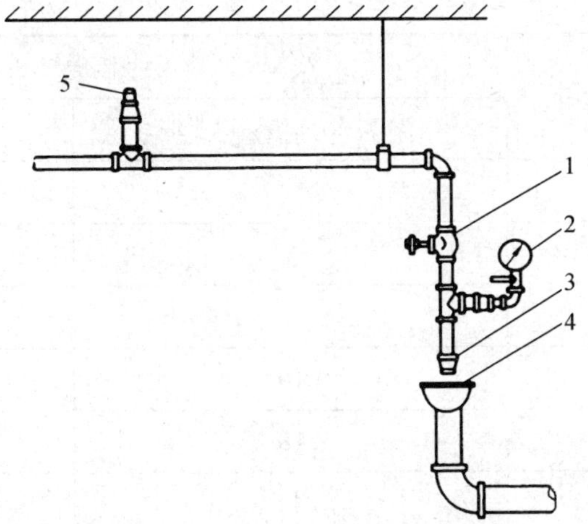

1—截止阀；2—压力表；3—试水接头；4—排水漏斗；5—最不利点处喷头。

图 2-20　末端试水装置示意图

2.3.3 自动喷水灭火系统的设置

1．配水管网的布置原则

配水管道的工作压力不应大于 1.20 MPa，并不应设置其他用水设施。

配水管道应采用内外壁热镀锌钢管或符合国家现行相关标准并同时符合规范规定的涂覆其他防腐材料的钢管、铜管、不锈钢管。

当报警阀入口前管道采用不防腐的钢管时，应在该段管道的末端设过滤器。镀锌钢管应采用沟槽式连接件（卡箍）、螺纹或法兰连接。

报警阀前采用内壁不防腐钢管时，可焊接连接。铜管、不锈钢管应采用配套的支架、吊架。除镀锌钢管外，其他管道的水头损失取值应按检测或生产厂提供的数据确定。

系统中直径大于或等于 100 mm 的管道，应分段采用法兰或沟槽式连接件（卡箍）连接。水平管道上法兰间的管道长度不宜大于 20 m；立管上法兰间的距离不应跨越 3 个及以上楼层。净空高度大于 8 m 的场所内，立管上应有法兰。

管道的直径应经水力计算确定。配水管道的布置，应使配水管入口的压力均衡。轻危险级、中危险级场所中各配水管入口的压力均不宜大于 0.40 MPa。

配水管两侧每根配水支管控制的标准喷头数：轻危险级、中危险级场所不应超过 8 只，同时在吊顶上下安装喷头的配水支管，上下侧均不应超过 8 只；严重危险级及仓库危险级场所均不应超过 6 只。轻危险级、中危险级场所中配水支管、配水管控制的标准喷头数，不应超过如表 2-4 所示的规定。

短立管及末端试水装置的连接管，其管径不应小于 25 mm。干式系统配水管道的充水时间，不宜大于 1 min；预作用系统与雨淋系统配水管道的充水时间，不宜大于 2 min。干式系统、预作用系统的供气管道，采用钢管时，管径不宜小于 15 mm；采用铜管时，管径不宜小于 10 mm。水平安装的管道宜有坡度，并应坡向泄水阀。充水管道的坡度不宜小于 2‰，准工作状态不充水管道的坡度不宜小于 4‰。

表 2-4 轻、中危险级系统中配水支管、配水管控制的标准喷头数

公称直径/mm	控制的标准喷头数/只	
	轻危险级	中危险级
25	1	1
32	3	3
40	5	4
50	10	8
65	18	12
80	48	32
100	—	64

2．配水管网的布置形式

自动喷水灭火系统配水管网的布置，应根据建筑的具体情况布置成中央式和侧边式两种形式，如图 2-21 所示。

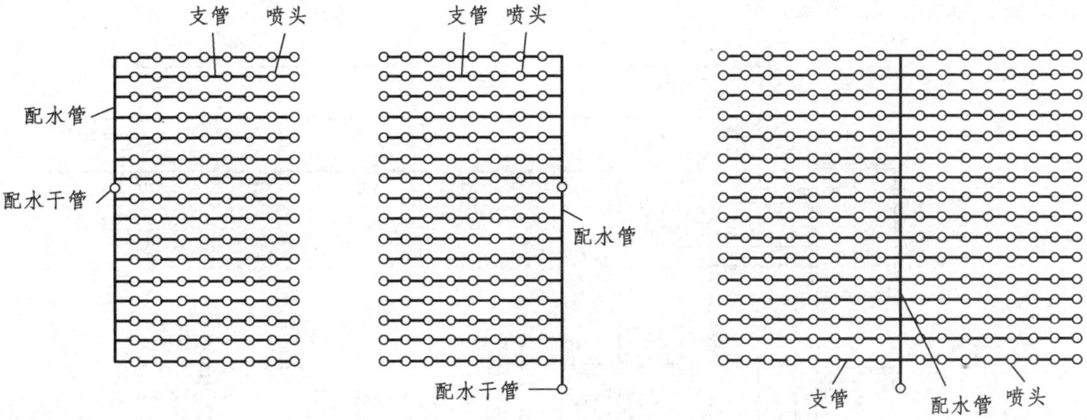

（a）侧边中心式　（b）侧边末端式　（c）中央末端式

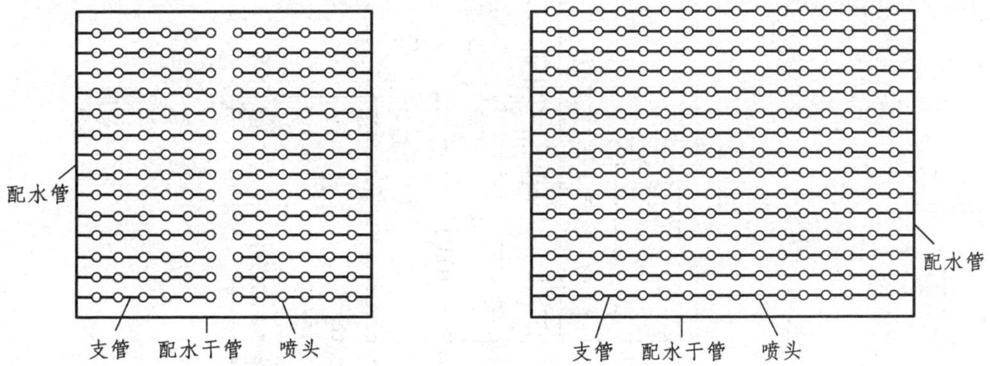

（d）环状管网布置示意　（e）格栅状管网布置示意

图 2-21　配水管网的布置形式

3．喷头的布置

喷头的布置应满足喷头的水力特性和布水特性的要求，并应均匀洒水和满足设计喷水强度的要求。布置形式应根据天花板、吊顶的装饰要求布置成正方形、矩形、平行四边形等形式。喷头的具体位置可设于建筑的顶板下、吊顶下。

2.4　水喷雾灭火系统

水喷雾灭火系统利用水雾喷头把水粉碎成细小的水雾滴之后喷射到正在燃烧的物质表面，通过表面冷却、窒息及乳化、稀释的同时作用实现灭火。由于水喷雾具有多种灭火机理，使其具有适用范围广的优点，不仅可以提高扑灭固体火灾的灭火效率，同时由于水雾具有不会造成液体飞溅、电气绝缘性好的特点，在扑灭可燃液体火灾、电气火灾中均得到了广泛的应用，如飞机发动机试验台、各类电气设备、石油加工贮存场所等。

1. 系统的组成

水喷雾灭火系统有固定式和移动式两种装置，移动式装置可起到固定式装置的辅助作用。

固定式水喷雾灭火系统一般由高压给水设备、控制阀、水雾喷头、火灾探测自动控制系统等组成，如图 2-22 所示。

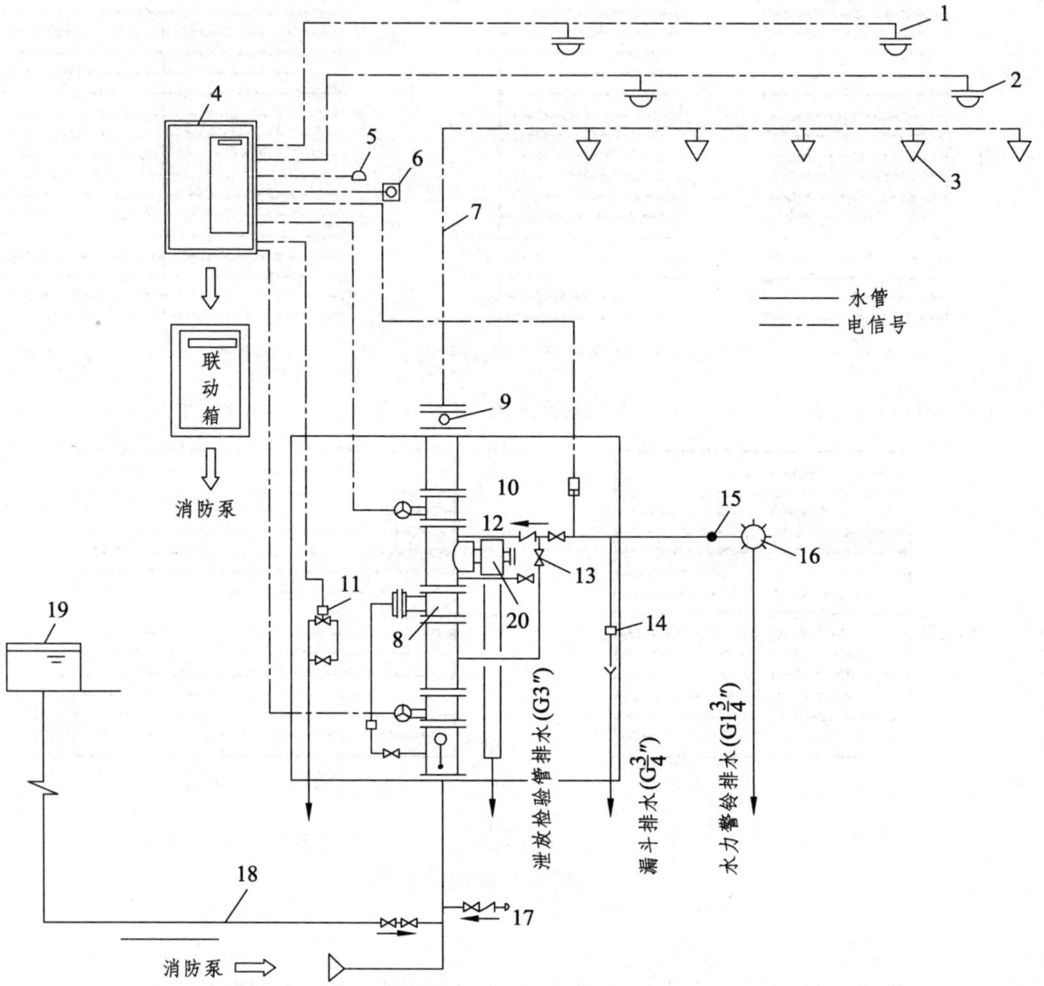

1—定温探测器；2—差温探测器；3—水雾喷头；4—报警控制器；5—现场声报警；6—防爆遥控现场电启动器；7—配水干管；8—雨淋阀；9—挠曲橡胶接头；10—蝶阀；11—电磁阀；12—止回阀；13—报警试验阀；14—节流孔；15—过滤器；16—水力警铃；17—水泵接合器；18—消防专用水管；19—水塔；20—泄水试验阀。

图 2-22 自动水喷雾灭火器系统流程示意图

2. 水雾喷头

水雾喷头的类型有离心雾化型喷头和撞击雾化型喷头，如图 2-23 所示。离心雾化型水雾喷头喷射出的雾状水滴较小，雾化程度高，具有良好的电绝缘性，可用于扑救电气火灾。撞击型水雾喷头是利用撞击原理分散水流，水的雾化程度较差，雾状水的电绝缘性能差，不适用于扑救电气火灾。

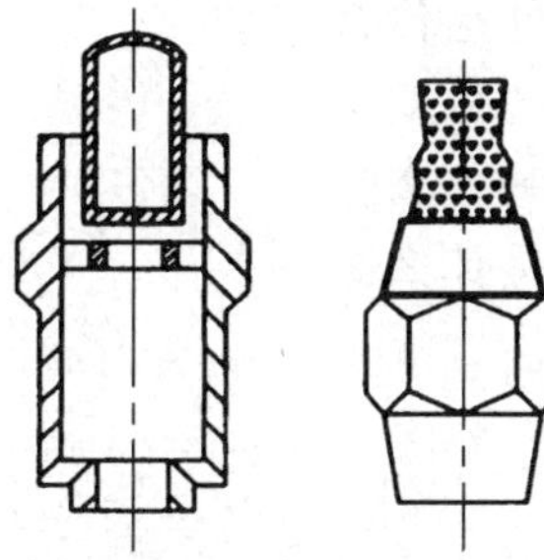

（a）离心雾化型水雾喷头

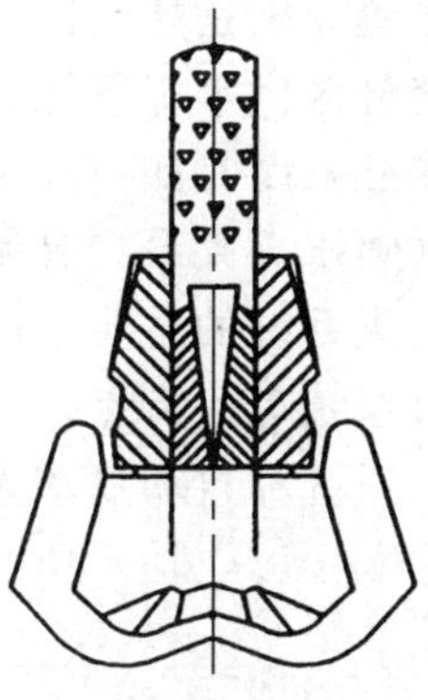

（b）撞击型水雾喷头

图 2-23　水雾喷头

水雾喷头大多数内部装有雾化芯，雾化芯内部的有效过水断面积较小，长期暴露在有粉尘的场所，容易被堵塞使水雾喷头在发生火灾时无法工作，因此，当水雾喷头设置于有粉尘的场所时，应设防尘罩，发生火灾时防尘罩在系统给水的水压作用下打开或脱落。

水雾系统用于含有腐蚀性介质的场所，由于水雾喷头长期暴露在腐蚀环境中极易被腐蚀，当发生火灾时必然影响水雾喷头的使用效率，因此，应选用防腐型水雾喷头。

3．雨淋阀组和控制阀门

雨淋阀组由雨淋阀、电磁阀、闸阀、水力警铃、放水阀，压力开关和压力表等部件组成（图 2-22）。

为保证水流的畅通和防止水雾喷头发生堵塞，应在雨淋阀前的管道上设置过滤器。

当水雾喷头无滤网时，雨淋阀后的管道亦应设过滤器，过滤器滤网应采用耐腐蚀金属材料，滤网的孔径应为每平方厘米 4.0 ~ 4.7 目。

水喷雾灭火系统可用于扑救固体火灾，闪点高于 60 °C 的液体火灾和电气火灾，并可用于可燃气体和甲、乙、丙类液体的生产、贮存装置或装卸设施的防护冷却。

水喷雾灭火系统不得用于扑救遇水发生化学反应造成燃烧、爆炸的火灾，以及水雾对保护对象造成严重破坏的火灾。

项目小结

本项目主要介绍了室外消防系统的组成、水源、管道及设施，消火栓给水系统的设置原则、组成、给水方式及布置原则，还介绍了自动喷水灭火系统的分类、组成及作用流程，以及水喷雾灭火系统的组成和部件。需要重点掌握消火栓给水系统的设置原则、组成及使用方式，掌握自动喷水灭火系统和水喷雾灭火系统的作用原理及主要部件的作用。

思考与习题

1. 市政消火栓给水系统有何作用，如何布置？
2. 室内消火栓给水系统由哪几部分组成？

3. 消火栓的布置原则是什么？
4. 消火栓系统分区供水有哪几种形式，分区的条件是什么？
5. 何为充实水柱长度？如何确定消火栓充实水柱的长度？
6. 常用的自动喷水灭火系统有哪几种，适用条件是什么？
7. 自动喷水灭火系统的主要组件有哪些，其作用是什么？
8. 水喷雾灭火系统有何特点，适用条件是什么？
9. 水喷雾灭火系统和自动喷水灭火系统有何区别？

3 建筑内部排水系统

城市排水设施具有将城市污水收集、输送到污水处理厂经处理后再排放的作用，可以改善和保护环境，消除污水的危害。随着城市的发展，洪涝灾害已经成为影响城市发展的主要因素之一。兴建排水设施能减少洪涝灾害的影响，同时，排水设施收集污水消除了污水的危害，对预防和控制各种传染病和“公害病”，保障人民健康和造福子孙后代具有深远意义；污水经处理后形成再生水可回用于城市，这是节约用水和解决水资源短缺的重要手段。

城市排水设施建设是关系到民生的大问题，是城市基础建设的重要组成部分，是保证生态平衡和自然环境，杜绝污染的科学工程。党的十九大报告指出，“坚持人与自然和谐共生”是构成新时代坚持和发展中国特色社会主义的基本方略之一，建设生态文明是中华民族永续发展的千年大计。坚持人与自然和谐共生，践行“绿水青山就是金山银山”的理念，坚持节约资源和保护环境的基本国策，全面提升给排水设施建设的质量，解决好城市排水问题，是保证人类长期生存，城市发展及保护环境的重中之重。

知识目标

- 熟悉排水系统的分类、组成及排水体制。
- 掌握排水管材、管件、各种卫生器具等常用附件。
- 熟悉排水管道中气体流动的规律。
- 掌握排水管道的布置及敷设。
- 熟悉排水管道系统的水力计算。
- 熟悉污废水提升和局部处理。

能力目标

- 具有按不同建筑类型设置不同排水方式的能力。
- 具有正确选用排水管材及附件的能力。
- 能正确布置和敷设排水管道。
- 能正确选用污废水处理设备。

3.1　排水系统的分类、体制和组成

3.1.1　排水系统的分类

建筑内部排水系统的任务是把建筑内的生活污水、废水，工业废水、污水和屋面雨、雪水收集起来，有组织地及时畅通地排至室外排水管网、处理构筑物或水体。建筑内部排水系统分为生活排水系统、工业排水系统、屋面雨水排除系统。

1. 生活排水系统

生活排水系统排除居住建筑、公共建筑及工业企业生活间的污水与废水。由于污废水处理、卫生条件或杂用水水源的需要，生活排水系统又可分为：

（1）生活污水排水系统：排除大便器（槽）、小便器（槽）以及与此相似卫生设备产生的污水。污水需经化粪池或居住小区污水处理设施处理后才能排放。

（2）生活废水排水系统：排除洗脸、洗澡、洗衣和厨房产生的废水。生活废水经过处理后，可作为杂用水，用来冲洗厕所、浇洒绿地和道路、冲洗汽车等。

2. 工业排水系统

工业排水系统排除工业企业在工艺生产过程中产生的污水与废水，是合流制排水系统。为便于污废水的处理和综合利用，可将其分为：

（1）生产污水排水系统：排除工业企业在生产过程中被化学杂质（有机物、重金属离子、酸、碱等）、机械杂质（悬浮物及肢体物）污染较重的工业废水，需要经过处理，达到排放标准后排放。

（2）生产废水排水系统：排除污染轻或仅水温升高，经过简单处理后（如降温）可循环或重复使用的较清洁的工业废水。

3. 屋面雨水排除系统

屋面雨水排除系统收集排除降落到工业厂房、大屋面建筑和高层建筑屋面上的雨、雪水。

3.1.2　排水体制的选择

1. 排水体制

排水体制有分流制排水和合流制排水两种。

1）分流制排水

将室内产生的不同性质的污、废水分别设置排水管道排出室外，称为分流制排水。

2）合流制排水

将室内产生的不同性质的污、废水共用一套排水管道排出室外，称为合流制排水。

2. 排水体制的选择

建筑内部排水体制的确定应根据污水性质、污染程度，结合建筑外部排水系统的体制、是否有利于综合利用、中水系统的开发和污水的处理要求等因素综合考虑。

（1）建筑内有下列情况时宜采用生活污水与生活废水分流的排水系统：

① 建筑物使用性质对卫生标准要求较高时；

② 生活废水量较大，且环卫部门要求生活污水需经化粪池处理后才能排入城镇排水管道时；

③ 生活废水需回收利用时。

（2）下列建筑排水应单独排水至水处理或回收构筑物：

① 职工食堂、营业餐厅的厨房产生的含有大量油脂的洗涤废水；

② 机械自动洗车台冲洗水；

③ 含有大量致病菌、放射性元素超过排放标准的医院污水；

④ 水温超过 40 °C 的锅炉、水加热器等加热设备排水；

⑤ 用作回用水水源的生活排水；

⑥ 实验室有害有毒废水。

（3）建筑物雨水管道应单独设置，雨水回收利用可按现行国家标准《建筑与小区雨水控制及利用工程技术规范》（GB 50400）执行。

3.1.3 排水系统的组成

建筑物内的排水系统的设计水平关系到整个建筑物的设计质量，污水能否顺利、迅速地排出去，能否有效地防止污水管中的有毒有害气体进入室内等，是体现设计质量的重要内容，同时也是建筑内部排水系统的基本要求。建筑内部排水系统的组成如图 3-1 所示。完整的排水系统可由以下部分组成。

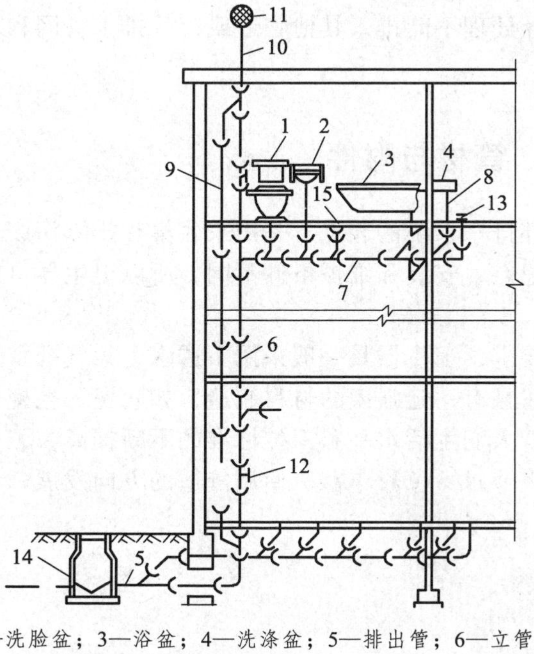

1—大便器；2—洗脸盆；3—浴盆；4—洗涤盆；5—排出管；6—立管；7—横支管；
8—支管；9—通气立管；10—伸顶通气管；11—网罩；12—检查口；
13—清扫口；14—检查井；13—地漏。

图 3-1 建筑内部排水系统的组成

1．卫生器具和生产设备受水器

卫生器具是建筑内部排水系统的起点，用以满足人们日常生活或生产过程中各种卫生要求，并收集和排出污废水的设备。

2．排水管道

排水管道包括器具排水管（指连接卫生器具和横支管的一段短管，除坐式大便器外，其间含有一个存水弯）、横支管、立管、埋地干管和排出管。

3．通气管道

建筑内部排水系统是水气两相流动，当卫生器具排水时，需向排水管道内补给空气，以减小压力变化，防止卫生器具水封破坏，保证水流通畅，同时也需将排水管道内的有毒有害气体排放到一定空间的大气中去，并补充新鲜空气，减缓金属管道的腐蚀。

4．清通设备

为疏通建筑内部排水管道，保障排水畅通，常需设检查口、清扫口、带清扫口的 90° 弯头或三通，以及室内埋地横干管上的检查井等。

5．抽升设备

工业与民用建筑的地下室、人防建筑物、高层建筑地下技术层、地下铁道、立交桥等地下建筑物的污废水不能自流排至室外时，常需设抽升设备。

6．污水局部处理构筑物

当建筑内部污水未经处理不能排入其他管道或市政排水管网和水体时，需设污水局部处理构筑物。

3.2 排水器具、管材与附件

卫生器具是建筑内部排水系统的起点，是用来收集和排除污废水的专用设备。因为各种卫生器具的用途、设置地点、安装和维护条件不同，所以卫生器具的结构、形式和材料也各不相同。

为满足卫生清洁的要求，卫生器具一般采用不透水、无气孔、表面光滑、耐腐蚀、耐磨损、耐冷热、便于清扫，且有一定强度的材料制造，如陶瓷、搪瓷生铁、塑料、不锈钢、水磨石和复合材料等。随着人们生活水平和卫生标准的不断提高，卫生器具朝着材质优良、功能完善、造型美观、消声节水、色彩丰富、使用舒适的方向发展，并成为衡量建筑物级别的重要标准。

3.2.1 卫生器具

1．便溺用卫生器具

便溺用卫生器具设置在卫生间和公共厕所，用来收集生活污水。便溺用卫生器具包括便器和冲洗设备。

1）大便器

大便器是排除粪便的卫生器具，其作用是把粪便和便纸快速地排入下水道，同时防臭。常用的大便器有坐式大便器、蹲式大便器和大便槽三种。

（1）坐式大便器。

坐式大便器按冲洗的水力原理分为冲洗式和虹吸式两种，见图 3-2。

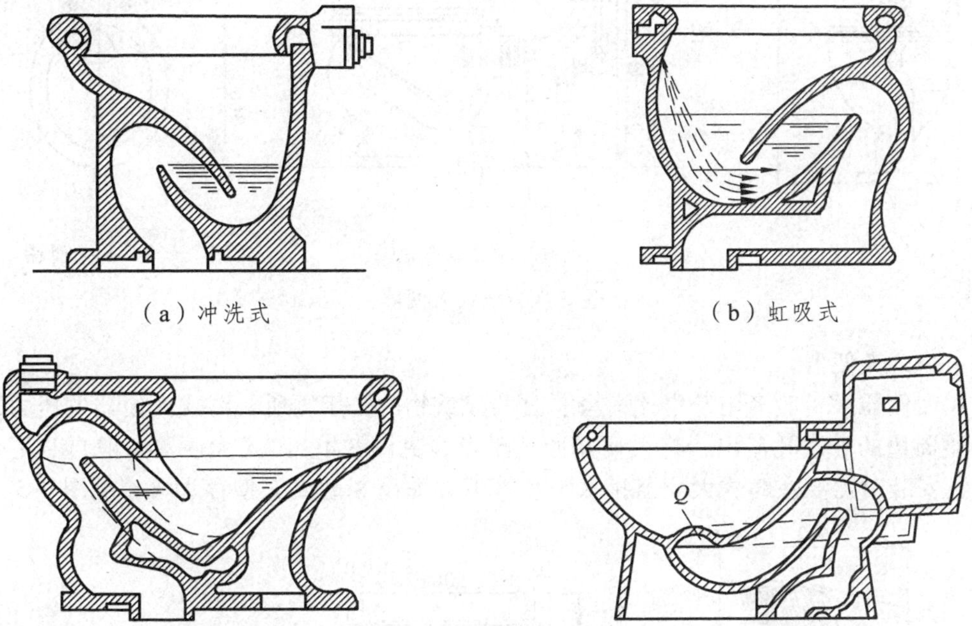

（a）冲洗式　（b）虹吸式

（c）喷射虹吸式　（d）旋涡虹吸式

图 3-2　坐式大便器

冲洗式坐便器环绕便器上口是一圈开有很多小孔口的冲水槽。冲洗开始时，水进入冲洗槽，经小孔沿便器内表面冲下，便器内水面涌高，将粪便冲出存水弯边缘。冲洗式坐便器的缺点是受污面积大，水面面积小，每次冲洗不一定能保证将全部污物冲洗干净。

虹吸式坐便器是靠虹吸作用，把粪便全部吸出。在冲水槽进水口处有一个冲水缺口，部分水从这里冲射下来，加快虹吸作用。虹吸式坐便器为使冲洗水冲下时有力，流速很大，所以会发生较大噪声。

虹吸式坐便器又有两种新类型，一种叫喷射虹吸式坐便器，一种叫旋涡虹吸式坐便器。为了尽快产生强有力的虹吸作用，喷射虹吸式坐便器除了部分水从空心边沿孔口流下外，另一部分水从大便器边部的通道 *O* 处冲下，由 *a* 口中向上喷射见，图 3-2（c）。喷射虹吸式坐便器特点是冲洗作用快，噪声较小。

由于构造特点，旋涡虹吸式坐便器上圈下来的水量很小，其旋转已不起作用，因此在水道冲水出口 *Q* 处，形成弧形水流成切线冲出，形成强大的旋涡，将漂浮的污物借助于旋涡向下旋转的作用，迅速下到水管入口处，在入口底反作用力的影响下，很快进入排水管道，从而大大加强了虹吸能力，降低了噪声。坐式大便器见图 3-3。

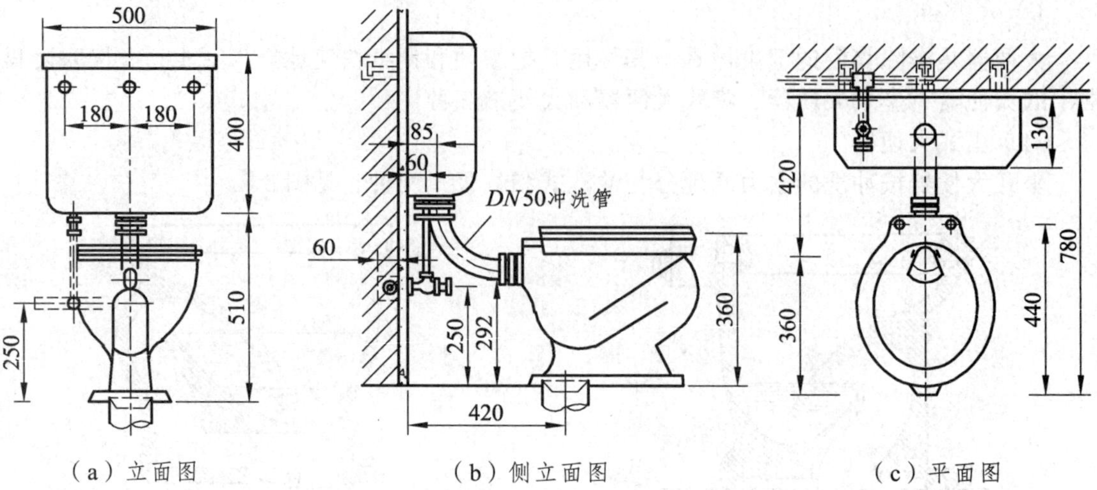

图 3-3　坐式大便器

（2）蹲式大便器。

蹲式大便器，一般多用于集体宿舍、公共建筑物的公用厕所。蹲式大便器的压力冲洗水经大便器周边的配水孔流出，将大便器冲洗干净，见图 3-4。蹲式大便器一般自身不带存水弯，管道安装时需要在蹲式大便器排水竖短管下方加设 S 型或 P 型存水弯，见图 3-5。

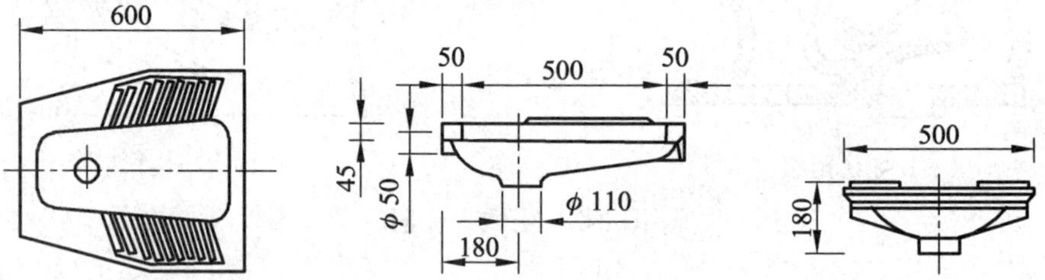

图 3-4　蹲式大便器

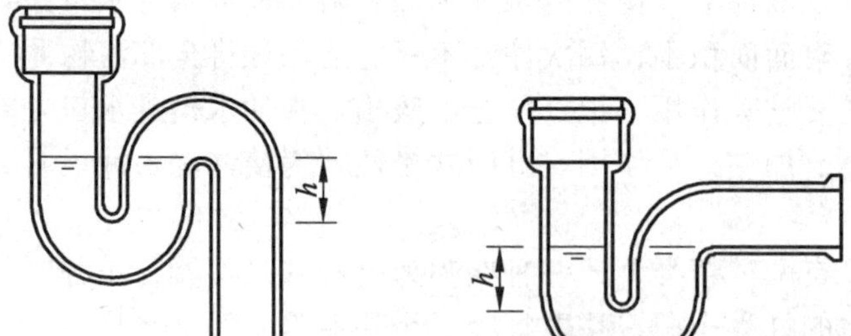

图 3-5　存水弯

蹲式大便器一般采用高位水箱，见图 3-6。除一层采用 S 型存水弯外，其他楼层均采用 P 型存水弯，见图 3-7。为了节约用水，应尽可能采用延时自闭式冲洗阀直接连接给水管进行冲洗。

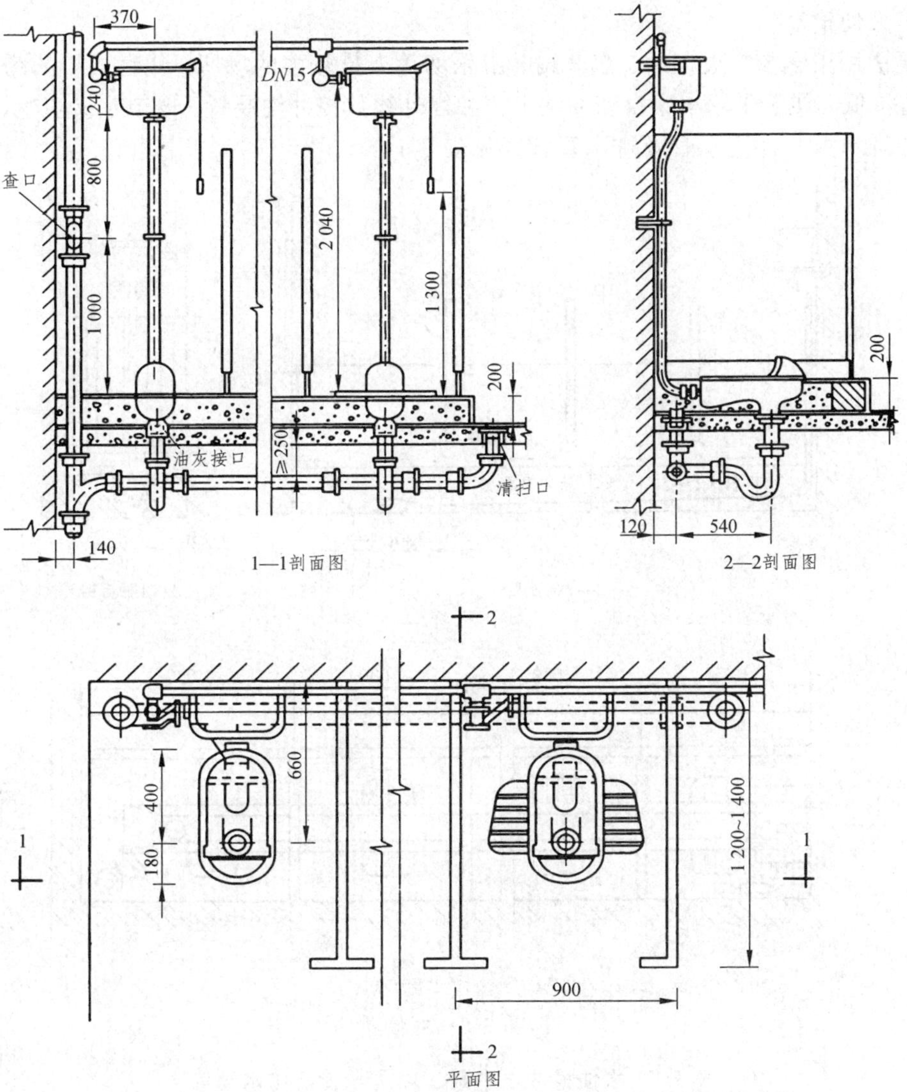

图 3-6　高水箱蹲式大便器

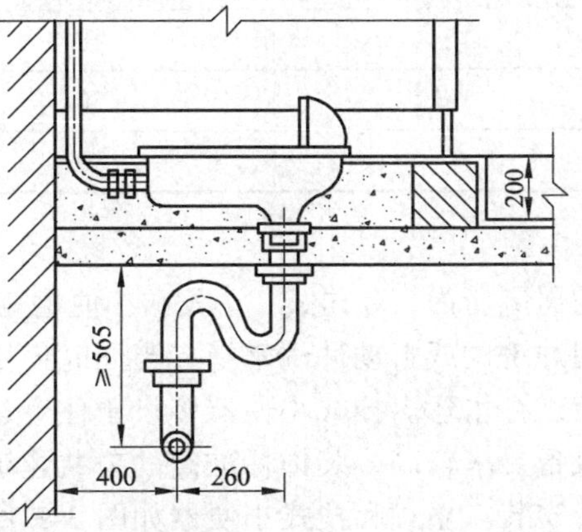

图 3-7　底层蹲式大便器

（3）大便槽。

大便槽用于学校、火车站、汽车站、游乐场等人员较多的场所，代替成排的蹲式大便器。大便槽造价低，便于采用集中自动冲洗水箱和红外线数控冲洗装置，既节水又卫生，见图 3-8。大便槽冲洗水量、冲洗水管及排水管管径见表 3-1。

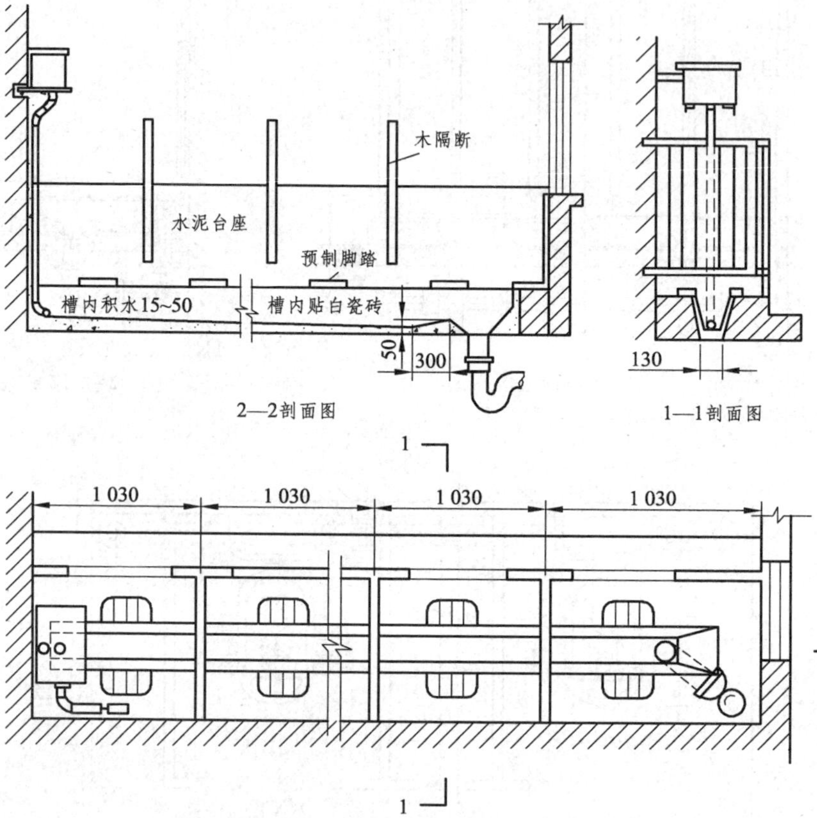

图 3-8　大便槽

表 3-1　大便槽冲洗水量、冲洗水管及排水管管径

蹲位数/个	每蹲位冲洗水量/L	冲洗管管径 *DN*/mm	排水管管径 *DN*/mm
3 ~ 4	12	40	100
5 ~ 8	10	50	150
9 ~ 12	9	70	150

2）小便器

小便器设于公共建筑的男厕所内，有挂式、立式和小便槽三类。挂式小便器悬挂在墙上，其冲洗设备可采用延时自闭冲洗阀或自动冲洗水箱，当同时使用小便器人数少时，宜采用手动冲洗阀冲洗，小便斗应装设存水弯。挂式小便器多设于住宅建筑和普通的公共建筑中；立式小便器大多设在对卫生设备要求较高、装饰标准高的公共建筑（如展览馆、写字楼、宾馆等男卫生间）内，多为成组安装。立式和挂式小便器如图 3-9 所示。小便槽用于工业企业、公共建筑和集体宿舍等建筑，如图 3-10 所示。

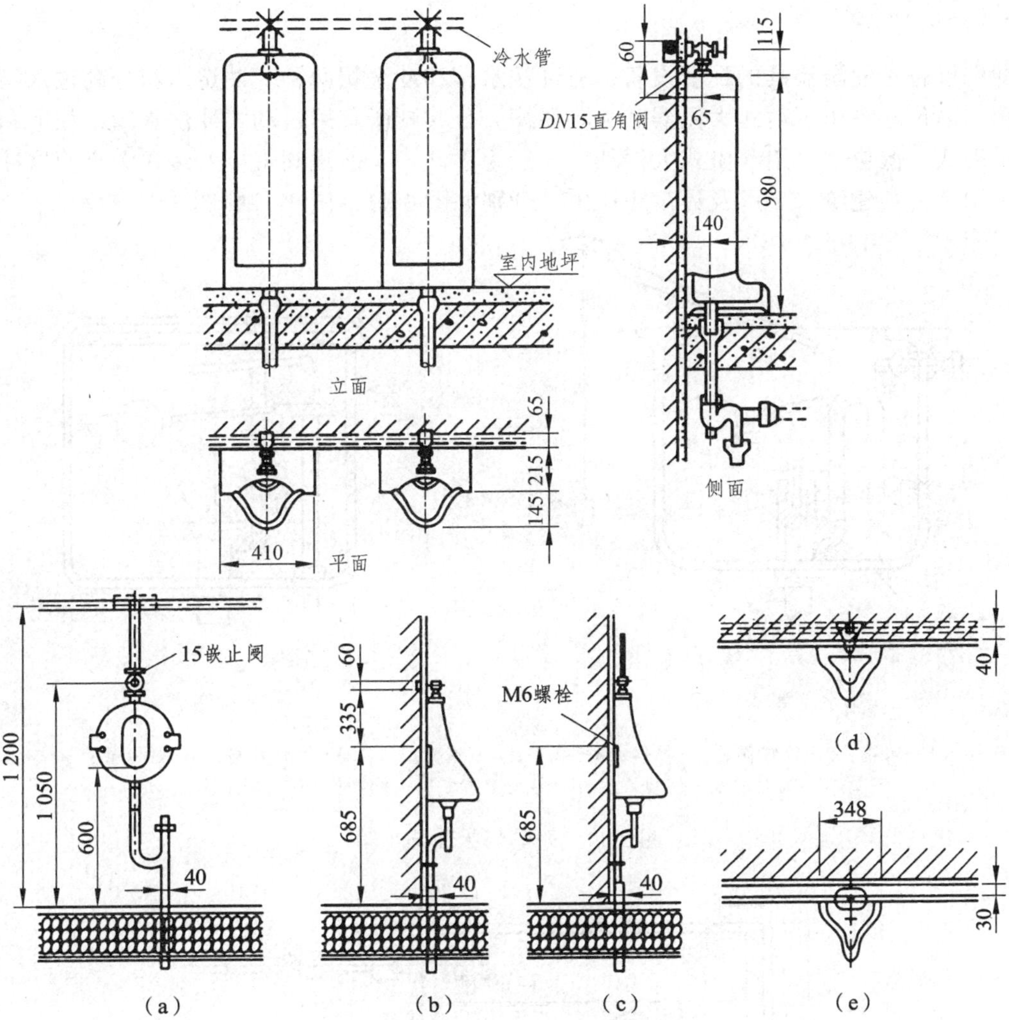

图 3-9　立式及挂式小便器

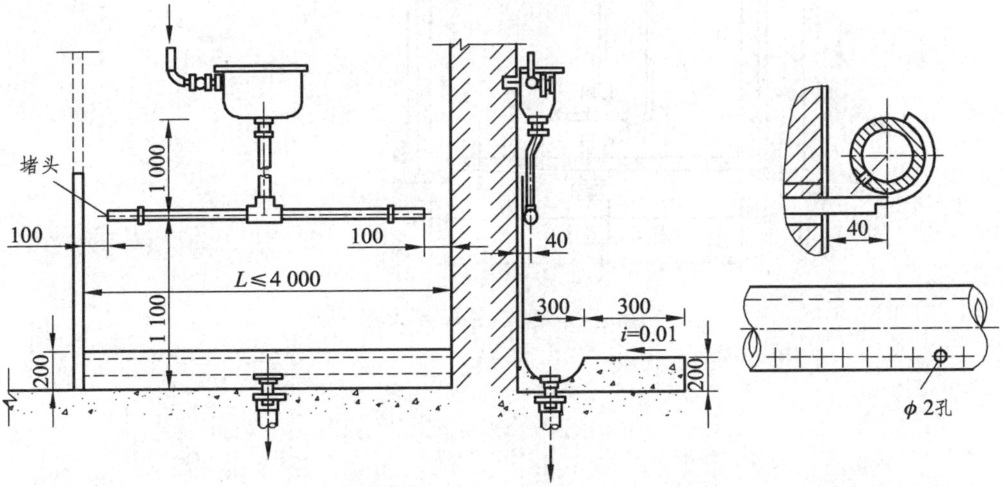

图 3-10　小便槽

2．冲洗设备

冲洗设备是便溺器具的配套设备，有冲洗水箱和冲洗阀两种。冲洗水箱分高位水箱和低位水箱，高位水箱用于蹲式大便器和大小便槽，公共厕所宜用自动式冲洗水箱，住宅和旅馆多用手动式；低位水箱用于坐式大便器，一般为手动式。冲洗阀直接安装在大小便器冲洗管上，多用于公共建筑、工厂及火车厕所内，分别如图 3-11、图 3-12、图 3-13 所示。

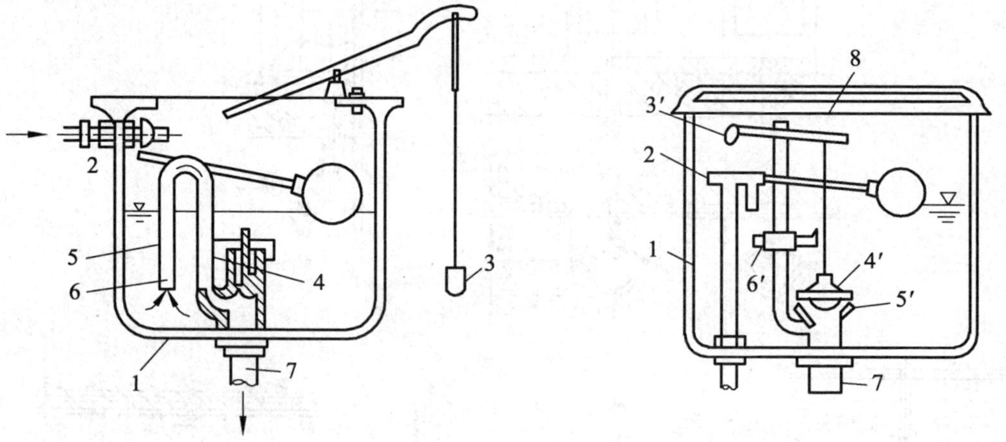

1—水箱；2—浮球阀；3—拉链；3′—扳手；4—弹簧塞阀；4′—橡胶塞阀；5—虹吸管；5′—阀座；6—ϕ5 小孔；6′—导向装置；7—冲洗管；8—溢流管。

图 3-11　手动虹吸冲洗水箱

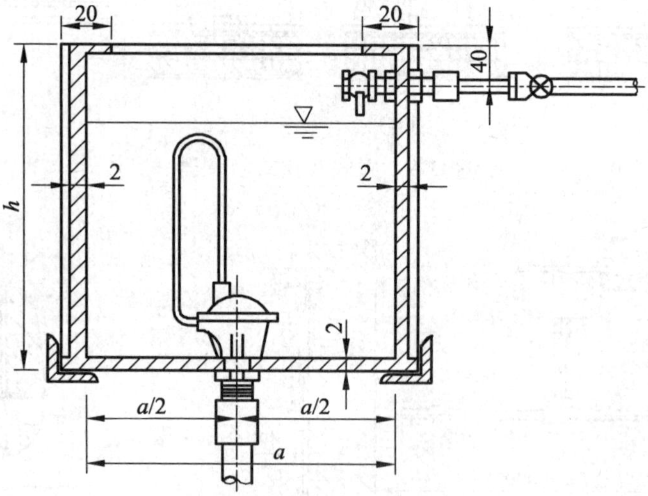

图 3-12　自动冲洗水箱图

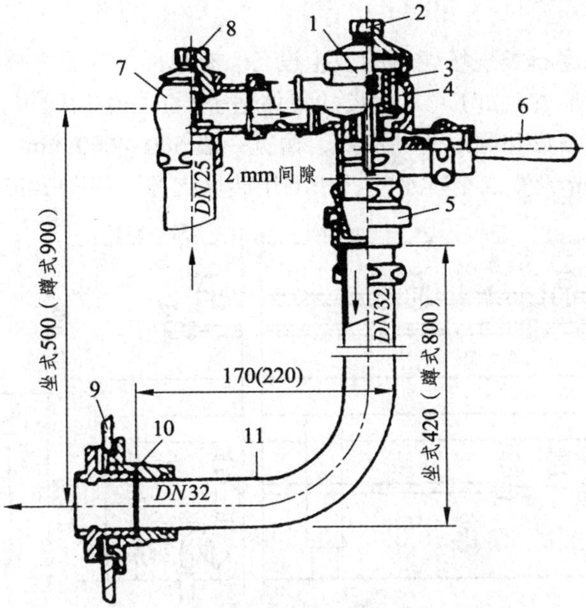

1—冲洗阀；2—调时螺栓；3—小孔；4—滤网；5—防污器；6—手柄；
7—直角截止阀；8—开闭螺栓；9—大便器；
10—大便器卡；11—弯管。

图 3-13　延时自闭式冲洗阀的安装图

3．盥洗、沐浴用卫生器具

1）洗脸盆

一般用于洗脸、洗手和洗头，设置在盥洗室、浴室、卫生间或理发室内。洗脸盆的高度及深度适宜，这样盥洗不用弯腰较省力；使用时不溅水，可用流动水盥洗，比较卫生。洗脸盆有长方形、椭圆形和三角形，安装方式有墙架式、柱脚式和台式，图 3-14 为墙架式洗脸盆安装图。

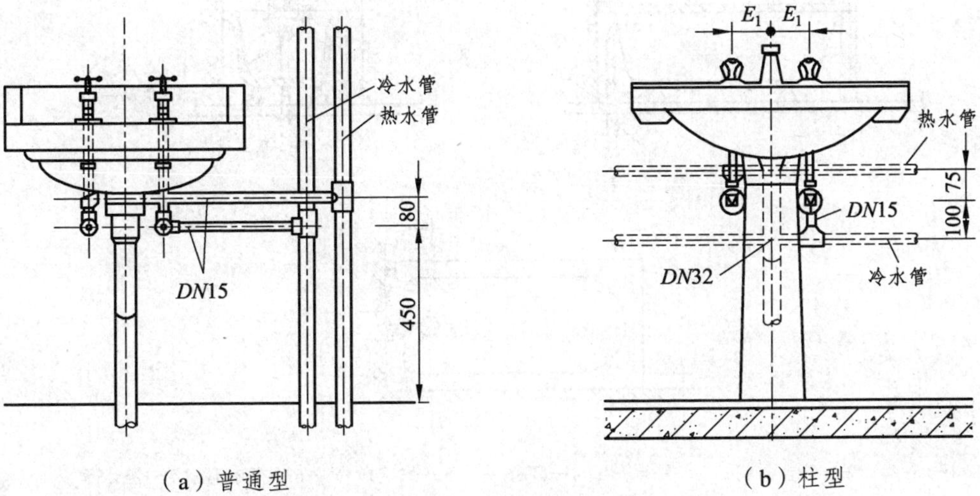

图 3-14　洗脸盆

2）盥洗槽

盥洗槽多为瓷砖水磨石类现场建造的卫生设备，有单面、双面之分，通常设置在同时有多人需要使用盥洗设备的地方，如工厂、学校的集体宿舍、工厂生活间等，它比洗脸盆的造价低，使用灵活。盥洗槽有长条形和圆形两种形式，槽宽一般 500 ~ 600 mm，槽长 4.2 m 以内可采用一个排水栓，超过 4.2 m 设置二个排水栓。槽下用砖垛支撑，如图 3-15 所示为单面盥洗槽。

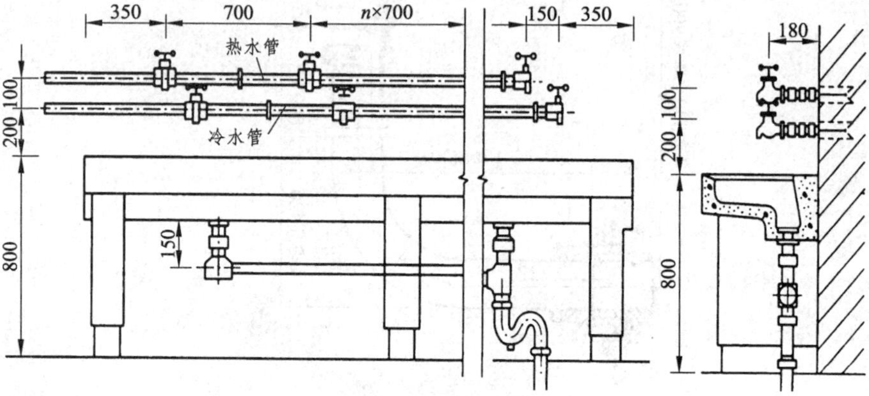

图 3-15　单面盥洗槽

3）浴　盆

浴盆设在住宅、宾馆、医院等卫生间及公共浴室内，有长方形、方形和任意形等多种形式，供人们沐浴使用。浴盆颜色在浴间内需与其他用具色调协调。

浴盆配有冷热水管或混合龙头，其混合水经混合开关后流入浴盆，管径为 20 mm。浴盆的排水口、溢水口均设在装置龙头一端。浴盆底有 2% 的坡度，坡向排水口。有的浴盆还配置固定或软管活动式淋浴莲蓬头。浴盆一般用陶瓷、搪瓷钢板、塑料、复合材料制成，如图 3-16 所示。

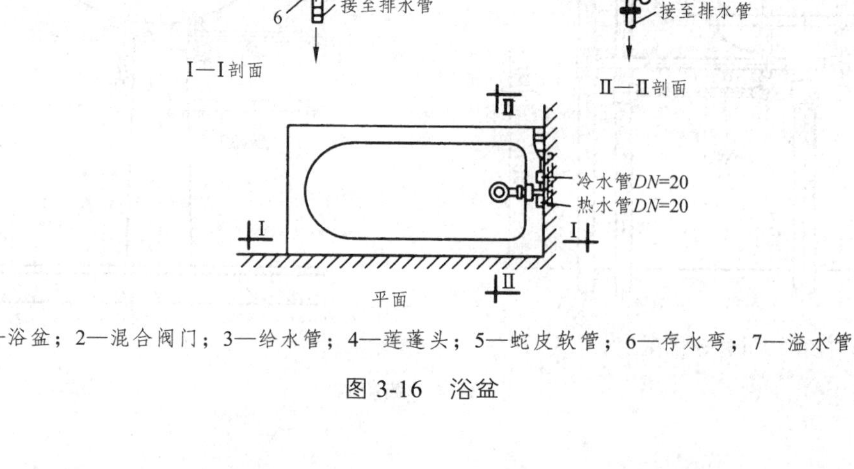

1—浴盆；2—混合阀门；3—给水管；4—莲蓬头；5—蛇皮软管；6—存水弯；7—溢水管。

图 3-16　浴盆

4）淋浴器

淋浴器多用于工厂、学校机关、部队公共浴室和集体宿舍、体育馆内。与浴盆相比，淋浴器具有占地面积小，设备费用低，耗水量小，清洁卫生，避免疾病传染的优点。图 3-17 为现场安装的淋浴器。

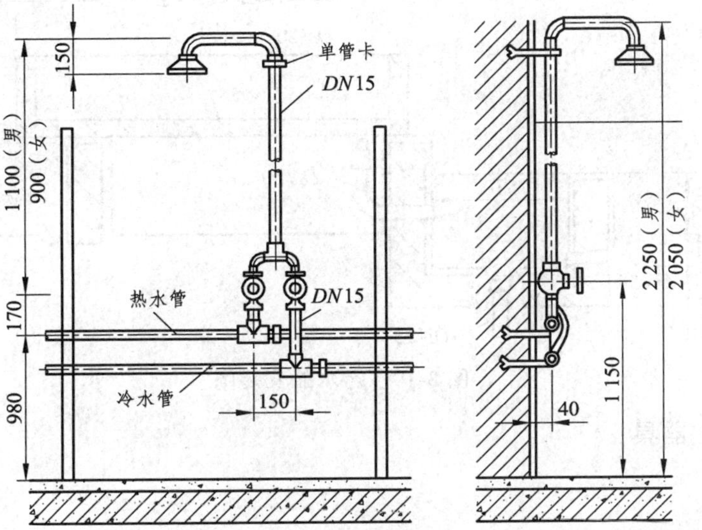

图 3-17　淋浴器

4．洗涤用卫生器具

1）洗涤盆

洗涤盆一般装设在厨房或公共食堂内，用来洗涤碗碟、蔬菜等。洗涤盆有单格和双格之分，双格洗涤盆一格洗涤，另一格泄水。图 3-18 为双格洗涤盆安装图。

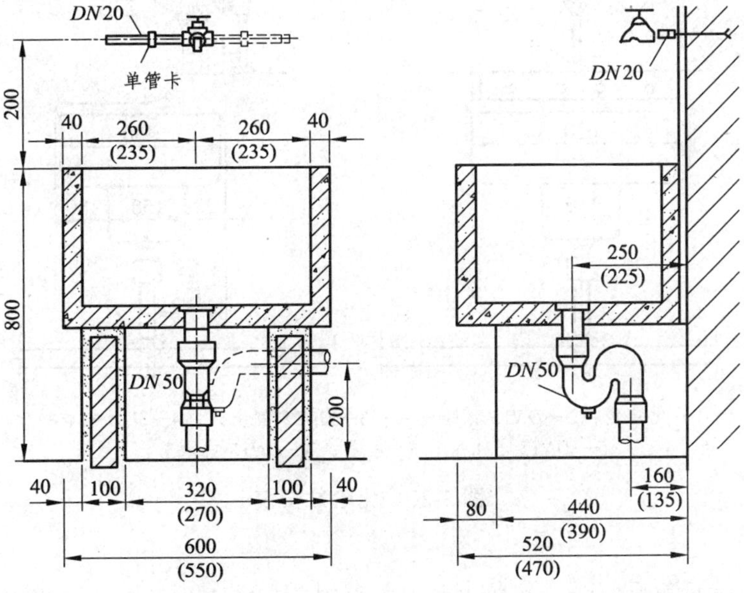

图 3-18　双格洗涤盆安装图

2）污水盆

污水盆设置在公共建筑的厕所、盥洗室内，供洗涤拖把、打扫厕所或倾倒污水用。图 3-19 为污水盆安装图。

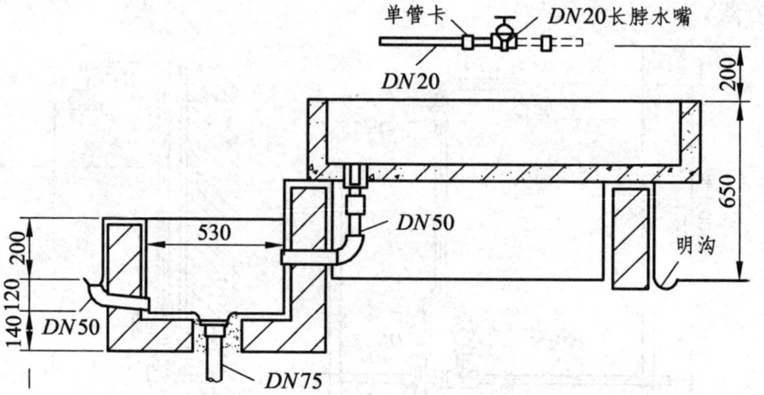

图 3-19　污水盆安装图

5．专用卫生器具

1）化验盆

设置在工厂、科研机关和学校的化验室或实验室内，盆内已带水封，根据需要，可装置单联、双联、三联鹅颈龙头，见图 3-20。

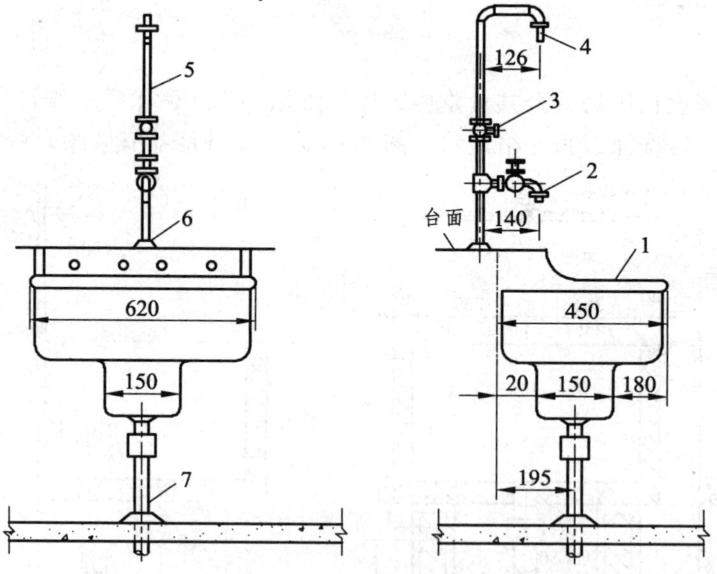

1—化验盆；2—DN15 化验龙头；3—DN15 截止阀；4—螺纹接口；
5—DN15 出水管；6—压盖；7—DN15 排水管。

图 3-20　化验盆安装

2）净身盆

净身盆与大便器配套安装，供便溺后洗下身用，更适合妇女和痔疮患者使用。一般用于宾馆高级客房的卫生间内，也用于医院、工厂的妇女卫生室内，见图 3-21。

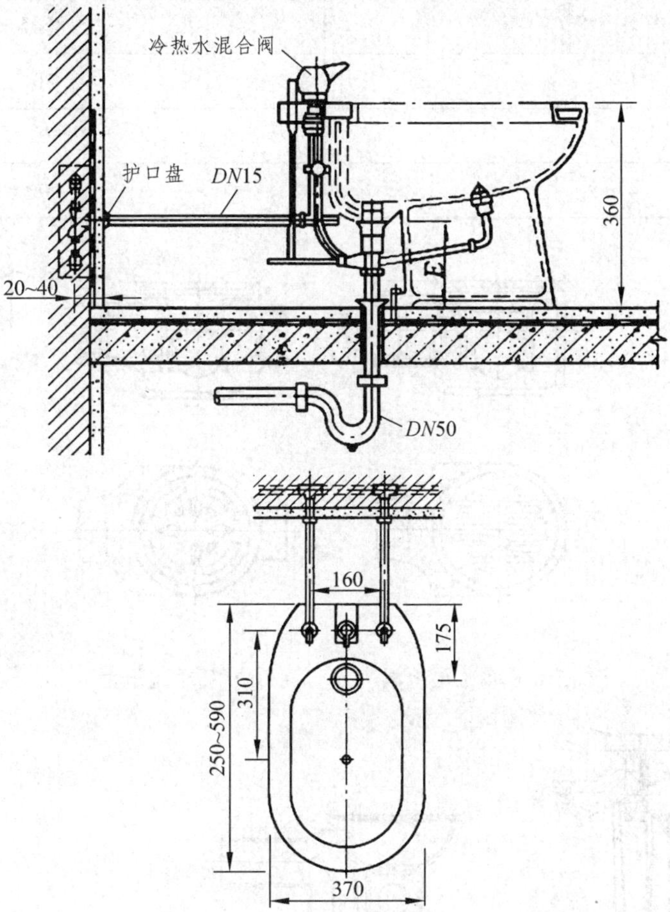

图 3-21　净身盆

3）商用卫生器具

设置在卫生间和公共厕所内，用来收集排除粪便、尿液用的卫生器具。

4）地　漏

地漏是排水的一种特殊装置。地漏一般设置在经常有水溅出的地面、有水需要排除的地面和经常需要清洗的地面最低处（如淋浴间、盥洗室、厕所、卫生间等），其地漏箅子应低于地面 5 ~ 10 mm。带水封的地漏水封深度不得小于 50 mm。地漏的选择应符合下列要求：

（1）应优先采用直通式地漏，直通式地漏下必须设置存水弯。

（2）卫生要求高或非经常使用地漏排水的场所，应设置密闭地漏。

（3）食堂、厨房和公共浴室等场所宜设置网框式地漏。

淋浴室内一般用地漏排水，地漏直径按表 3-2 选用，当采用排水沟排水时，8 个淋浴器可设 1 个直径为 100 mm 的地漏。家庭还可将地漏用作洗衣机排水口。地漏有扣碗式、多通道式、双篦杯式、防回流式、密闭式、无水式、防冻式、侧墙式等多种类型。图 3-22 为各种类型的地漏。

表 3-2　淋浴室地漏管径

淋浴器数量/个	地漏管径/mm
1 ~ 2	50
3	75
4 ~ 5	100

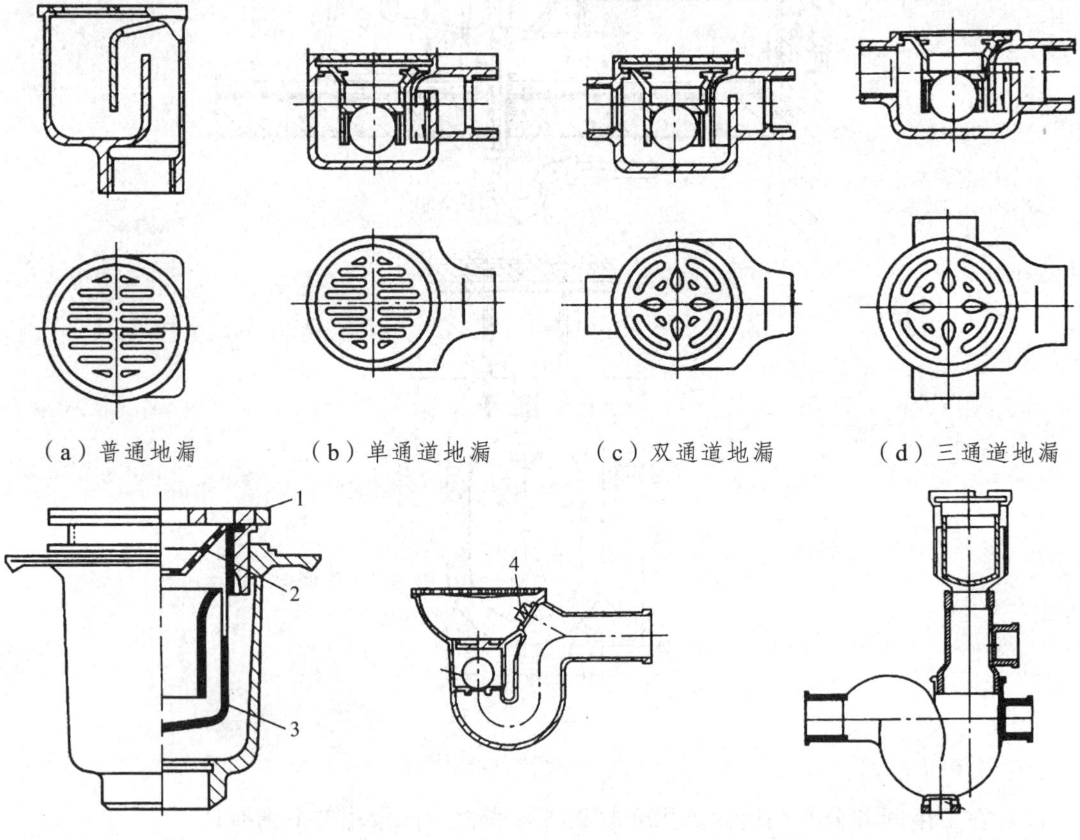

（a）普通地漏　（b）单通道地漏　（c）双通道地漏　（d）三通道地漏

（e）双箅杯式地漏　（f）防倒流地漏　（g）双接口多功能地漏

图 3-22　地漏

3.2.2　管　材

建筑内部排水管道应采用建筑排水塑料管及管件或柔性接口机制排水铸铁管及相应管件。敷设在建筑内部的排水管道要求其有足够的机械强度、抗污水侵蚀性能、不漏水等。在选用排水管道管材时，应综合考虑建筑物的使用性质、建筑高度、抗震要求、防火要求及当地的管材供应条件，因地制宜选用。

1．排水铸铁管

铸铁管是建筑内部排水系统中常用的管材，常用的有排水铸铁承插口直管、排水铸铁双承直管，管径为 50 ~ 200 mm。图 3-23 所示为排水铸铁承插口直管，规格如表 3-3，其管件有弯管、管箍 、弯头、三通、四通、瓶口大小头（锥形大小头）、存水弯、检查口等，如图 3-24 所示。排水铸铁管具有耐腐蚀性强、使用寿命长、价格便宜等优点。

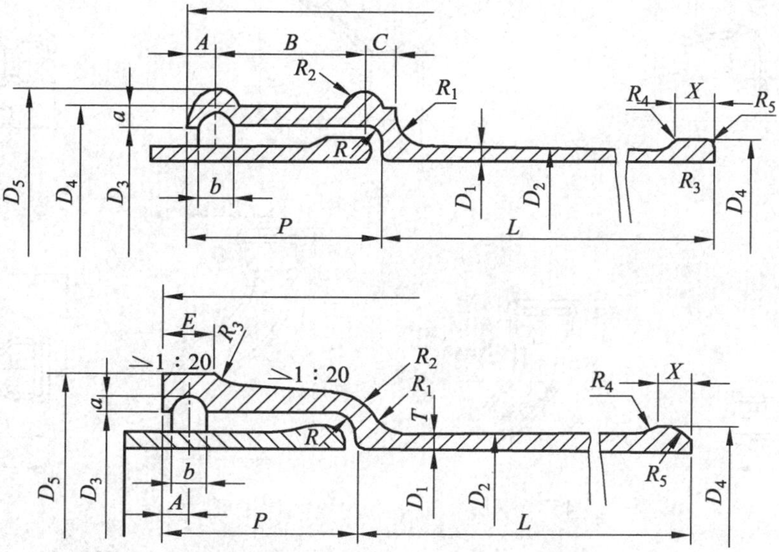

图 3-23　排水铸铁承插口直管

注：承口凹扣留和插口凸缘根据工艺特性或需方安求可不铸出。

表 3-3　排水直管承、插口尺寸

	公称直径 DN	管厚 T	内径 D_1	外径 D_2	承口尺寸												插口尺寸			
					D_3	D_4	D_5	A	B	C	P	R	R_1	R_2	a	b	D_6	X	R_4	R_5
A型	50	4.5	50	59	73	84	98	10	48	10	65	6	15	8	4	10	66	10	15	5
	75	5	75	85	100	111	126	10	53	10	70	6	15	8	4	10	92	10	15	5
	100	5	100	110	127	139	154	11	57	11	75	7	16	8.5	4	12	117	15	15	5
	125	5.5	125	136	154	166	182	11	62	11	80	7	16	9	4	12	143	15	15	5
	150	5.5	150	161	181	193	210	12	66	12	85	7	18	9.5	4	12	168	15	15	5
	200	6	200	212	232	246	264	12	76	13	95	7	18	10	4	12	219	15	15	5

	公称直径 DN	管厚 T	内径 D_1	外径 D_2	承口尺寸											插口尺寸			
					D_3	D_5	E	P	R	R_1	R_2	R_3	A	a	b	D_6	X	R_4	R_5
B型	50	4.5	50	59	73	98	18	65	6	15	12.5	25	10	4	10	66	10	15	5
	75	5	75	85	100	126	18	70	6	15	12.5	25	10	4	10	92	10	15	5
	100	5	100	110	127	154	20	75	7	16	14	25	11	4	12	117	15	15	5
	125	5.5	125	136	154	182	20	80	7	16	14	25	11	4	12	143	15	15	5
	150	5.5	150	161	181	210	20	85	7	18	14.5	25	12	4	12	168	15	15	5
	200	6	200	212	232	264	25	95	7	18	15	25	12	4	12	219	15	15	5

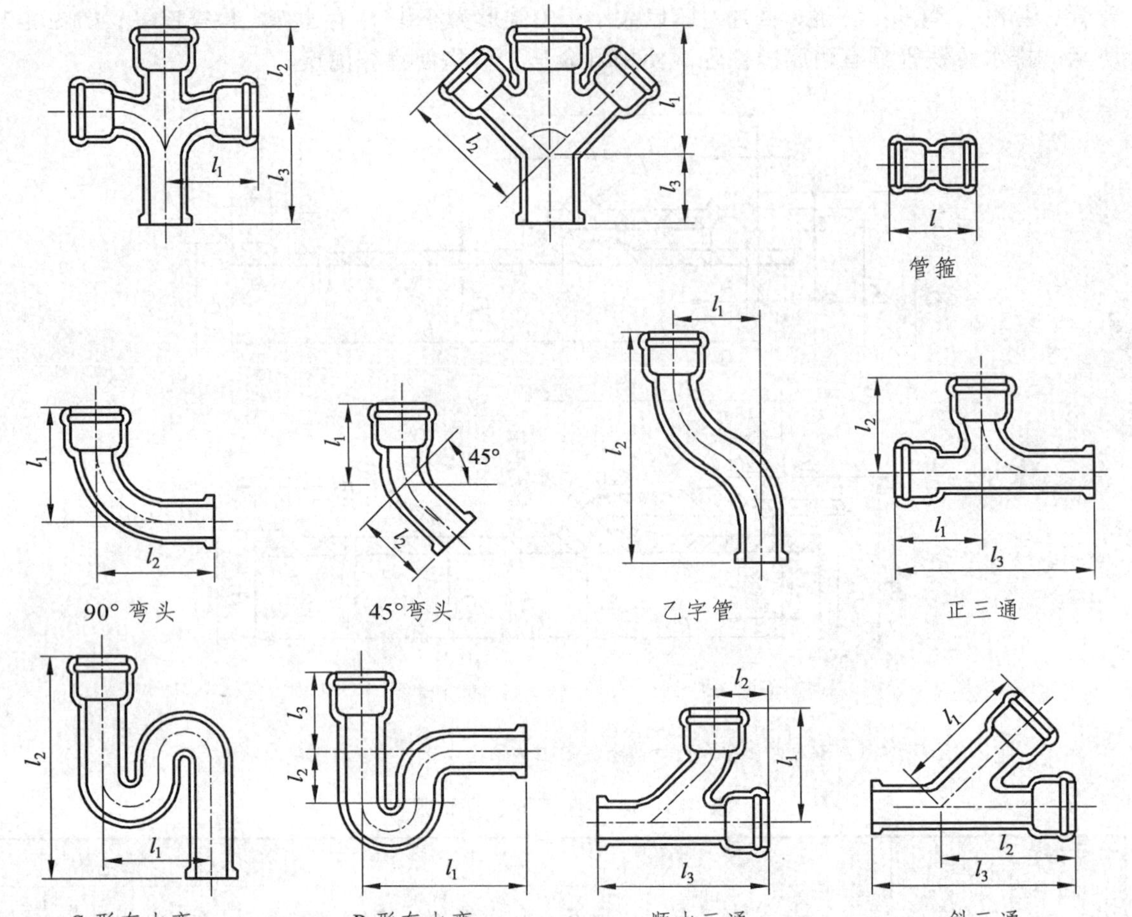

图 3-24　常用铸铁排水管件

近几年，为了适应管道施工装配化发展，提高施工效率，开发出了一些新型排水异型管件，如二联三通、三联三通、角形四通、H 型透气管、Y 型三通和 WJD 变径弯头，如图 3-25 所示。各种铸铁管管件的连接如图 3-26 所示。

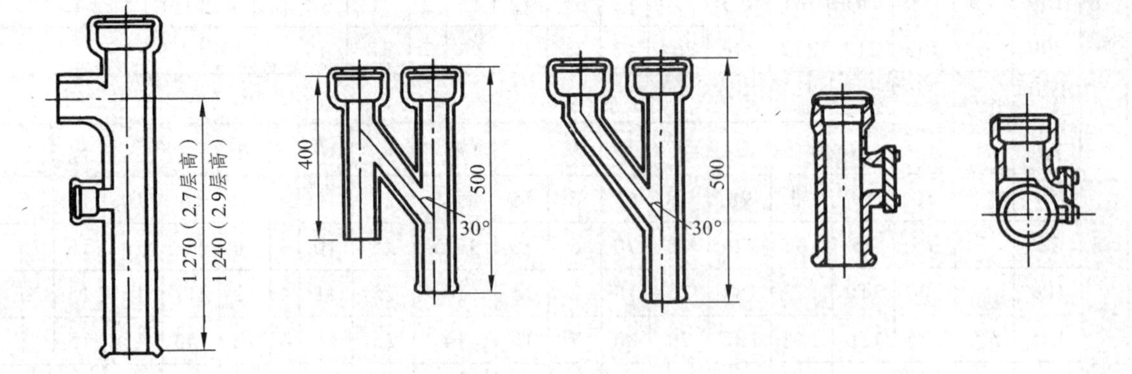

（a）二联三通异型管件　（b）H 型　（c）Y 型　（d）90° 弯头　（e）承插弯管

图 3-25　常用铸铁排水管件连接示意图

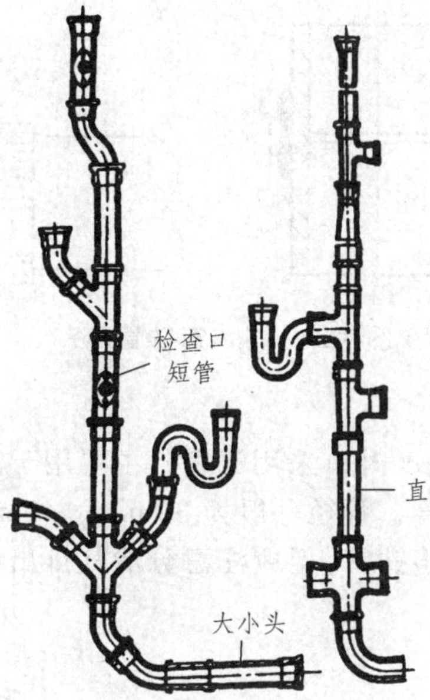

图 3-26　常用铸铁排水管件连接示意图

2．柔性抗震排水铸铁管

随着高层和超高层建筑的迅速兴起，一般以石棉水泥或青铅为填料的刚性接头排水铸铁管，已不能适应高层建筑由各种因素所引起的变形，尤其是有抗震设防要求的地区，重力排水管道的抗震设防成为最应重视的问题。

高耸构筑物和建筑高度超过 100 m 的建筑物，排水立管应采用柔性接口；排水立管在 50 m 以上，或在抗震设防 8 度地区的高层建筑，应在立管上每隔一层设置柔性接口；在抗震设防 9 度的地区，立管和横管均应设置柔性接口；其他建筑在条件许可时，也可采用柔性接口。

我国当前采用较为广泛的一种柔性抗震排水铸铁管是 GP-1 型，如图 3-27 所示。它采用橡胶圈密封，螺栓紧固，具有较好的曲挠性、伸缩性、密封性及抗震性能，且方便施工。近年来，国外采用如图 3-28 所示的柔性抗震排水铸铁管，它采用橡胶圈及不锈钢带连接，具有装卸简便、易于安装和维修等优点。

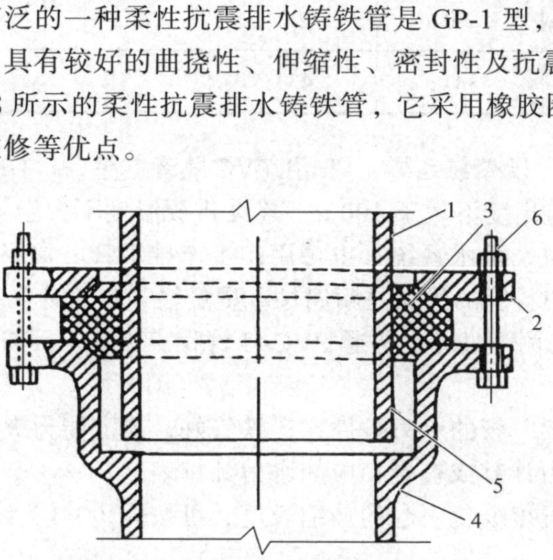

图 3-27　柔性排水铸铁管件接口

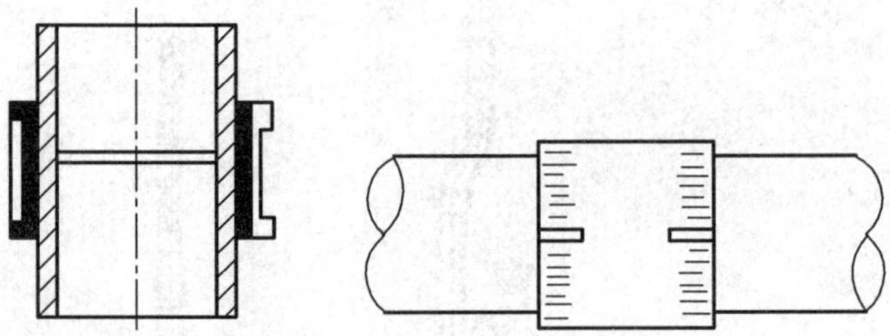

图 3-28　排水铸铁管接头

3．钢　管

当排水管道管径小于 50 mm 时，采用钢管，主要用于洗脸盆、小便器、浴盆等卫生器具与排水横支管间的连接短管，管径一般为 32 mm、40 mm、50 mm。工厂车间内振动较大的地点也可采用铜管代替铸铁管，但应注意分清其排出的工业废水是否对金属管道有腐蚀性。

4．排水塑料管

目前，在建筑内使用的排水塑料管是硬聚氯乙烯塑料管（UPVC 管），它具有重量轻、耐腐蚀、不结垢、内壁光滑、水流阻力小、外表美观、重量轻、容易切割、便于安装、节省投资和节能等优点，但它也有缺点，如强度低、耐温性能差（使用温度在 5～45 °C）、线性膨胀量大、立管产生噪声、易老化、防火性能差等。排水塑料管公称外径通常标注为 *De*，其规格如表 3-4 所示。

表 3-4　排水硬聚氯乙烯塑料管规格

公称直径/mm	40	50	75	100	150
外径/mm	40	50	75	110	160
壁厚/mm	2.0	2.0	2.3	3.2	4.0
参考重量/（g/m）	341	431	751	1 535	2 803

塑料管包括 PVC-U（硬聚氯乙烯）管、UPVC 隔音空壁管、UPVC 芯层发泡管、ABS 管等多种管道，适用于建筑高度不大于 100 m、连续排放温度不大于 40 °C、瞬时排放温度不大于 80 °C 的生活污水系统、雨水系统，也可用作生产排水管。常用胶黏剂承插连接，或弹性密封圈承插连接。这种塑料管的优点是耐腐蚀、重量轻、施工简单、水力条件好、不易堵塞；缺点是强度低、易老化、耐温性差、普通 PVC-U 管噪声大等。目前，最常用的是 PVC-U（硬聚氯乙烯）管。

PVC-U（硬聚氯乙烯）管的水力条件比铸铁管好，泄流能力大，确定管径时，应使用塑料排水管的参数进行水力计算或查看相应的水力计算表。

受环境温度或污水温度变化引起的伸缩长度，可按式（3-1）计算：

$$\Delta L = La\Delta t \tag{3-1}$$

式中　ΔL——管道温升长度，m；

L——管道计算长度，m；

a——线性膨胀系数，一般采用（6～8）$\times 10^{-5}$，m/（m·°C）；

Δt——温差，°C。

式（3-1）中的温差受两方面因素影响，即管道周围空气的温度变化和管道内水温的变化，可按式（3-2）计算：

$$\Delta t = 0.65\Delta t_s + \Delta t_g \tag{3-2}$$

式中　Δt_s——管道内水的最大变化温度差，°C；

Δt_g——管道外空气的最大变化温度差，°C；

消除 PVC-U（硬聚氯乙烯）管道受温度影响引起的伸缩量，通常采用设置伸缩节的办法予以解决。排水立管、通气立管应每层设一个伸缩节；横支管上汇流配件至立管的直线管段大于 2 m 时应设置伸缩节，但伸缩节之间最大间距不得超过 4 m。伸缩节应设置在汇合配件处，横干管伸缩节应设置在汇合配件上游端；横管的伸缩节应采用承压橡胶密封圈或横管专用伸缩节。

3.2.3　排水管道附件

1．检查口与清扫口

检查口和清扫口的作用是供管道清通时使用，如图 3-29 所示。清扫口一般设在排水横管上，其构造如图 3-29（a）所示；检查口是一个带盖板的开口短管，其构造如图 3-29（b）所示，拆开盖板便可以进行管道清通，检查口一般安装在排水立管上。埋地管道上的检查口应设在检查井内，以便清通操作，检查井直径不得小于 0.7 m，如图 3-29（c）所示。

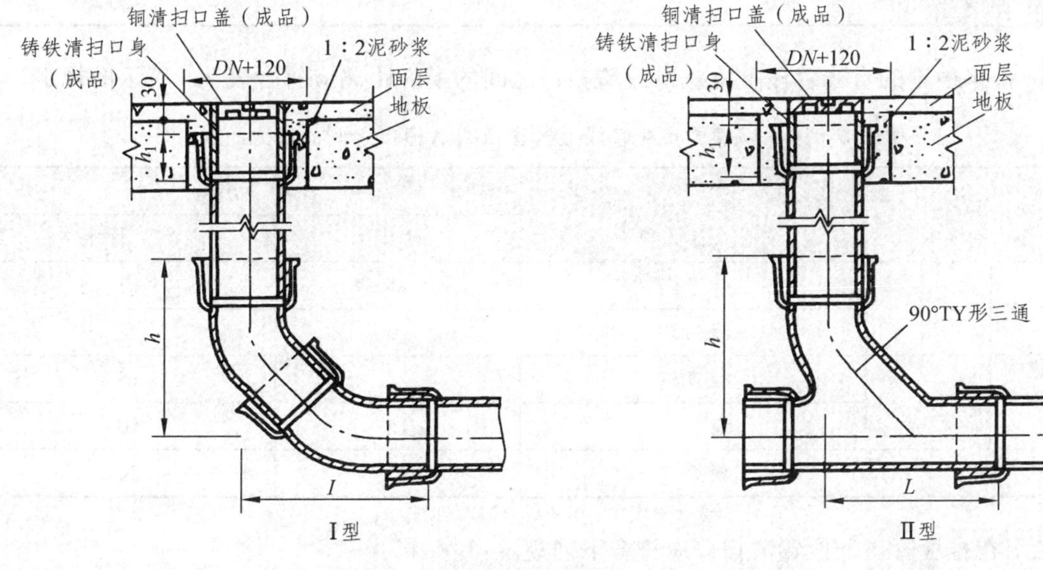

（a）清扫口

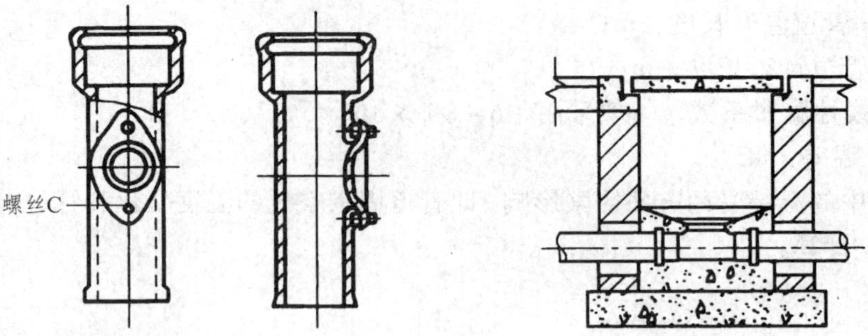

（b）检查口　　（c）检查口井

图 3-29　清通设备

（1）在生活排水管道上，应按下列规定设置检查口和清扫口：

① 铸铁排水立管上检查口之间的距离不宜大于 10 m，塑料排水立管宜每六层设置一个检查口。在建筑物最底层和设有卫生器具的二层以上建筑物的最顶层，应设置检查口；当立管水平拐弯或有乙字弯管时，应在该层立管拐弯处或乙字管的上部设检查口。

② 在连接 2 个及 2 个以上大便器或 3 个及 3 个以上卫生器具的铸铁排水横管上，宜设置清扫口。在连接 4 个及 4 个以上大便器的塑料排水横管上宜设置清扫口。

③ 在水流偏转角小于 135 °C 的铸铁排水横管上，应设检查口或清扫口（可采用带清扫口的配件替代）。

④ 当排水立管底部或排出管上的清扫口至室外检查井中心的最大角度大于表 3-5 所示的数值时，应在排出管上设清扫口。

表 3-5　排水立管或排出管上的清扫口至室外检查井中心的最大长度

管径/mm	50	75	100	100 以上
最大长度/m	10	12	15	20

⑤ 排水横管的直线管段上检查口或清扫口之间的最大距离应符合表 3-6 所示的规定。

表 3-6　排水横管的直线管段上检查口或清扫口之间的最大距离

管径/mm		清扫设备种类	距离/m	
			生活废水	生活污水
50	75	检查口	15	12
		清扫口	10	8
100	150	检查口	20	15
		清扫口	15	10
200		检查口	25	20

（2）在排水管道上设置清扫口应符合下列规定：

① 在排水横管上设清扫口，宜将清扫口设置在楼板或地坪上，且与地面相平。排水横管

起点的清扫口与其端部相垂直的墙面的距离不得小于 0.2 m（当排水横管悬吊在转换层或地下室顶板下设置清扫口有困难时，可用检查口替代清扫口）。

② 排水管起点设置墙头代替清扫口时，墙头与墙面应有不小于 0.4m 的距离可利用带清扫口弯头的配件代替清扫口。

③ 在管径小于 100 mm 的排水管道上设置清扫口，其尺寸应与管道同径；在管径大于或等于 100 mm 的排水管道上设置清扫口，应采用 100 mm 直径的清扫口。

④ 铸铁排水管道设置的清扫口，其材质应为铜质；硬聚氯乙烯管道上设置的清扫口的材质应与管道相同。

⑤ 排水横管连接清扫口的连接管及管件应与清扫口同径，并采用 45° 斜三通和 45° 弯头或由两个 45° 弯头组合的管件。

（3）在排水管上设置检查口应符合下列规定：

① 立管上设置检查口，应在地（楼）面以上 1.00 m，并应高于该层卫生器具上边缘 0.15 m。

② 埋地横管上设置检查口时，检查口应设在砖砌的井内（可采用密闭塑料排水检查井替代检查口）。

③ 地下室立管上设置检查口时，检查口应设置在立管底部之上。

④ 立管上检查口的检查盖应面向便于检查清扫的方位，横干管上的检查口应垂直向上。

2．通气帽

在通气管顶端应设通气帽，以防止杂物进入管内，其形式一般有甲型和乙型两种，如图 3-30 所示。甲型通气帽采用 20 号铁丝编绕成螺旋形网罩，可用于气候较暖和的地区：乙型通气帽采用镀锌铁皮制成，适用于冬季室外温度低于 – 12 °C 的地区，它可避免因潮气结冰霜封闭网罩而堵塞通气口的现象发生。

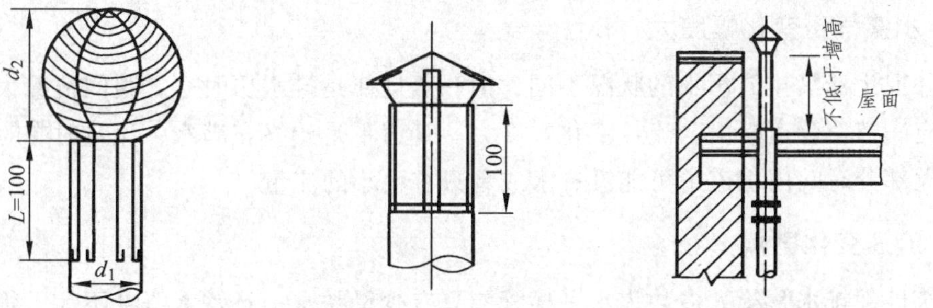

（a）甲型通气帽　（b）乙型通气帽　（c）通气帽的固定方式

图 3-30　通气帽

3．隔油具

隔油具通常用于厨房等场所，如图 3-31 所示。隔油具对排入下水道前的含油脂污水进行初步处理，隔油具装在水池的底板下面，亦可设在连接几个小水池的排水横管上。

4．滤毛器

理发室、游泳池、浴池的排水中往往夹带毛发等，易造成管道堵塞，所以在以上场所的排水支管上应安装滤毛器。滤毛器的构造如图 3-32 所示。

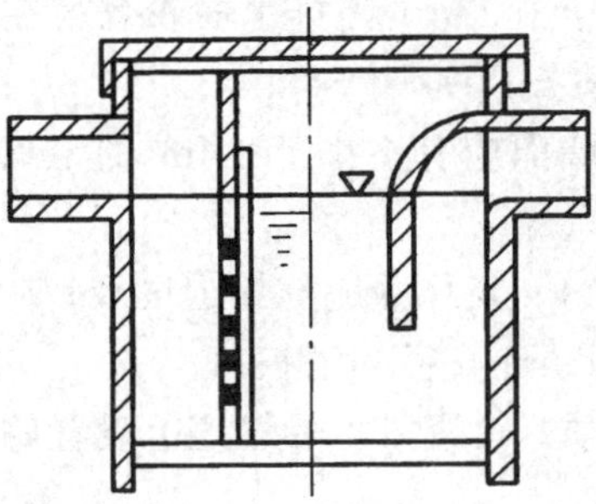

图 3-31　隔油具

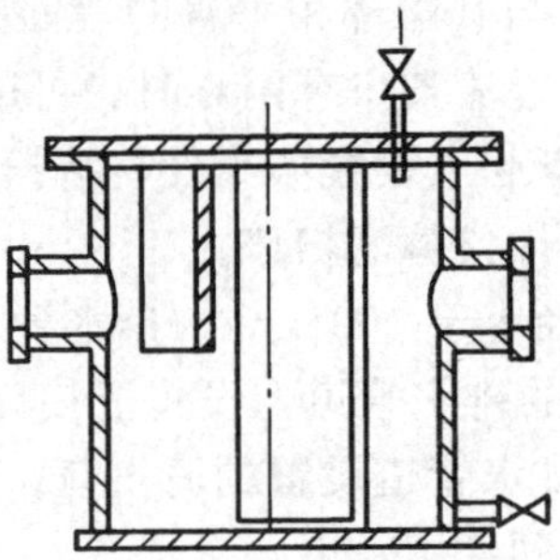

图 3-32　滤毛器

5．存水弯

存水弯是设置在卫生器具内部或与卫生器具排水管连接、带有水封的配件。存水弯中的水封是由一定高度的水所形成，其高度不得小于 50 mm，用以防止排水管道系统中的有毒有害气体窜入室内。

3.3　排水管中水气流动规律

3.3.1　建筑内部排水的流动特点

建筑内部排水管道系统的设计流态和流动介质与室外排水管道系统相同，都是按重力非满流设计的，污水中都含有固体杂物，都是水、气、固三种介质的复杂运动。其中，固体物较少，可以简化为水、气两相流，但建筑内部排水的流动特点与室外排水有所不同。

1．水量气压变化幅度大

各种卫生器具排放污水的状况不同，但一般规律是排水历时短，瞬间流量大，高峰流量时可能充满整个管道断面，流量变化幅度大。管道不是始终充满水，流量时有时无、时小时大。在大部分时间内管道中可能没有水或者只有很小的流量。

2．流速变化剧烈

建筑外部排水管绝大多数为水平横管，只有少量跌水，且跌水深度不大，管内水流速度沿水流方向递增，但变化很小，水、气不易混合，管内气压稳定。建筑内部横管与立管交替连接，水流由横管进入立管时，流速急剧增大，水气混合；当水流由立管进入横管时，流速急剧减小，水气分离。

3．事故危害大

室外排水不畅时，污废水溢出检查井，有毒有害气体进入大气，影响环境卫生，但其发生在室外，对人体直接危害小；建筑内部排水不畅，污水外溢到室内地面，或管内气压波动，有毒有害气体进入房间，将直接危害人体健康，影响室内环境卫生，事故危害性大。

3.3.2 水封的作用及其破坏原因

1．水封作用

水封是利用在弯管内存有一定高度的水及一定高度的静水压力来抵抗排水管内气压的变化，以防止排水管内的有害气体进入室内的措施。水封通常由存水弯来实现，常用的管式存水弯有 P 形和 S 形两种，如图 3-5 所示。

水封高度 h 与管内气压变化、水蒸发率、水量损失、水中固体杂质的含量及相对密度有关，不能太大也不能太小。若水封高度太大，污水中的杂质容易沉积在存水弯底部，堵塞管道；水封高度太小，管内气体容易克服水封的静水压力进入室内，污染环境。所以一般将水封高度定为 50 ~ 100 mm。

2．水封破坏

因静态和动态原因造成存水弯内水封高度减少，不足以抵抗管道内允许的压力变化值时（一般为 ± 25 mmH_2O），管道内气体进入室内的现象叫水封破坏。在一个排水系统巾，只有要一个水封破坏，整个排水系统的平衡就被打破。水封的破坏与存水弯内水量损失有关。水封水量损失越多，水封高度越小，抵抗管内压力波动的能力越弱。

3.3.3 排水横管中的水流现象

排水横管包括横支管和横干管，横支管和横干管所处的位置不同，管中的水流物理现象也不同。

1．横支管中的水流现象

图 3-33 所示为连接 3 个卫生器具的横支管。当排水立管大量排水时，中间的卫生器具 B 突然放水，在与卫生器具连接处的排水横支管内，水流呈八字形，在其前后形成水跃。AB 和 BC 段内气体不能自由流动形成正压，使 A 和 C 两个存水弯的进水端水面上升，如图 3-33（a）所示。这种管内局部形成正压，使存水弯中的水面上升的现象称为回压，如果压力波动较大，还有可能出现正压喷溅，引起水封破坏。随着卫生器具 B 排水的逐渐减少，在横支管坡度作用下，水流向 D 点做单向运动。AB 和 BC 段因得不到空气补充而形成负压，A 和 C 存水弯内形成诱导虹吸，损失部分水量，使 A 和 C 存水弯内水封高度降低，如图 3-33（b）所示。

如 B 点流量比较大，水流充满整个管道断面，向 D 点流动，在 C 点处也可能形成负压抽吸，造成 C 点存水弯水面下降。另外，如果此时立管上还有其他卫生器具排水，大量水流沿立管下降，把 D 点封闭，则 AB 段和 BC 段内的气体都不能自由流动，污水下落的速度比较快，动能大，压力降低，则可能导致横支管上连接的存水弯产生负压抽吸。负压抽吸和正压喷溅现象都是由于管道内的压力变化引起的，都有可能造成水封被破坏。由于生活污水排水管道设计有足够的充满度，当冲激流在短时间内形成高峰流量时，排水管道有足够的空间容纳高峰负荷，并且水流速度大，一般不会出现从卫生器具存水弯冒水的现象，同时冲激流对于横支管中的沉积物具有很强的冲刷作用，可以将固体杂质随着污水一起从管道中排除，有利于横支管的排水。同时，因为卫生器具距横支管的高差较小（小于 1.5 m），污水在 B 点的功能小，形成的水跃低，所以因排水横支管自身排水造成的排水横支管内的压力波动不大。

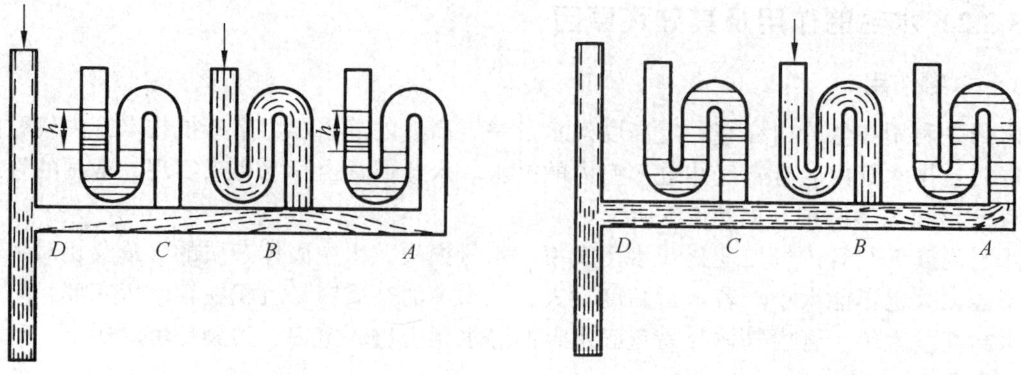

图 3-33　横支管内的压力变化

2．横干管中的水流现象

横干管在立管和室外排水检查井之间，接纳的卫生器具多，存在多个卫生器具同时向其排水的可能性，室内污水的排放特点是时间短、流量大，故流速大、能量大。在立管与横干管连接处，当立管排水量过大时，在管道拐弯处受阻，形成水跃，产生冲激流。此时，混掺在水流中的气体因受阻不能自由流动，并且在短时间内受到强烈压缩，从而使该处管道内的压力急剧增大，形成正压区，造成回压。在立管与横干管连接处的水平管段上产生的回压现象，有时能使污水从底层卫生器具的存水弯中喷溅出来，冲击流过后，卫生器具的水封可能被破坏。因此，在排水系统没有通气立管时，在设计中规定最底层横支管与地下横干管中心线的间距应有一个最小高度，否则最底层或排水立管的汇合层的横支管要单独排放；最低排水横支管与立管连接处距排水立管的管底垂直距离，不得小于表 3-7 所示的距离。从表 3-7 中可以看出，高层建筑中的底层排水横支管一般都要单独排放。

表 3-7　最低横支管与立管连接处至立管管底的最小垂直距离

立管连接卫生器具的层数	垂直距离/m	
	仅设伸顶通气	设通气立管
≤4	0.45	按配件最小安装尺寸确定
5～6	0.75	
7～12	1.20	
13～19	3.00	0.75
≥20	3.00	1.20

3.3.4　立管中的水流现象

由于卫生器具排水的特点，污水由横支管排入立管时，初期水流水量是逐渐增加的，达到高峰后，水量递减。排水立管水流状态的基本特点是断续的、非均匀的、水流带有空气，水流下落时是水、气混合的两相不稳定流。水流时断时续，流量时大时小，满流与非满流交替，因此，管内的压力是波动的，正压、负压交替出现。

排水立管中的水流现象主要是由于管道内空气的存在，以及不同层横支管的水流流入立管时的不均匀状态造成的。立管中的水流的具体变化过程可以分为以下几个阶段。

1．附壁螺旋流

由于排水立管的管道内壁粗糙，水流对管壁的附着力大于液体分子之间的内聚力，当排水量较小时，水流不能以水团的形式脱离管壁坠落，而是沿着管壁向下流动。由于管壁的粗糙对水流的摩擦阻力作用，水流是沿着管壁呈螺旋形向下加速流动的。螺旋运动产生离心力，使水流密实，气液界面清晰，水流挟气现象不明显。其结果是：螺旋流状态下，水流没有充满整个管道断面，管道中心气流正常，水流下降时，不影响立管中的气压变化，管内气压稳定。

2．薄膜流

当于排水量进一步增加时，由于空气阻力和管壁摩擦力的共同作用，水量增大到足够覆盖住管壁时，水流由螺旋形向下运动变成沿着管壁呈一定厚度的薄膜状加速向下运动。此时水流没有离心力的作用，只受水流重力和管壁摩擦阻力的影响。气水界面不明显，水流向下运动时有挟气现象。但此时排水量比较小，管道中间的气流仍然可以正常流动，立管中的气压变化不大，但这种状态历时比较短。薄膜流状态时，水流的断面积与管道断面积的比值常常小于 1/4，随着流量的进一步增加，水流的断面积不断增大，很快就过渡到下一个状态。

3．等速水膜流

随着水流下降速度的进一步增加，由于空气阻力和管道壁面摩擦力的共同作用，水流沿管壁下落运动，形成一定厚度带有横向隔膜的附壁环状水膜流。上部横向隔膜和附壁环状水膜流一起向下运动，但两者的运动方式不同。环状水膜流形成以后比较稳定，水膜下降速度与水膜的厚度近似成正比。当水膜向下运动时，受到向上的管壁摩擦阻力与向下的重力，两者平衡时，水膜向下运动的加速度为零，即水膜的下降速度不再变化，一直以该速度下降到立管底部不再变化，水膜的厚度基本上也不变化。这一状态为等速水膜流状态，此时的水膜速度为终限速度，从排水横支管水流入口处至终限速度形成处的高度称为终限长度。横向隔膜不稳定，向下运动时，隔膜下部的管内压力增加，但压力增加值小于 245 Pa（根据实验，水封不被破坏的控制压力变化范围是 ± 245 Pa），管内气体将横向隔膜冲破，管内压力恢复正常。在水流继续下降的过程中，又形成新的横向隔膜。横向隔膜的形成和破坏在水流下降的过程中交替进行，导致立管内的压力有波动。

在没有设置专用通气管的排水立管中，处于等速水膜流状态时，水流的断面积一般占管道断面积的 1/3 ~ 1/4。这一阶段立管内的压力在一定的范围内波动，排水立管中心部分，气流仍然可以流动，此时立管的通水能力最大。管中气压的变化达到了临界状态，但未达到破坏横支管上的卫生器具的水封程度。

4．水塞流

当排水量继续增加，沿管壁的薄膜厚度逐渐加厚，水膜断面与立管断面之比大于 1/3 时，横向隔膜的形成与破坏越来越频繁，水膜厚度不断增加，当隔膜下部的压力不能冲破隔膜时，即形成了较稳定的水塞流。水塞在立管中下落是有压力的等加速运动，随着水塞的下落，管中的气压发生激烈变化，水塞下面排气不畅，形成正压，水塞上面补气不足，被抽吸形成负压。当管内压力波动大于 ± 245 Pa 时，会形成正压喷溅或负压抽吸而破坏水封，导致排水管道系统不能正常工作。

综上所述，在水塞没有形成之前，水膜流动或薄膜流动时，由于水流在下落的过程中携带了部分气体，水膜的厚度也不可能完全不变，所以管内气体的容积是变化的，则管内气压也是变化的，但是这种变化波动较小，对横支管上的卫生器具的水封影响不大。水塞形成以后，管内气压的剧烈波动对水封造成比较大的影响。因此，为保证排水系统的安全可靠和经济合理，排水立管设计流量的负荷极限值（允许设计流量）是按立管内的水流状态应控制在等速水膜流状态，在保证系统安全的条件下，通水能力最大的状态而确定的。

3.4 排水管道的布置、敷设及排水通气系统

3.4.1 排水管道的布置

排水管道布置的基本原则是：技术上满足水力条件最佳，保证安全使用，不出现“跑、冒、淌、漏”，保护管道不受破坏，建设投资和日常维护管理费用最低，美观、实用。

排水管道的布置一般应满足以下要求：

（1）应尽量使排水管道距离最短，管道转弯最少。

（2）排水立管应设置在最脏、杂质最多及排水量最大的排水点处，立管尽量不转弯。

（3）排水管道不得布置在遇水能引起爆炸、燃烧或损坏的产品和设备的上方。

（4）排水管道不得布置在食堂、饮食业厨房的操作烹调、备餐部位以及浴池、游泳池的上方。

（5）排水管道不得布置在食品和贵重物品仓库、通风小室、变配电间和电梯机房。

（6）排水管道不得穿越伸缩缝、沉降缝、烟道和风道。

（7）对于不得不穿越沉降缝时，应采取预留沉降量、设置柔性连接等措施，穿越伸缩缝时应安装伸缩器。

（8）排水埋地管不得穿越生产设备基础或布置在可能受到重物压坏处。

（9）排水管道不得穿越卧室、病房、图书馆书库等对卫生、安静要求比较高的房间，并不应靠近与卧室或图书馆书库相邻的内墙。

（10）生活饮用水水池（水箱）的上方不得布置排水管道，而且在周围 2 m 以内不应有污水管道。

塑料排水管道除满足以上要求外，还应符合以下规定：

（1）避免布置在热源附近，如不能避免应采取隔热措施，立管与家用灶具边缘的净距不得小于 0.4 m。

（2）避免布置在易受机械撞击处，如不能避免，应采用设金属套管等防护措施。

3.4.2 排水管道的敷设

排水管道尽量采用明装，一方面造价低，另一方面排水管一般管径比较大，又需要经常

清通。建筑物的建筑标准较高时，或有特殊要求时，可采用暗装，将管道敷设在吊顶内、管井内、笆槽内，但也要便于安装和检修。底层的横支管一般埋设在地下，排出管埋在底层地下或吊在地下室的顶板下。

排水管道的连接应符合下列要求：

（1）卫生器具排水管与排水横支管垂直连接，宜采用 90° 斜三通。

（2）排水管道的横管与立管连接，宜采用 45° 斜三通或 45° 斜四通和顺水三通或顺水四通。

（3）排水立管与排出管端部的连接，直采用两个 45° 弯头或 90° 弯头或 90° 变径弯头。

（4）排水立管应避免在轴线偏置，当受条件限制时宜用乙字管或两个 45° 弯头连接。

（5）当排水支管和立管接入横干管时，应在横干管管顶或其两侧的 45° 范围内采用 45° 斜三通接入。

（6）排水立管必须采取可靠的固定措施，宜在每层或间层管井平台处固定。

（7）排出管穿过基础或承重墙处要预留孔洞，管顶上部的净空不得小于建筑物的沉降，一般不小于 0.15 m，以防止建筑物沉降时，排水管发生破裂。预留孔洞的尺寸如表 3-8。

表 3-8　排出管穿过基础或承重墙处预留孔洞

管径/mm	50～75	≥100
洞口尺寸/mm	300×300	$(D+300)\times(D+200)$

（8）设备间接排水宜排入邻近的洗涤盆、地漏，无法满足时，可设置排水明沟、排水漏斗或容器。间接排水的漏斗或容器不得产生溅水、溢流，并应布置在容易检查、清洁的位置。间接排水口最小空气间隙宜按表 3-9 所示数据确定。

表 3-9　间接排水口最小空气间隙

管径/mm	25	32、50	>50
排水口最小空气间隙/mm	50	100	150

3.4.3　排水通气管系统

1．通气管系统的作用

建筑内部排水管道内呈水气两相流动，要尽可能迅速、安全地将污废水排到室外，必须设置通气管系统。排水通气管系统的作用是将排水管道内散发的有毒有害气体排放到一定空间的大气中去，以满足卫生要求；同时，通气管向排水管道内补给空气，减少气压波动幅度。

2．通气管系统的类型

通气管系统的类型有伸顶通气管、专用通气系统和辅助通气系统，如图 3-34 所示。

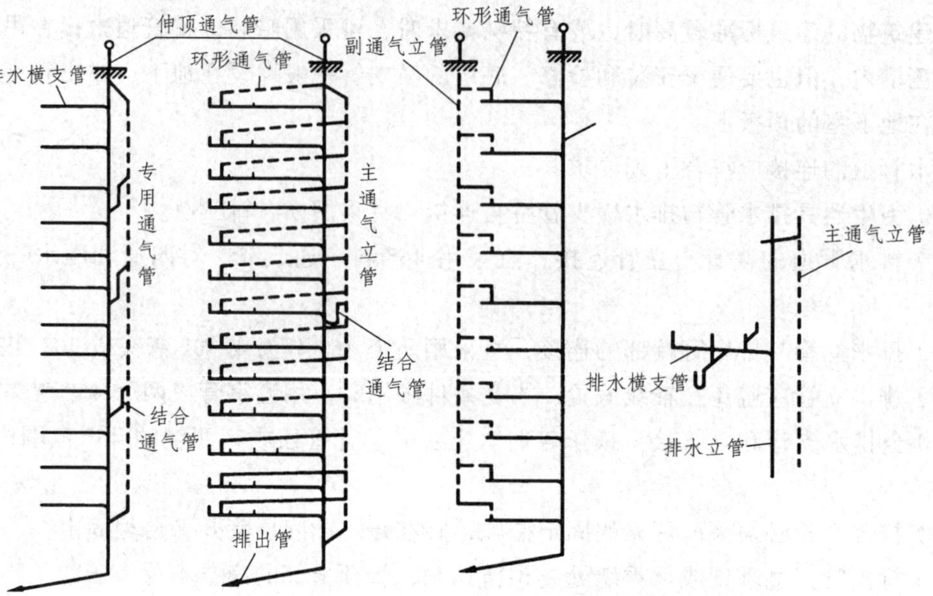

图 3-34 几种典型的通气方式

1）伸顶通气管

层数不高，卫生器具不多的建筑物，可将排水立管上端延长并伸出屋顶，这一段管叫伸顶通气管。

2）专用通气管

专用通气管指仅与排水主管连接，为污水主管内空气流通而设置的垂直通气管道。对于层数较高、卫生器具较多的建筑物，因排水量大，空气的流动易受排水过程干扰，需设专用通气管道，将其与排水管与通气管分开。

3）辅助通气系统

辅助通气系统由主通气立管或副通气立管、伸顶通气管、环形通气管、器具通气管和结合通气管组成，其通气标准高于专用通气系统。

（1）主通气管为连接环形通气管和排水管，并为排水支管和排水主管内空气流通而设置的垂直管道。

（2）副通气立管指仅与环形通气管连接，为使排水横支管内空气流通而设置的通气管道。

（3）环形通气管指在多个卫生器具的排水横支管上，从最始端卫生器具的下游端接至通气立管的那一段通气管段。

（4）器具通气管指卫生器具存水弯出口端在高于卫生器具上一定高度处与主通气立管连接的通气管段。

（5）结合通气管指排水立管与通气立管的连接管段。

3．通气管道布置与敷设

（1）生活排水管道和散发有毒有害气体的生产污水管道应设伸顶通气管。

伸出屋顶的通气管高出屋面不得小于 0.3 m，且应大于最大积雪厚度，通气管顶端应装设风帽或网罩，当冬季采暖温度高于 – 15 °C 的地区，可采用铅丝球。在通气管口周围 4 m 以内有门窗时，通气管口应高出窗顶 0.6 m 或引向无门窗一侧；在经常有人停留的平屋面上，通气管应高出屋面 2 m，并应根据防雷要求考虑防雷装置。

（2）建筑标准要求较高的多层住宅和公共建筑、10 层及 10 层以上高层建筑的生活污水立管宜设置专用通气立管。

（3）连接 4 个及 4 个以上卫生器具，且长度大于 12 m 的排水横支管；连接 6 个及 6 个以上大便器的污水横支管；设有器具通气管的排水管段上应设置环形通气管。环形通气管应在横支管始端的两个卫生器具之间接出，并应在排水横支管中心线以上与排水横支管呈垂直或 45° 连接。建筑物内各层的排水管道上设有环形通气管时，应设置连接各层环形通气管的主通气立管或副通气立管。

（4）对卫生、安静要求较高的建筑物内，生活排水管道宜设器具通气管。器具通气管应设在存水弯出口端。

（5）器具通气管和环形通气管应在卫生器具上边缘以上不小于 0.15 m 处按不小于 0.01 的上升坡度与通气立管连接。

（6）专用通气立管应每隔 2 层，主通气立管每隔 8 ~ 10 层设结合通气管与排水立管连接。结合通气管下端宜在排水横支管以下与排水立管以斜三通连接，上端可在卫生器具上边缘以上不小于 0.15 m 处与通气立管以斜三通连接。

（7）专用通气立管和主通气立管的上端可在最高层卫生器具上边缘或检查口以上与排水立管通气部分以斜三通连接；下端应在最低排水横支管以下与排水立管以斜三通连接。

（8）通气立管不得接纳污水、废水和雨水，不得与风道和烟道连接。

（9）伸顶通气管不允许或不能单独伸出屋面时，可设置汇合通气管。

（10）在建筑物内不得设置吸气阀替代通气管。

3.5 排水管道系统的水力计算

3.5.1 排水定额

建筑室内的排水定额有两个：一个是以每人每日为标准，另一个是以卫生器具为标准。

每人每日排放的污水量和时变化系数与气候、建筑物内卫生设备完善程度有关。从用水设备流出的生活给水使用后损失很小，绝大部分被卫生器具收集排放，所以生活排水定额和时变化系数与生活给水相同。生活排水的平均时排水量和最大时排水量的计算方法与建筑内部的生活给水量计算方法相同，计算结果主要用来设计污水泵和化粪池等。

卫生器具排水定额是经过实测得来的，主要用来计算建筑内部各个管段的管径。某管段的设计流量与其接纳的卫生器具类型、数量及使用频率有关。为了便于累加计算，与建筑内部给水相似，以污水盆排水量 0.33 L/s 为一个排水当量，将其他卫生器具的排水量与 0.33 L/s 的比值，作为该种卫生器具的排水当量。由于卫生器具排水具有突然、迅速、流量大的特点，所以，一个排水当量的排水流量是一个给水当量额定流量的 1.65 倍。各种卫生器具的排水流量和当量值见表 3-10。

表 3-10　各种卫生器具排水流量、当量和排水管的管径

序号	卫生器具名称	卫生器具类型	排水流量 /（L/s）	排水当量	排水管管径 /mm
1	洗涤盆、污水盆（池）		0.33	1.00	50
2	餐厅、厨房洗菜盆（池）	单格洗涤盆（池）	0.67	2.00	50
		双格洗涤盆（池）	1.00	3.00	50
3	盥洗槽（每个水嘴）		0.33	1.00	50～75
4	洗手盆		0.10	0.30	32～50
5	洗脸盆		0.25	0.75	32～50
6	浴盆		1.00	3.00	50
7	淋浴器		0.15	0.45	50
8	大便器	冲洗水箱	1.50	4.50	100
		自闭式冲洗阀	1.20	3.60	100
9	医用倒便器		1.50	4.50	100
10	小便器	自闭式冲洗阀	0.10	0.30	40～50
		感应式冲洗阀	0.10	0.30	40～50
11	大便槽	≤4 个蹲位	2.50	7.50	100
		＞4 个蹲位	3.00	9.00	150
12	小便槽（每米）	自动冲洗水箱	0.17	0.50	—
13	化验盆（无塞）		0.20	0.60	40～50
14	净身器		0.10	0.30	40～50
15	饮水器		0.05	0.15	25～50
16	家用洗衣机		0.50	1.50	50

注：家用洗衣机下排水软管直径为 30 mm，上水软管内径为 19 mm。

3.5.2　排水设计秒流量

建筑内部排水管道的设计流量是确定各管段管径的依据，因此，排水设计流量的确定应符合建筑内部排水规律。建筑内部排水流量与卫生器具的排水特点和同时排水的卫生器具数量有关，具有历时短、瞬时流量大、两次排水时间间隔长、排水不均匀的特点。为保证最不利时刻的最大排水量能迅速、安全地排放，某管段的排水设计流量应为该管段的瞬时最大排水流量，又称为排水设计秒流量。

按建筑物的类型，我国生活排水设计秒流量计算公式有两个：

（1）住宅、宿舍（Ⅰ类、Ⅱ类）、旅馆、宾馆、酒店式公寓、医院、疗养院、幼儿园、养老院、办公楼、商场、图书馆、书店、客运中心、航站楼、会展中心、中小学校教学楼、食堂或营业餐厅等建筑用水设备使用不集中，用水时间长，同时排水百分数随卫生器具数量增加而减少，其设计秒流量计算公式为

$$q_p = 0.12\alpha\sqrt{N_P} + q_{max} \tag{3-3}$$

式中 q_p——计算管段排水设计秒流量，L/s；

N_P——计算管段的卫生器具排水当量总数；

q_{max}——计算管段上排水量最大的一个卫生器具的排水流量，L/s；

α——根据建筑物用途而定的系数，按表 3-11 确定。

当按上式计算排水量时，若计算所得流量值大于该管段上按卫生器具排水流量累加值时，应按卫生器具排水流量累加值确定设计秒流量。

表 3-11 根据建筑物用途而定的系数

建筑物名称	宿舍（Ⅰ类、Ⅱ类）、住宅、旅馆、酒店式公寓、医院、疗养院、幼儿园、养老院的卫生间	旅馆和其他公共建筑的盥洗间和厕所间
系　数	1.5	2.0～2.5

（2）宿舍（Ⅲ类、Ⅳ类）、工业企业生活间、公共浴室、洗衣房、职工食堂或营业餐厅的厨房、实验室、影剧院、体育场馆等建筑的卫生设备使用集中，排水时间集中，同时排水百分数大，其排水设计秒流量计算公式为

$$q_p = \sum q_0 N_0 b \tag{3-4}$$

式中 q_p——计算管段排水设计秒流量，L/s；

q_0——计算管段上同类型的一个卫生器具排水流量，L/s；

N_0——计算管段上同类型卫生器具数；

b——卫生器具的同时排水百分数，冲洗水箱、大便器的同时排水百分数按 12% 计算，其他卫生器具的同时排水百分数同给水。

对于有大便器接入的排水管网起端，因卫生器具较少，大便器的同时排水百分数较小（如冲洗水箱、大便器仅定为 12%），按以上公式计算的排水设计秒流量可能会小于一个大便器的排水流量，这时应按一个大便器的排水量作为该管段的排水设计秒流量。

3.5.3 排水管道系统水力计算

建筑内部排水管道计算是在排水管道平面布置完成及绘出管道系统图后进行的，其目的在于经济合理地确定排水系统中各管段的管径、坡度以及通气管的管径，从而保证排水系统的正常工作。

1．横管的水力计算

为保证管道系统有良好的水力条件，稳定管内气压，防止水封破坏，保证良好的室内环境卫生，在设计计算横支管和横干管时，须满足下列规定：

1）最大设计充满度

建筑内部排水横管按非满流设计，以便使污废水释放出的气体能自由流动排入大气，调节排水管道系统内的压力，接纳意外的高峰流量。建筑内部排水横管的最大设计充满度见表 3-12。

表 3-12　建筑内部排水管道设计坡度和最大设计充满度

管　材	管径/mm	坡　度		最大设计充满度
		通用坡度	最小坡度	
塑料管	50	0.025	0.012	0.5
	75	0.015	0.007	
	110	0.012	0.004	
	125	0.010	0.0035	
	160	0.007	0.003	0.6
	200	0.005	0.003	
	250	0.005	0.003	
	315	0.005	0.003	
铸铁管	50	0.035	0.025	0.5
	75	0.025	0.015	
	100	0.020	0.012	
	125	0.015	0.010	
	150	0.010	0.007	0.6
	200	0.008	0.005	

2）管道坡度

污水中含有固体杂质，如果管道坡度过小，污水的流速慢，固体杂物会在管内沉淀淤积，减小过水断面积，造成排水不畅或堵塞管道，为此对管道坡度作了规定。建筑内部生活排水管道的坡度有通用坡度和最小坡度两种，见表 3-12。通用坡度是指正常条件下应予以保证的坡度；最小坡度为必须保证的坡度。一般情况下应采用通用坡度，当横管过长或建筑空间受限制时，可采用最小坡度。粘接、熔接塑料排水横支管的标准坡度均为 0.026。

3）管道流速

（1）最小允许流速。

为了使污水中的杂质不致于沉淀在管道底部而使管道堵塞，因此，规定一个最小允许流速，亦称自清流速，其具体数值见表 3-13。

表 3-13　排水管道允许流速值

排水铸铁管（在设计充满度下）		明渠（沟）	雨水、污水合流管道
管径/mm	最小允许流速/（m/s）	最小允许流速/（m/s）	最小允许流速/（m/s）
<150	0.60	0.40	0.75
150	0.65		
200～300	0.70		

（2）最大允许流速。

为了保证管壁不被污水中的坚硬杂质因高速流动所磨损和冲刷，规定了各种材质排水管道的最大允许流速，其值见表 3-14。

表 3-14　各类管道内最大允许流速值

管道材料	排水类型	
	生活污水	含有杂质的工业废水、雨水
	允许流速/（m/s）	
金属管道	7.0	10.0
陶土及陶瓷管道	5.0	7.0
混凝土、钢筋混凝土管、石棉水泥管及塑料管	4.0	7.0

4）最小管径

室内排水管的管径和管道坡度在一般情况下是根据卫生器具的类型和数量按经验资料确定其最小管径：

（1）为了排水通畅，防止管道堵塞，保障室内环境卫生，规定了建筑内部排水管的最小管径为 50 mm。

（2）医院洗涤盆和污水盆内往往有一些棉花球、纱布、玻璃渣和竹签等杂物落入，为防止管道堵塞，管径不小于 75 mm。

（3）厨房排放的污水中含有大量的油脂和泥沙，容易在管道内壁附着聚集，减小管道的过水面积。为防止管道堵塞，多层住宅厨房间的排水立管管径最小为 75 mm，公共食堂厨房排水管实际选用的管径应比计算管径大一号，且干管管径不小于 100 mm，支管管径不小于 75 mm。

（4）浴室泄水管的管径宜为 100 mm。

（5）小便槽或连接 3 个及 3 个以上小便器排水管，应考虑冲洗不及时而结尿垢的影响，管径不得小于 75 mm。

（6）大便器具是唯一没有十字栏栅的卫生器具，瞬时排水量大，污水中的固体杂质多。凡连接大便器的支管，即使仅连接 1 个大便器，其最小管径也为 100 mm。

（7）大便槽的排水管管径最小应为 150 mm。

（8）浴池的泄水管管径宜采用 100 mm。

（9）当建筑底层无通气的排水管道与其楼层管道分开单独排出时，其排水横支管管径可按表 3-15 确定。

表 3-15　无通气的底层单独排出的排水横支管最大设计排水能力

排水横支管管径/mm	50	75	100	125	150
最大设计排水能力/（L/s）	1.0	1.7	2.5	3.5	4.8

2．立管水力计算

排水立管的通水能力与管径、系统是否通气、通气的方式和管材有关，不同管径、不同通气方式、不同管材的排水立管的最大允许排水流量见表 3-16。立管管径不得小于所连接的横支管管径。

表 3-16　生活排水立管最大设计排水能力

排水立管系统类型			最大设计排水能力/（L/s）				
			排水立管管径/mm				
			50	75	100（110）	125	150（160）
伸顶通气	立管与横支管连接配件	90 mm 顺水三通	0.8	1.3	3.2	4.0	5.7
		45 mm 斜三通	1.0	1.7	4.0	5.2	7.4
专用通气	专用通气管（75 mm）	结合通气管每层连接	—	—	5.5	—	—
		结合通气管隔层连接	—	3.0	4.4	—	—
	专用通气管（100 mm）	结合通气管每层连接	—	—	8.8	—	—
		结合通气管隔层连接	—	—	4.8	—	—
主、副通气立管+环形通气管			—	—	11.5	—	—
自循环通气	专用通气形式		—	—	4.4	—	—
	环形通气形式		—	—	5.9	—	—
特殊单立管	混合器		—	—	4.5	—	—
	内螺旋管+旋流器	普通型	—	1.7	3.5	—	8.0
		加强型	—	—	6.3	—	—

注：1. 排水层数在 15 层以上时，宜乘 0.9 系数。

2. 管径 *DN*100 的塑料排水管公称外径为 *De*110，管径 *DN*150 的塑料排水管公称外径为 *De*160。

3. 塑料管、螺旋管、特制配件单立管的排出管、横干管以及与之连接的立管底部（最低排水横支管以下）应放大一号管径。

当排水立管上端不可能设置伸顶通气管时，应按不通气的排水立管最大排水能力确定其管径，见表 3-17。

表 3-17　不通气的排水立管最大排水能力

立管工作高度/m	排水能力/（L/S）			
	立管管径/mm			
	50	75	100	125
≤2	1.0	1.70	3.80	5.0
3	0.64	1.35	2.40	3.4
4	0.50	0.92	1.76	2.7
5	0.40	0.70	1.36	1.9
6	0.40	0.50	1.00	1.5
7	0.40	0.50	0.76	1.2
≥8	0.40	0.50	0.64	1.0

注：1. 排水立管工作高度，按最高排水横支管和立管连接点至排出管中心线间的距离计算。

2. 如排水立管工作高度在表中列出的两个高度值之间时，可用内插法求得排水立管的最大排水能力数值。

3．通气管道计算

通气管的管径，应根据排水管的排水能力、管道长度确定。通气管的最小管径不宜小于排水管管径的 1/2，可按表 3-18 所示的数据确定。

排水立管上部的伸顶通气管的管径可与排水立管的管径相同。但在最冷月平均气温低于 – 13 °C 的地区，应在室内平顶或吊顶以下 0.3 m 处将管径放大一号，以免管口结霜减少断面积。

专用通气立管、主通气立管、副通气立管、器具通气管、环形通气管的最小管径可按表 3-10 确定。但通气立管长度在 50 m 以上者，其管径应与排水立管管径相同；通气立管长度小于等于 50 m 且两根及两根以上排水立管同时与一根通气立管相连接，应以最大一根排水立管按表 3-18 确定通气立管管径，且其管径不宜小于其余任何一根排水立管的管径。

表 3-18　通气管最小管径

通气管名称	排水管径/mm				
	50	75	100	125	150
器具通气管	32		50	50	—
环形通气管	30	40	50	50	—
同期立管	40	50	75	100	100

结合通气管的管径不宜小于与其连接的通气立管的管径。

当两根或两根以上污水立管的通气管汇合连接时，汇合通气管的断面积应为最大一根通气管的断面积加其余通气管段面积之和的 0.25 倍，其管径可按式（3-5）计算：

$$D_{H} \geqslant \sqrt{d_{max}^2 + 0.25\sum d_i^2} \tag{3-5}$$

式中　D_H——汇合通气横干管和总伸顶通气管管径，mm；

d_{max}——最大一根通气管管径，mm；

d_i——其余通气立管管径，mm。

用式（3-5）计算出的管径若为非标准管径时，应靠上一号标准管径确定出汇合通气管的管径。

3.6　污废水的提升和局部处理

3.6.1　污废水提升

民用和公共建筑的地下室、人防建筑、消防电梯底部集水坑内以及工业建筑内部标高低于室外地坪的车间和其他用水设备房间排放的污废水，若不能流排至室外检查井时，必须提升排出，以保持室内良好的卫生环境。建筑内部污废水提升包括污水泵的选择，污水集水池容积确定和排水泵房设计。

1．排水泵房

排水泵房应设在靠近集水池，通风良好的地下室或底层单独的房间内，以控制和减少对环境的污染。对卫生环境有特殊要求的生产厂房和公共建筑内，有安静和防震要求房间的邻近和下面不得设置排水泵房。排水泵房的位置应使室内排水管道和水泵水管尽量简洁，并考虑维修检测的方便。

2．排水泵

建筑物内使用的排水泵有潜水排污泵、液下排水泵、立式污水泵和卧式污水泵等。因潜水排污泵和液下排水泵在水面以下运行，无噪声和振动，水泵在集水池内，不占场地，自灌问题也自然解决，所以，应优先选用，其中，液下排污泵一般在重要场所使用。当潜水排污泵电机功率大于等于 7.5 kW 或出水口管径大于等于 *DN*100 时，可采用固定式；当潜水排污泵电机功率小于 7.5 kW 或出水口管径小于 *DN*100 时，可采用软管移动式。立式和卧式污水泵因占用场地，要设隔振装置，必须设计成自灌式，所以使用较少。

排水泵的流量应按生活排水设计秒流量选定；当有排水量调节时，可按生活排水最大小时流量选定。消防电梯集水池内的排水泵流量不小于 10 L/s。排水泵的扬程按提升高度、管道水头损失和 0.02 ~ 0.03 MPa 的附加自由水头确定。排水泵吸水管和出水管流速应在 0.7 ~ 2.0 m/s。

公共建筑内应以每个生活排水集水池为单元设置一台备用泵，平时宜交互运行。设有两台及两台以上排水泵排除地下室、设备机房、车库冲洗地面的排水时可不设备用泵。

为使水泵各自独立，自动运行，各水泵应有独立的吸水管。当提升带有较大杂质的污废水时，不同集水池内的潜水排污泵出水管不应合并排出。当提升一般污废水时，可按实际情况考虑不同集水池的潜水排污泵出水管合并排出。排水泵较易堵塞，其部件易磨损，需要经常检修，所以，当两台或两台以上的水泵共用一条出水管时，应在每台水泵出水管上装设阀门和止回阀；单台水泵排水有可能产生倒灌时，应设止回阀。不允许压力排水管与建筑内重力排水管合并排出。

如果集水池不设事故排出管，水泵应有不间断的动力供应；如果能关闭排水泵进水管时，可不设不间断动力供应，但应设置报警装置。排水泵应能自动启闭或现场手动启闭。多台水泵可并联交替运行，也可分段投入运行。

3．集水池

在地下室最低层卫生间和淋浴间的底板下或邻近、地下室水泵房和地下车库内、地下厨房和消防电梯井附近、人防工程出口处应设集水池，消防电梯集水池池底低于电梯井底不小于 0.7 m。为防止生活饮用水受到污染，集水池与生活给水贮水池的距离应在 10 m 以上。

集水池容积不宜小于最大一台水泵 5 min 的出水量，且水泵 1 小时内启动次数不宜超过 6 次。设有调节容积时，有效容积不得大于 6 小时生活排水平均小时流量。消防电梯井集水池的有效容积不得小于 2.0 m^3 时，工业废水按工艺要求确定。

为保持泵房内的环境卫生，防止管理和检修人员中毒，设置在室内地下室的集水池池盖应密闭并设与室外大气相连的通气管；汇集地下车库、泵房、空调机房等处地面排水的集水池和地下车库坡道处的雨水集水井可采用敞开式集水池（井），但应设强制通风装置。

集水池的有效水深一般取 11.5 m，保护高度取 0.3 ~ 0.5 m。因生活污水中有机物分解成酸性物质，腐蚀性大，所以生活污水集水池内壁应采取防腐防渗漏措施。池底应坡向吸水坑，坡度不小于 0.05，并在池底设冲洗管，利用水泵出水进行冲洗，防止污泥沉淀。为防止堵塞水泵，收集含有大块杂物排水的集水池入口处应设格栅，敞开式集水池（井）顶应设置格栅盖板，否则，潜水排污泵应带有粉碎装置。为便于操作管理，集水池应设置水位指示装置，必要时应设置超警戒水位报警装置，将信号引至物业管理中心。污水泵、阀门、管道等应选择耐腐蚀、大流通量、不易堵塞的设备器材。

3.6.2 污废水局部处理

1．化粪池和生活污水局部处理

化粪池是一种利用沉淀和厌氧发酵原理去除生活污水中悬浮性有机物的最初级处理构筑物。当建筑物所在的城镇或小区内没有集中的污水处理厂，或虽然有污水处理厂但已超负荷运行时，建筑物排放的污水在进入水体或城市管网前，应进行简单处理，目前一般采用化粪池。

生活污水中含有大量粪便、纸屑、病原虫等杂质，悬浮物固体浓度为 100 ~ 350 mg/L，有机物浓度 BOD_5 为 100 ~ 400 mg/L，其中悬浮性有机物 BOD_5 为 50 ~ 200 mg/L，污水进入化粪池经过 12 ~ 24 h 的沉淀，去除 50% ~ 60% 的悬浮物。沉淀下来的污泥经过 3 个月以上的厌氧消化，使污泥中的有机物分解成稳定的无机物，易腐败的生污泥转化为稳定的熟污泥，改变了污泥的结构，降低了污泥的含水率，熟污泥定期清掏外运、填埋或用作肥料。

污水在化粪池中的停留时间是影响化粪池出水的重要因素。在一般平流式沉淀池中，污水中悬浮固体的沉淀效率在 2 h 内最显著。但是，因为化粪池服务人数较少，排水量少且不连续，进入化粪池的水不均匀；矩形化粪池的长宽比和宽深比很难达到平流式沉淀池的水力条件；化粪池进出水配水不均匀，易形成短流；池底污泥厌氧消化产生的大量气体上升，破坏了水流的层流状态，干扰了颗粒的沉降。所以，化粪池的停留时间取 12 ~ 24 h。

污泥清掏周期是指污泥在化粪池内的平均停留时间，一般不少于 90 天。污泥清掏周期与新鲜污泥的发酵时间有关。

化粪池多设于建筑物背向大街一侧靠近卫生间的地方，应尽量隐蔽，不宜设在人们经常活动之处。化粪池宜设置在接户管的下游端，便于机动车清掏的位置。化粪池距建筑物的净距不小于 5 m，因为化粪池出水处理不彻底，含有大量细菌，为防止污染水源，化粪池距地下取水构筑物不得小于 30 m。

化粪池的设计主要是计算化粪池容积，按《给水排水国家标准图集》选用化粪池标准图。化粪池总容积由有效容积 V_w 和保护层容积 V_n 组成，保护层容积根据化粪池大小确定，保护层高度一般为 250 ~ 450 mm。有效容积由污水所占容积 V_w 和污泥所占容积组成。

$$V = V_w + V_n \tag{3-6}$$

$$V_w = \frac{m \cdot b_1 \cdot q_w \cdot t_w}{24 \times 1\,000}$$

$$V_n = \frac{m \cdot b_1 \cdot q_n \cdot t_n \cdot (1-b_x) \cdot M_s \times 1.2}{(1-b_n) \times 1\,000}$$

式中 V_w——化粪池有效容积，m^3；

V_n——化粪池保护层容积，m^3s；

q_w——每人每日计算污水量，L/（人·d），见表 3-19；
t_w——污水在池中停留时间，h，应根据污水量确定，宜采取 12～24 h；
q_n——每人每日计算污泥量，L/（人·d），见表 3-20；
t_n——污泥清掏周期应根据污水温度和当地气候条件确定，宜采用 3-12 个月；
b_x——新鲜污泥含水率可按 95% 计算；
b_n——发酵浓缩后的污泥含水率可按 90% 计算；
M_S——污泥发酵后体积缩减系数宜取 0.8。

表 3-19　化粪池每人每日计算污水量

分　类	生活污水与生活废水合法排入	生活污水单独排入
每人每日污水量/L	（0.85～0.95）用水量	15～20

表 3-20　化粪池每人每日计算污泥量

建筑物分类	生活污水与生活废水合流排入	生活污水单独排入
食住宿的建筑物	0.7	0.4
人员逗留时间大于 4 h 并小于等于 10 h 的建筑物	0.3	0.2
人员居留时间小于等于 4 h 的建筑物	0.1	0.07

表 3-21　化粪池使用人数百分比

建筑物名称	百分数/%
医院、疗养院 、养老院、幼儿园（有住宿）	100
住宅、宿舍、旅馆	70
办公楼、教学楼、试验楼、工业企业生活间	40
职工食宜、餐饮业、影剧院、体育场（馆）、商场和其他场所（按座位）	5～10

化粪池有矩形和圆形两种，化粪池的长度与深度、宽度的比例应按污水中悬浮物的沉降条件和积存数量，经水力计算来确定，但深度（水面至池底）不得小于 1.30 m，宽度不得小于 0.75 m，长度不得小于 1.00 m，圆形化粪池直径不得小于 1.00 m；双格化粪池第一格的容量应为计算总容量的 75%；二格化粪池第一格的容量宜为总容量的 60%，第二格和第三格各宜为总容量的 20%。化粪池格与格、池与连接井之间应设通气孔洞。化粪池进水口、出水口应设置连接井与进水管、出水管相接。化粪池进水管口应设导流装置，出水口处格与格之间应设拦截污泥浮渣的设施。化粪池的池壁和池底，应防止渗漏。化粪池页板上应设有人孔和盖板。

化粪池具有结构简单、便于管理、不消耗动力和造价低等优点，在我国已推广使用多年，但实践中发现化粪池有许多缺点，如有机物去除率低，仅为 20% 左右，沉淀和厌氧消化在一个池内进行，污水与污泥接触，使化粪池出水呈酸性，有恶臭。另外，化粪池距建筑物较近，清掏污泥时臭气污染空气，影响环境卫生。

2. 隔油井（池）

公共食堂和饮食业排放的污水中含有植物和动物油脂。污水中含油量的多少与地区、生活习惯有关，一般在 50 ~ 150 mg/L。厨房洗涤水中含油约 750 mg/L。据调查，含油量超过 400 mg/L 的污水进入排水管道后，随着水温的下降，污水中夹带的油脂颗粒开始凝固，并黏附在管壁上，使管道过水断面减小，最后完全堵塞管道。所以，公共食堂和饮食业的污水在排入城市排水管网前，应去除污水中的可浮油（占总含油量的 65% ~ 70%），目前一般采用隔油池。设置隔油池还可以回收废油脂，制造工业用油，变废为宝。

汽车洗车台、汽车库及其他类似场所排放的污水中含有汽油、煤油、柴油等矿物油。汽油等轻油进入管道后挥发并聚集于检查井，达到一定浓度后会发生爆炸引起火灾，破坏管道，所以也应设隔油池进行处理。

图 3-35 所示为隔油井示意图，含油污水进入隔油井后，过水断面增大，水平流速减小，污水中密度小的可浮油自然上浮至水面，收集后去除。为了提高油脂去除率，可在隔油井内曝气，气水比取 0.2，气泡直径为 10 ~ 20 μm。

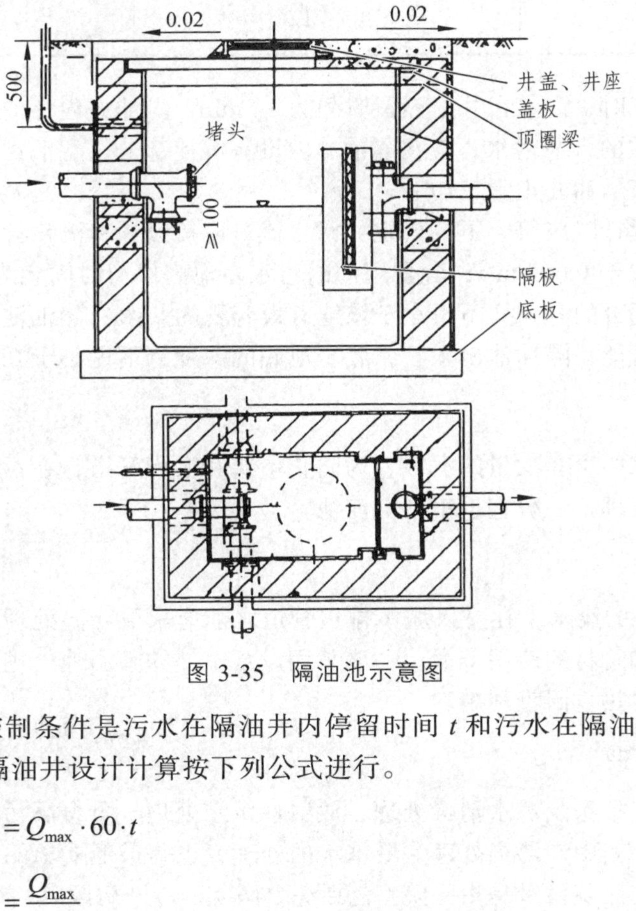

图 3-35　隔油池示意图

隔油井设计的控制条件是污水在隔油井内停留时间 t 和污水在隔油井内水平流速 v，取值如表 3-22 所示。隔油井设计计算按下列公式进行。

$$V = Q_{\max} \cdot 60 \cdot t \tag{3-7}$$

$$A = \frac{Q_{\max}}{v}$$

$$L = \frac{V}{A}$$

$$B = \frac{A}{h}$$

式中　V——隔油井有效容积，m^3；

Q_{max}——含油污废水设计流量，m^3/s；

t——污水在隔油井中的停留时间（查表 3-22），min；

v——污水在隔油井中的水平速度，m/s；

A——隔油井中过水断面积，m^2；

B——隔油井宽，m；

h——隔油井有效水深（取值大于 0.6 m）。

表 3-22　污水在隔油池中停留时间和水平流速

含油污水种类	停留时间 t/min	水平流速旷/（m/s）
含食用油污水	2～10	0.005
含矿物油污水	0.5～1.0	0.002～0.01 0.002～0.010

隔油井采用曝气时，污水在井中停留时间为 30 min，隔油井内存油部分容积取有效容积的 25%，对夹带杂质的含油污水，应在隔油井内设有沉淀部分，生活污水和其他污水不得排入隔油井内，以保障隔油井正常工作。

隔油井（池）设计时应符合下列规定：污水流量应按设计秒流量计算；含食用油的污水在池内的流速不得大于 0.005 m/s；含食用油的污水在池内停留时间宜为 2～10 min；人工除油的隔油池内存油部分的容积，不得小于该池有效容积的 25%；隔油池应设活动盖板，进水管应考虑有清通的可能；隔油池出水管管底至池底的深度，不得小于 0.6 m。

3．小型沉淀池

汽车库冲洗废水中含有大量的泥沙，为防止堵塞和淤积管道，在污废水排入城市排水管网之前应进行沉淀处理，一般宜设小型沉淀池。

4．降温池

温度高于 40 °C 的废水，在排入城镇排水管道之前应采取降温处理，否则，会影响维护管理人员身体健康和管材的使用寿命。一般采用设于室外的降温池处理。对于温度较高的废水，宜考虑将其所含热量回收利用。

5．医院污水处理

医院污水处理包括医院污水消毒处理、放射性污水处理、重金属污水处理、废弃药物污水处理和污泥处理。其中，消毒处理是最基本的处理，也是最低要求的处理。

需要消毒处理的医院污水是指医院（包括综合医院、传染病医院、专科医院、疗养病院）和医疗卫生的教学及科学机构排放的被病毒、病菌、螺旋体和原虫等病原体污染了的水。这些水如不进行消毒处理，排入水体后会污染水源，导致传染病流行，危害很大。

项目小结

本项目主要介绍了排水系统的分类、体制及组成，介绍了常用的排水管材及附件、排水管道中气体流动规律及管道的布置和敷设、排水管道系统的水力计算、污废水的提升和局部处理等建筑内部排水相关知识。需要重点掌握排水管材和附件的选用，掌握排水管道的布置和敷设，掌握污废水提升及处理设备的选用。

思考与习题

1. 建筑内部排水系统可分为哪几类？
2. 什么是建筑内部排水体制？设计中如何确定建筑内部排水体制？
3. 建筑内部排水系统一般由哪些部分组成？
4. 常见的卫生器具有哪些？
5. 建筑内部排水系统常用的管材有哪些？各有什么特点？如何选用？
6. 建筑内部排水的流动特点？
7. 在进行建筑内部排水管道的布置和敷设时应注意哪些原则和要求？
8. 通气管的作用是什么？可分为哪几类？
9. 如何选择设计秒流量计算公式？如何进行设计秒流量的校核？
10. 污废水的处理分哪几类？

4 城市轨道交通给排水系统

近年来，城市轨道交通行业迅猛发展，很多城市建设了多条城市轨道交通线路并投入运营。城市轨道交通的发展有效地缓解了交通拥堵，提高了城市交通的效率，同时带动了城市周边的经济发展。

城市轨道交通给排水系统主要为其车站、区间、停车场和车辆段提供生产用水、生活用水、消防用水；排出生产废水、生活污水、消防废水、雨水、结构渗水等。

城市轨道交通迅速发展的同时，它发生的灾害也越来越引起人们的重视。近年来，地铁水淹事件屡见报端，2021 年 3 月 12 日，某地铁 3 号线车站水淹，同年 5 月 20 日某轨道交通 15 号线区间水淹，都是影响面大，造成运营延误甚至车站关闭。地铁发生水淹，相较于列车脱轨、火灾等事故来说，直接导致人员伤亡率不大，但导致的次生灾害更多、治理难度更大，造成的社会影响和经济损失不容小觑。作为地铁机电从业人员，要落实排水设备设施定期保养制度，重点对水泵、水位检测仪、管道等设备定期巡视、保养，合理分配和布置防汛物资，对防汛设备进行定期检查和保养，增强责任意识，树立严谨的工作作风，时刻把安全放在首位。

在所有的灾害中，火灾是不容忽视的问题。城市轨道交通建筑大多属于相对封闭的地下建筑且人流密集，一旦发生火灾，灭火和救援的难度都比较大，消防系统的作用便显得尤为重要。作为机电设备从业人员，要有高度的安全责任感，掌握消防系统的工作原理和完好状态标准，确保灾难来临时消防设备能及时响应、正常工作。这既是岗位职责的要求，也是职业道德的底线。

知识目标

- 熟悉城市轨道交通给排水系统的给水方式。
- 掌握城市轨道交通行业中的三种水消防系统的特点，掌握消防泵的特点及控制方式。
- 掌握电伴热系统的原理及操作模式，掌握潜污泵、密闭式污水装置的铭牌定义，作用过程、控制方式。
- 掌握城市轨道交通行业中给排水系统的管道、阀门及室外给排水设施的特点、选用原则。

能力目标

- 具备正确布置地铁给排水系统管网的能力。
- 能正确操作和控制给排水设备设施。

4.1 给排水系统

城市轨道交通按照各子系统可分为：生产、生活给水系统，消防给水系统，排水系统。

4.1.1 生产、生活给水系统

由于市政自来水基本能够满足车站生产、生活用水，且城市轨道交通车站内生产用水、生活用水需求并不大，一般均采用市政自来水直接供水，不设单独水源。从全国城市轨道交通行业来讲，给水系统主要区别为给水管道的材质。目前，车站生活用水管材质主要采用不锈钢水管、镀锌钢管、衬塑钢管等。

地铁给水系统一般采用生产、生活与消防分开的给水方式，以城市自来水作为供水水源。根据车站用水量，由设计单位确定进水管管径，向市政部门提报需求，并由市政部门预留接口。与其他建筑物类似，城市轨道交通给水系统主要功能为提供生产、生活用水，它必须保证以足够的水量、合格的水质、充裕的水压供应生活用水、生产用水和其他用水，满足实际需要。

车站从市政管道引入的生产、生活给水引入管，是一根负责车站所有供水的干管，该管道根据生产、生活需要，向站内各个供水点分别供水，供水点包括冲洗栓箱，卫生间的洗手池、拖把池、便池冲水装置，空调水补水等，从结构原理来讲，供水原理类似一棵大树，从根部向各个枝干提供营养，所以车站生产、生活给水系统的管网称为枝状管网，如图 4-1 所示。

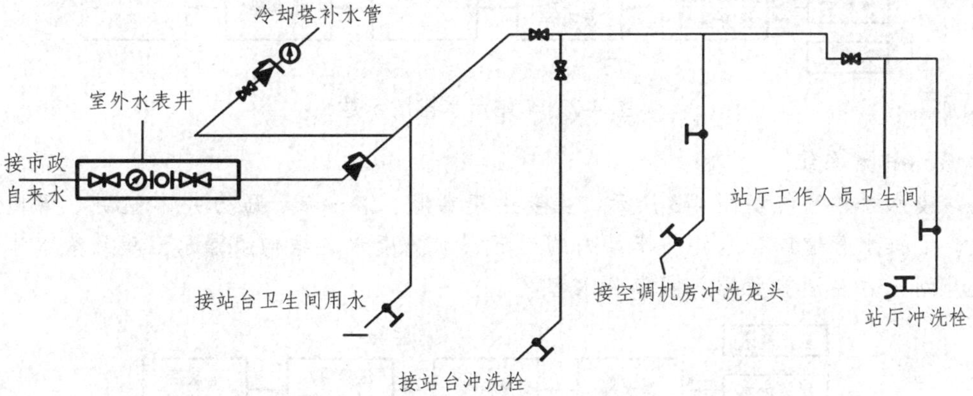

图 4-1 车站生产、生活给水系统图

生产、生活给水系统由水源（城市自来水管网）、水表、倒流防止器、阀门、水龙头等附件组成，水表、倒流防止器、主阀门通常设在水表井内。

4.1.2 排水系统

城市轨道交通行业的排水系统主要为重力排水系统和压力排水系统。

1. 重力排水系统

城市轨道交通车站和区间大多位于地下，为了节约成本，通常在车站、区间的最低点设置一个主废水泵房，利用水的重力，通过无压管道或带有坡度的排水沟将车站站厅层、站台层的污水、废水收集起来，再统一排出。

2. 压力排水系统

由于地铁车站和区间大多位于地下，车站或区间的积水无法采用地面建筑直接排出的排水方式，必须使用水泵对污水、废水进行加压，通过压力管道将污水、废水排出地面汇入市政排水管网。压力排水系统根据水源不同，可分为废水系统、雨水系统、污水系统。

【案例】

以郑州地铁为例，排水系统采用分流式排水体制，即：污水经收集后排入城市污水排水管网；废水经收集后排入城市废水排水管网；雨水经收集后排入城市雨水排水管网。郑州地铁的排水系统主要以车站排水系统为主，车辆段、停车场、主变电站等建筑物排水系统与车站类似。本部分以车站排水系统为例进行阐述。

1. 污水排水系统

车站污水排放系统如图 4-2 所示，主要由密闭式污水提升装置、管道及附件、压力井/检查井、化粪池等组成。用排水管道将车站内的厕所、盥洗室、茶水间等生活污水汇集到密闭式污水提升装置的集水箱，经密闭式污水提升装置提升到压力井消能、地面化粪池简单处理后，排入城市污水管网。压力井是污水进入市政排水管网前的消能设施，其构造要求进、出水管道不得在同一高程上且侧壁采取防冲洗措施。

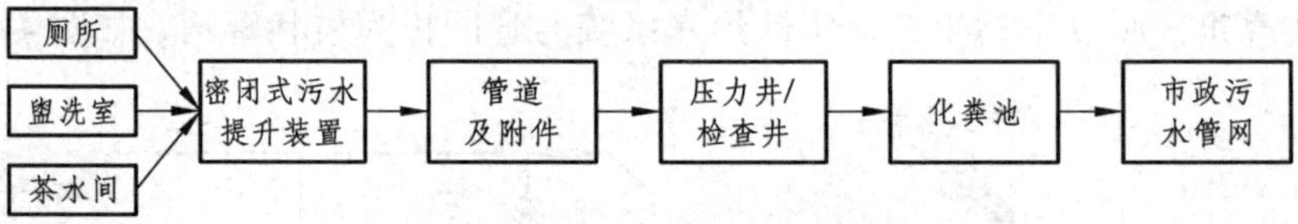

图 4-2　车站污水排放示意

2. 废水排水系统

车站废水排放系统如图 4-3 所示，主要由集水池、潜污泵、压力井/检查井、管道及附件等组成。用排水管道或排水沟将车站内的生产、消防废水，结构渗漏水汇集到集水池，经潜污泵提升到压力井消能后排入城市废水管网。

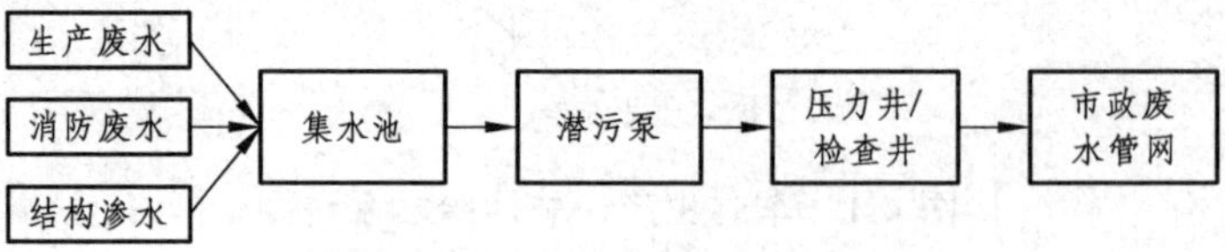

图 4-3　车站废水排放系统示意

区间隧道设置独立的排水系统，其泵房设在区间隧道的最低处，明挖隧道的废水泵房设在隧道外侧或联络通道内，盾构隧道则利用联络通道作为废水泵房。

3. 雨水排水系统

雨水排水系统与废水排水系统采用设备、原理基本一样，区别在于废水排水系统的水源主要为生产废水，而雨水排水系统水源为雨水。

出入场线、出入段线洞口设雨水泵房，与废水泵房相比，雨水泵房水泵扬程低、流量大。压力井内进、出水管道要求与污水系统类似。

4.2 城市轨道交通水消防系统

4.2.1 城市轨道交通消防给水系统

城市轨道交通消防给水系统主要有消火栓系统、水喷淋系统、高压细水雾系统。

1．消火栓系统

消火栓系统是最常用的灭火系统，它由电源、加压送水装置（水泵）及室内消火栓等主要设备构成，这些设备的电气控制包括水池的水位显示、加压水泵的启动等。

按照国家标准《消防给水及消火栓系统技术规范》（GB 50974—2014）要求，消防泵控制柜应能显示水位的变化情况，做到高、低水位报警及控制水泵的开停。室内消火栓系统由水枪、水龙带、消火栓、消防管道等组成。

车站多单独设置消防水池，由消防水池提供水源，由消防泵保证灭火时的水压，每处消火栓均设置消防泵启泵按钮、手动火灾报警按钮，火灾时将两个按钮同时击碎，启动消防水泵，保证消防用水。

消火栓系统是城市轨道交通车站最可靠的灭火装置，灭火效果好，建设成本低，维护方便。但消火栓系统适用范围小，只适用于 A 类火灾，误用于其他类型火灾，可能增大火势。

2．水喷淋系统

水喷淋系统由开式或闭式喷头、传动装置、喷水管网、湿式报警阀等组成。发生火灾时，系统管道上的喷头遇高温，洒水玻璃球自爆（一般是 68 ~ 70 °C），通过安装在支管管路上的水流指示器动作，并反馈给火灾报警控制系统，通过控制器来控制启动喷淋泵，并设有手动启动装置。

水喷淋系统可以自动触发，发生火灾时，达到一定温度即可开启喷水，能够及时投入使用；但水喷淋系统洒水玻璃球较脆弱，易误碰导致误喷，且喷淋水量小，只适用于扑灭早期小型火灾。

3．高压细水雾系统

高压细水雾系统主要灭火原理为：利用水蒸发吸收热量、水雾隔绝空气，窒息火源、阻隔热辐射。它是由一个或多个细水雾喷头、供水管、加压供水设备及相关控制设备组成，能在火灾发生时快速向保护对象或空间喷放细水雾，对火灾实施灭火、抑火、控火、控温和降尘的自动灭火系统。因为其以易取、廉价的水作为介质，且具有高效、环保、无毒、用水量少，对被保护对象水渍影响极小的特性，使其得到了广泛的应用。

高压细水雾系统雾滴直径极小（10 ~ 100 μm），水雾喷放后可以长时间地悬浮在空中，需要极大的数量和极长的时间才能完成水雾的汇聚、凝结，因此，很难在电极表面形成导电的连续水流或表面水域，又因其电阻率比空气稍小，所以适用于扑救 A 类、B 类、C 类和电气类火灾。由于它先进的灭火机理，其使用基本不受场所的限制，可以代替气体灭火系统在电气房间使用。

高压细水雾系统的灭火材料为水，灭火成本低，适用范围广，比气体灭火装置安全性更高，但建设成本高，电气火灾后，设备恢复困难。

为保证供水安全，消防给水大多从市政管网单独引入。消防给水管径一般设计为 *DN*150，与车站消防管网管径相同。市政消防引入管通常在站内分为两路支管，一支经倒流防止器接入车站消防管网，另一支引入消防泵房作为消防水池水源。车站的消防干管在站台和站厅的水平面布置成环状，在站厅与站台两端形成一个竖直的环状，并在站台轨行区与区间消防管网连接，消防管进入区间前设置电动蝶阀，平时电动蝶阀常开，一旦区间发生火灾，应保证区间消防水压、水量。车辆段、停车场在消火栓的基础上还增加了水喷淋灭火系统。图 4-4 是车站消防给水系统示意图。

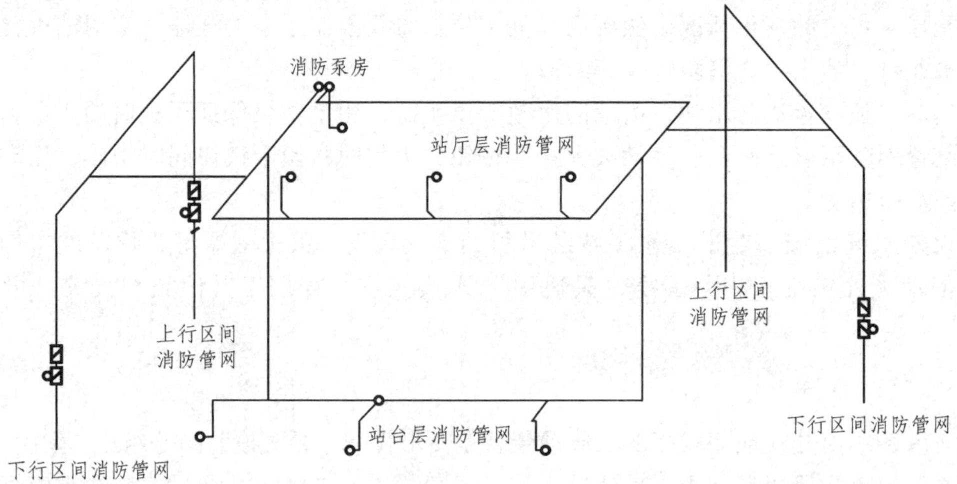

图 4-4 车站消防给水系统示意

消防给水系统由水源（城市消防管网）、室外消火栓、水泵接合器、消防水池、消防水泵、管道、阀门、消火栓等组成。车站内设消火栓箱，箱内配置水带、水枪、自救软盘等消防器材；区间只设置消火栓，由车站进入区间走廊内放置两套消防器材，满足区间火灾时的消防需要。每个消火栓箱均配置火灾报警按钮、手动启泵按钮，当两个按钮同时触发时，消防泵启动。

消火栓按照安装位置不同，配置型号也不相同。地铁车站内设置的消火栓常用Ⅱ、Ⅲ、Ⅳ型，其中，Ⅱ型消防栓箱内放置一个 *DN*65 单头单阀消火栓、两盘 25 m 长的水龙带、两支 *DN*19 多功能水枪、一套 *DN*25 自救式软管卷盘；Ⅲ型消火栓箱内放置一个 *DN*65 单头单阀消火栓、一盘 25 m 长的水龙带、一支 *DN*19 多功能水枪和一套 *DN*25 自救式软管卷盘、四个灭火器；Ⅳ型消火栓箱内放置一个 *DN*65 双头双阀消火栓、两盘 25 m 长的水龙带、两支 *DN*19 多功能水枪、两套 *DN*25 自救式软管卷盘和四个灭火器。区间隧道两端各设两个消防器材箱，配置 25 m 长的水带及 *DN*19 多功能水枪等消防器材。

4.2.2 消防泵及其配套设备

1．消防泵概述

消防泵是指专用于消防的水泵，具有全密封、无泄漏、耐腐蚀的特点，广泛用于各种环境。全国各地城市轨道交通使用的消防泵原理基本类似，区别在于扬程和流量有所不同，一般要求消防泵具有高扬程、大流量的特点。消防泵的选型应根据工艺流程、给排水要求、安装位置等几个方面加以考虑。消防泵的性能、技术条件应符合现行国家标准《消防泵》（GB 6245）要求。例如，郑州地铁大多采用 XBD 系列消防泵。此类泵采用先进的设计技术，具有高可靠性（不存在较长时间停用后启动咬死的故障）、高效率、低噪声、低振动、运转寿命长、安装形式灵活多样和检修方便等特点。该系列泵工况适应范围广；流量-扬程曲线平坦，可避免系统过载；压力分档密，利于选泵和节约能源；泵的多出口功能，可使高层建筑分区消防给水系统中用一台泵替代多台泵，减少工程占地面积，降低投资费用。消防泵剖面见图 4-5。

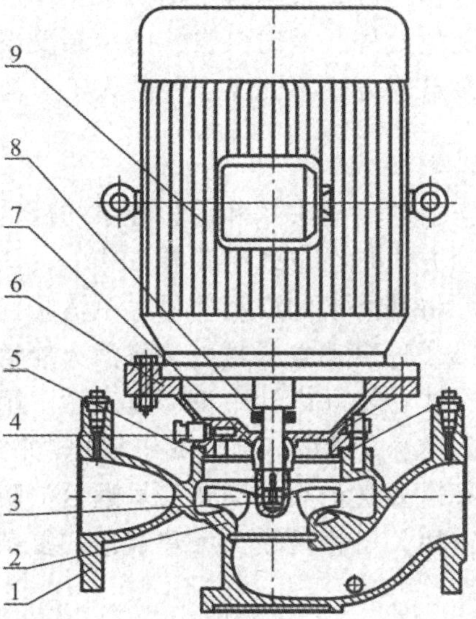

1—泵体；2—叶轮；3—叶轮螺母；4—排气阀；5—闷头；
6—轴承体；7—机械密封；8—泵轴；9—电机。

图 4-5　消防泵剖面图

2．消防泵铭牌定义

消防泵出厂均配有对应铭牌，铭牌显示该设备的相关参数与型号，用于不同场合，使用不同动力源的消防泵有对应的系列型号。城市轨道交行业所使用的消防泵通常为 XBD 系列的消防泵，现以该系列 XBD-KL80-200KA 的消防泵为例，对铭牌各部分含义做如下说明：

XB——消防泵；

D——原动机为电机；

KL——单吸立式泵；

80——消防泵进、出口公称直径，mm；

200——叶轮名义外径，mm；

K——流量分类；

A——叶轮经第一次切割用 A 表示，第二次切割用 B 表示，依次类推。

3．消防泵的自检

消防泵在运行上具有一个特点，那就是平时很少运行，但灭火时要求其可靠地投入使用。

若消防系统长期不运行，那么就存在损坏的可能，一旦发生火灾，不一定能确保它们的正常运行。为了加强消防泵给水的可靠性，国家规范要求消防给水设备必须具有自动巡检功能。消防泵的自检即自动巡检，它是指在设定的时间周期内自动地启动消防泵，对消防泵的运行进行检查。消防泵自检的目的在于提高消防泵的可靠性，有利于及时了解消防泵的实际性能，及时解决消防泵锈蚀卡死等问题，还可对电机过载、短路、过压、缺相、欠压、过热等做出报警，保持消防泵良好地运转工况，有利于消防系统管理的智能化。

消防泵的自检分为低速自检和高速自检两种。在两种消防泵自检方式中，均能体现出自检对消防泵的维护作用，但低速自检方式仅运行了消防泵工作过程中的初级阶段，不能完全反映消防泵实际运行的工作情况。此外，消防泵自检的结果反馈到消防控制中心后，需要人工作出进一步的判断，故消防泵自检方式不能完全代替人工对消防泵的维护管理。

4. 消防泵的启动方式

消防控制室与消火栓动作按钮的启动关系和消火栓泵的启动形式有关。消火栓泵的启动方式一般分为两种：第一种启动方式是在总线制联控方式下，消火栓动作按钮的启动可通过设在消火栓旁的联动接口模块，将其要求的启动信号送至消防控制室控制台，再从此处输出使消火栓启动的开关量触点；第二种启动方式是直接将消火栓动作按钮的开关量触点输出到消火栓泵启动箱。这两种启动方式在实际设计中都可以运用。第一种启动方式节省接线，但需在总线制的条件下，对消火栓联动模块进行地址编码编程，来达到监测大量消火栓的目的。第二种启动方式简单可靠，但还需要把消火栓动作信号返给消防控制室。设计者在具体设计中可根据实际工程规模大小来选用，工程规模大、建筑形式复杂时可采用第一种启动方式，规模小可采用第二种启动方式。

喷淋泵的自启动是通过各保护区的管网喷嘴玻璃球高温下爆碎，引起管网水流流动，从而联动报警阀压力开关动作，达到自启动喷淋泵的目的。通过水流指示器联动模块或报警阀压力开关引线至控制室，消防控制室能准确反映其动作信号，同时控制室可直接控制喷淋泵启停。

5. 消防泵控制设备

城市轨道交通的水消防系统一般设置一组稳压泵和一组消防泵。稳压泵和增压泵，都是消防增压设施一种，但使用时间与启动方式均不相同。增压泵运行在喷头和消火栓已经出水，而消防用水的水压不足，需增加水压时。稳压泵运行在喷头和消火栓未出流时，用于自动喷水灭火系统和消火栓给水系统的压力稳定，使系统水压始终处于设计要求压力状态，一旦喷头或消火栓出水，即能保证满足消防用水所需的水量和水压。

1）消防增压泵的控制

消防增压泵的自动控制是由火灾自动报警（FAS）专业实现。手动控制由消防水泵控制柜手动启停按钮实现，或由机械应急启动装置（不经控制柜控制回路）直接启动。

2）消防稳压泵的控制

消防稳压泵的自动控制可以根据电接点压力表检测管网压力，判断是否达到提前设定的启泵/停泵的压力，再反馈控制柜实现自动控制。手动控制由消防水泵控制柜手动启停按钮实现。

6．压力变送器

压力变送器是一种将压力转换成气动信号或电动信号进行控制和远传的设备。它能将测压元件传感器感受到的气体、液体等物理压力参数转变成标准的电信号（如 4 ~ 20 mA DC 等），以供给指示报警仪、记录仪、调节器等二次仪表进行测量、指示和过程调节。压力变送器在消防中是非常常用的，可以用来进行实时水压的检测。当水压突然发生大幅度变化的时候，压力变送器可以实时检测水压并将数据上传到控制中心，及时报警进行维护。消防行业压力变送器有着专用的 ASIC 调理电路、干式陶瓷电容压力传感器、坚固的陶瓷电容敏感膜片以及卓越的抗腐蚀、抗磨损性能，可以适应污染和腐蚀性的环境，响应迅速、工作可靠、性能稳定。

4.3 室内及室外给排水设施

4.3.1 电伴热系统

电伴热作为一种有效的管道保温及防冻方案，一直被广泛应用。其工作原理是通过伴热媒体散发一定的热量，直接或间接地进行热交换，补充被伴热管道的热损失，以达到升温、保温或防冻的正常工作要求。

电伴热沿管线长度方向或在罐体容积大面积上均匀放热，它不同于在一个点或小面积上热负荷高度集中的电加热；电伴热温度梯度小，热稳定时间较长，适合长期使用，其所需的热量（电功率）大大低于电加热。电伴热具有热效率高，节约能源、设计简单、施工安装方便、无污染、使用寿命长，能实现遥控和自动控制等优点，是取代蒸汽、热水伴热技术的发展方向，是国家重点推广的节能项目。

电伴热带接通电源后（注意尾端线芯不得连接），电流由一根线芯经过导电的 PTC 材料到另一线芯而形成回路。电能使导电材料升温，其电阻随即增加，当芯带温度升至某值之后，电阻大到几乎阻断电流的程度，其温度不再升高，与此同时电伴热带向温度较低的被加热体系传热。电伴热带的功率主要受控于传热过程，随被加热体系的温度自动调节输出功率，而传统的恒功率加热器却无此功能。

电伴热系统控制箱是对伴热管道进行自动加热的电伴热系统，根据现场情况的不同，每个电伴热控制箱可自动控制 2 到 4 路电保温系统，每路电保温系统独立工作。系统的控制温度点是 4 °C 和 10 °C（可设置），在自动模式，当温度 < 4 °C 时，系统开始加热；当温度 > 10 °C 时，系统停止加热。在手动模式下，各加热管同时启动进行加热。控制箱由外壳箱体、空开部分、电源部分、CPU 部分、接线端子等组成。每部分相对独立，如有发现单独的部件损坏可以单独更新维护。

电伴热系统操作说明如下：

（1）柜面有液晶显示屏，用于显示各路温度、各种故障，设置自控温范围。正常情况下，液晶显示屏会显示各路传感器检测到的温度及各电加热的工作状态。

（2）外部给控制柜供电，柜内断路器未闭合，停止指示灯亮。

（3）柜内断路器闭合，系统自动进入运行状态，停止指示灯灭，运行指示灯亮。

（4）在有故障时，故障指示灯亮，蜂鸣器报警。故障处理完成后，按复位按钮可恢复正常工作状态。

（5）选择开关打到自动模式，系统会根据检测到的环境温度自动控制电加热。选择开关打到手动模式，系统所有电加热同时工作。

4.3.2 潜污泵

1．潜污泵的分类

潜污泵是一种集水泵与电机于一体，工作时整体浸没在输送介质内的一种水泵，如图 4-6 所示，按工作原理分为废水泵、自动搅匀潜污泵和污泥泵。三者的主要特点为：

图 4-6 潜污泵

1）废水泵

一种普通型潜水排污泵，泵与电机连体，并同时潜入液下工作。废水泵能将污水中长纤维、袋、带、草、布条等物质撕裂、切断，然后顺利排放，特别适合于输送含有坚硬固体、纤维物的液体，以及特别脏、黏、滑的液体。这种水泵一般用于车站的出入口排水、风亭排水等局部设备处，结构比较简单。

2）自动搅匀潜污泵

自动搅匀潜污泵在普通排污泵的基础上增加自动搅拌装置，该装置随电机轴旋转，产生极强的搅拌力，将污水池内的沉积物搅拌成悬浮物，吸入泵内排出，提高泵的防堵、排污能力，一次性完成排水、清污、除淤，进而节约运行成本，是具有明显先进性和适用性的环保产品。这种水泵由于增加了自动搅匀功能，不易堵塞、可靠性高、功率较大，多用于区间废水泵房、车站主废水泵房等关键位置。

3）污泥泵

污泥泵主要部件由叶轮、泵体、底座、潜水电机组成，水泵和电机同轴，工作原理与废水泵类似。特点在于吸入口位于整个电泵最下端，它能最大限度抽吸地面剩余污水；叶轮采用双流道设计，大大地提高了污物的过流能力，可有效地通过直径为泵口径 30% 的固体颗粒。污泥泵一般用于车辆段、停车场的污水处理站。

2．潜污泵的铭牌定义

以型号为 WQK10-15-1.5W 的潜污泵为例，铭牌各部分含义如下：

W——污水泵；

Q——潜水泵；

K——设计号；

10——流量，m^3/h；

15——扬程，m；

1.5——功率，kW。

3．潜污泵的优点

潜污泵具有以下优点：

（1）结构紧凑、占地面积小。

潜污泵由于潜入液下工作，因此可直接安装于污水池内，无须建造专门的泵房，可以节省大量的土地及基建费用。

（2）安装维修方便。

小型的排污泵可以自由安装，大型的排污泵一般都配有自动耦合装置，可以进行自动安装，安装及维修方便。

（3）连续运转时间长。

排污泵由于泵和电机同轴、轴短、转动部件重量轻，因此轴承上承受的载荷（径向）相对较小，使用寿命比一般泵要长得多。

（4）不存在汽蚀破坏及灌引水等问题。

4．潜污泵的启动方式

车站废水、雨水泵房集水池内一般设两台潜污泵，平时一用一备轮换运行，必要时可同时运行。控制柜一般设有超高水位报警、双泵启动液位、单泵启动液位、停泵、超低水位报警共五个液位。根据水位高低，自动控制潜污泵的启停，并通过综合监控系统监视。当水位达到超低水位时，两台泵均停止工作；当水位达到单泵启动水位时，开启第一台泵；如水无法排出或进水量大于排水量，水位达到两台泵启动水位时，两台泵同时开启；当水可以正常排出，下降到停泵液位时，水泵停止工作。液位达到报警液位时，将反馈至综合监控系统。

停车场及区间洞口雨水泵房集水池内一般设三台潜污泵，平时一用两备轮换运行，必要时可同时运行。同样，集水池设有超高水位报警、双泵启动液位、单泵启动液位、停泵、超低水位报警，根据水位高低自动控制潜污泵的启停，并通过 ISCS（Integrated Supervisory Control Syetem）系统监控。当水位达到超低水位时，三台泵均停止工作；当水位达到单泵启动水位时，开启第一台泵；如水无法排出或进水量过大，水位达到两台泵启动水位时，两台泵同时开启；如水依然无法排出或进水量依然大于排水量，三台泵同时启动。当水可以正常排出，下降到停泵液位时，水泵停止工作。液位达到报警液位时，将反馈至综合监控系统。

5．潜污泵的控制设备

城市轨道交通的主要排水设备均设计有自动控制功能，水泵能够根据集水池内液位上升，自动启动排出积水；液位下降到一定位置，水泵自动关闭。实现潜污泵自动控制的常用设备有浮球开关和超声波液位计。

1）浮球开关

浮球开关是利用重力与浮力的原理设计而成。浮球开关包括设置在浮漂体内的微动开关和可将开关处于通、断状态的驱动机构，以及与开关相连的三芯电缆。当浮球在液体浮力的作用下随液位的上升或下降与水平呈一定角度时，浮球体内的驱动机构——驱动大容量微动开关，输出开或关的信号，供报警提示或远程控制使用。

浮球开关的优点：

① 结构简单。浮球开关不含导致故障发生的波纹管、弹簧、密封等部件。它采用直浮子驱动开关内部磁铁，从简捷的杠杆使开关瞬间动作。浮子悬臂角限位设计，防止浮子垂直。

② 安全可靠。浮球开关比一般机械开关速度快、工作寿命长，有抗负载冲击能力强的特点。

浮球开关的缺点：

① 检修不便。浮球开关和配套电缆均需浸没在液体中，由于集水坑空间狭小，且水泵电缆、管道等设备较多，影响浮球可靠性，也不便于检修。

② 输出简单。由于浮球开关结构简单，无法实现比较复杂的控制，且城市轨道交通行业对排水设施有多液位控制、水位显示等功能需要，无法通过浮球开关实现。

2）超声波液位计

超声波液位计又称为超声波物位计，可测量液体和固体的具体位置。在城市轨道交通行业内，主要用于排水系统。超声波液位仪采用声波技术，利用声波反射的原理，根据发射与接收时间与声波速度计算出积水与超声波的距离，再根据设置的量程计算出积水实际深度。

超声波液位计的优点：

① 使用方便。超声波液位计采用非直接接触方式，使用时液位计位于集水坑上方，检修、操作不需进入集水坑。水泵的启泵、停泵、报警、实际液位等信息可以通过控制柜软件直接调整，不用改变硬件设备。

② 精确度高。现有应用的某型号液位计，其识别精度能达到 3 mm，响应速度可以达到 0.1 m/s，识别液位变化的精度比传统的浮球开关精度高。

超声波液位计的缺点：

① 成本较高。超声波液位计的成本一般为浮球开关的 5～10 倍，占一套排水系统的成本比例高，后期更换或修复成本随之上升。

② 防护等级低。超声波液位计比较精密，防水、防尘等级一般达不到浮球开关的级别，容易出现进水、进尘等问题，导致设备失效。

③ 调试难度高。超声波液位计受盲区、超声波发射角度等条件制约，液位调试比浮球开关复杂。

4.3.3　密闭污水提升装置

1．密闭污水提升装置的意义

图 4-7　密闭污水提升装置

在过去，城市轨道交通站内卫生间污水排放所造成的异味外溢、蚊蝇细菌滋生等问题是一直困扰城市轨道交通管理部门的一大难题。这主要是由于城市轨道交通地下车站中卫生间的高程低于城市污水管网高程，污水不能像地面车站一样，靠重力自流排出车站。过去的普遍做法是：在卫生间的同层或下一层修建污水泵房，在污水泵房内设集水池，收集污水，通过污水泵排污。这样的设计本身就无法避免异味外溢和蚊蝇细菌滋生等问题。首先，为了施工安装和日后检修工作的进行，无法将集水坑完全封闭，必须设计人孔。为了人员安全，只在人孔上安装活动的盖板，钢制的盖板根本无法避免异味外溢。由于地下通风条件比地面建筑差，要经过泵房内排风管道和泵房百叶门来实现排风换气，且风道排风能力较弱，泵房内空气质量很差，泵房内异味会散到周边房间、过道，以及公共区内，破坏了乘车环境。其次，为保护水泵，每次排污并不会将污水完全排出，而是留一部分，无法密闭的集水池将无法避免异味外溢和蚊蝇细菌滋生。根据国家标准《地铁设计规范》（GB 50157—2013）的规定，集水池的有效容积要按 6 h 的污水量确定。因此，集水池一般修建的都比较大，污水在集水池内停留的时间过长，为蚊蝇细菌滋生提供了条件。随着社会经济的发展，各种地下建筑物也日益增多，与之相配套的污水提升设施也开始出现。

密闭式污水提升装置是将污水进水管、集水池、污水泵和排水管集成为一体的一种设备，由密闭式集水箱、干式安装潜污泵、液位传感器、控制箱、潜水电缆（包含控制箱与水泵、控制箱与液位传感器、电接点压力表之间所有的供电电缆和控制电缆）、止回阀、阀门、手动隔膜泵、紧固件、连接件组成。

2．密闭污水提升装置的特点

密闭污水提升装置密闭无异味、环保卫生；结构紧凑、节省空间；安装快捷、简单；不需修建地下污水池，无需采取防渗漏措施，节省投资；设备全自动运行，自动化程度高，管理方便，运行可靠；设备可配备各种形式的远程监控接口，方便统一监控。

密闭污水提升装置的优点主要还有：

（1）集水箱接口与管道采用柔性连接，可有效减噪隔振。

（2）集水箱进口、出口均安装软密封闸阀以方便维护保养。

（3）通过安装手动隔膜泵，可以在电动泵故障或检修时，手动排空集水箱内的污水。

（4）双泵配置，互为备用；若污水进水量超过单泵流量，另一台可作为补充泵投入运行。

（5）污水泵采用创新设计的螺旋切割泵，极大地提高了污物的通过能力，无堵塞，易维护。

（6）由于空间狭小，传统风扇散热不能满足，电机与泵之间的连接座作为冷却导体，将多余热量通过被输送液体排除。

3．密闭污水提升装置的铭牌定义

以 MD1-80-100-15-4-5-0D/400-2 的密闭污水提升装置为例，铭牌上各部分含义如下：

M——污水提升装置；

D——两台泵；

1——单通道式叶轮；

80——自由通径，最大颗粒 80 mm；

100——排水口直径 100 mm；

15——电机输出功率 15 kW；

4——四级，1 500 r/min；

5——频率 50 Hz；

0D——380 ~ 415 V，直接启动；

400——水箱容积 400 L；

2——两个水箱。

4．密闭污水提升装置的结构原理

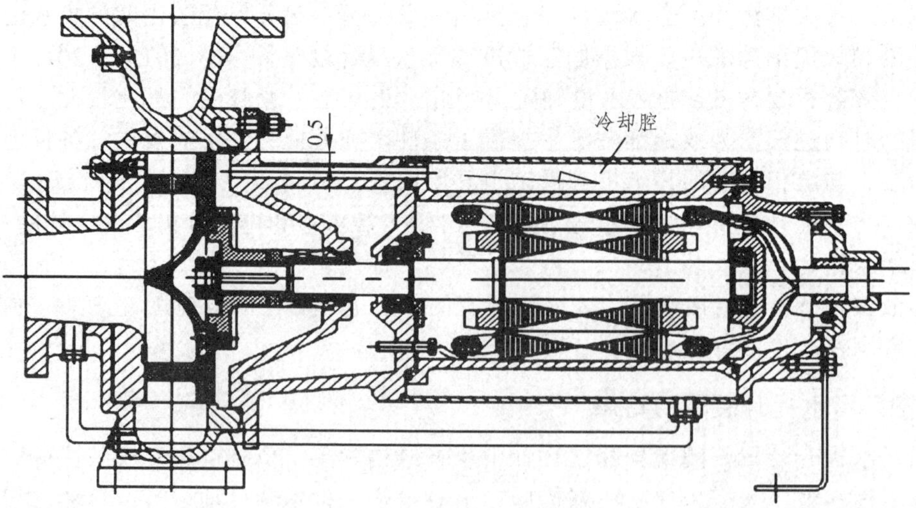

图 4-8　密闭污水提升装置剖面图

含有杂质的污水由排水管线接入设备的污水流入口，进入集水箱，集水箱上设有液位传感器，当集水箱充满后，污水泵自动启动进行排污，将污水连同杂物一同经污水排出口输送到室外化粪池或城市污水管道，当液位降低到设定值时污水泵自动停止运行。

在配置两台水泵并联运行时，可定时自动轮换，保证每台泵的运行时间基本相同。当进入液体超过单台水泵承载能力时，提供其他水泵满足输排需要。

4.3.4 管道设备

城市轨道交通中所使用的管道材质主要有热镀锌钢管、球墨铸铁管、PVC 管、衬塑钢管、不锈钢管等。

各管材的具体介绍在本书 1.3 节有详细介绍。

热镀锌钢管在城市轨道交通的使用范围包括生产、生活给水管，消防管道，压力废水管，压力污水管等，是使用范围很广的一类管材。

球墨铸铁管在城市轨道交通的使用范围主要为室外生产、生活给水管，消防管道，区间消防管道。

PVC 管在城市轨道交通的使用范围主要为车站内重力排水管、卫生间重力排水管等无压管道，以及车辆段、停车场等建筑的室外雨水管。

衬塑钢管在城市轨道交通的使用范围主要为车站冷凝水排水管，车辆段、停车场的生产、生活给水和消防给水。

不锈钢管在城市轨道交通的使用范围主要为车站、车辆段、停车场的生产、生活给水管道。

4.3.5 阀门设备

城市轨道交通给排水系统中常用阀门有闸阀、截止阀、节流阀、球阀、蝶阀、止回阀等几种，它们的主要功能如下：

闸阀：启闭件（闸阀）由阀杆带动，沿阀座密封面作升降运动的阀门。

截止阀：启闭件（阀瓣）由阀杆带动，沿阀座（密封面）轴线作升降运动的阀门。

节流阀：通过启闭件（阀瓣）改变通路截面积以调节流量、压力的阀门。

球阀：启闭件（球体）绕垂直于通路的轴线旋转的阀门。

蝶阀：启闭件（蝶板）绕固定轴旋转的阀门。

止回阀：启闭件（阀瓣）借介质作用力，自动阻止介质逆流的阀门。

安全阀：一种自动阀门，它不借助任何外力，而是利用介质本身的力来排出额定数量的流体，以防止系统内压力超过预定的安全值，当压力恢复正常后，阀门自行关闭并阻止介质继续流出。

各阀门的具体介绍详见本书 1.3 节.

在城市轨道交通给排水系统中，闸阀多用于经过人防措施的管道上和密闭性要求比较严格的位置；蝶阀主要用于消防系统中；截止阀阀多用于生产、生活给水系统和反冲洗设备中。在城市轨道交通给排水系统中，止回阀属于必不可少的阀门，所有的水泵出水口均有安装；倒流防止器主要用于各用水支路上端；安全阀属于自动阀类，主要用于消防泵房内的消防管道上，控制压力不超过规定值，对人身安全和设备运行起重要保护作用。

4.3.6 其他给排水设施

1．排水井

室外排水井属于排水系统的一部分。由于城市轨道交通车站的排水系统排至车站外部时均为压力管道，故积水由压力管道排至市政管道时需要进行减压、消能。室外排水井一般为减压井和检查井。

2．阀门井

阀门井是地下管线及地下管道的阀门为了在需要进行开启和关闭部分管网操作或者检修作业时方便，而设置的类似小房间里的一个坑（或井），将阀门等安装布置在这个坑（或井）里，便于定期检查、清洁和疏通管道，防止管道堵塞。这个坑（或井）就叫阀门井。有阀门井必定有阀门，但有阀门不一定有阀门井。

阀门井因为是管道的枢纽，所以对其有以下几个要求：

（1）阀门井本身不能渗水，必须保证其密封性。

（2）给水管道在使用过程中，管道会受到来自不同方面的压力，从而会产生不同程度的抖动或沉降，因此，要求给水管道与阀门井的连接方式要可靠，能够适应一定程度的抖动和沉降，而不会使水渗进井室；埋地很深的阀门井管道稍大时，一般都采用铸铁阀门（如截止阀，蝶阀等）。铸铁阀门长期在水里浸泡，会影响其使用寿命或引起断裂，因此对密封性的要求更高。

（3）阀门井井筒与井体、井盖的连接方式要可靠，不能因为大雨或积水的原因使水渗水井室。

（4）阀门井是埋设于地下的，要承受来自各个方向的不同压力，以及不同化学物质的腐蚀和侵害，要求其承压能力和耐酸碱腐蚀性要好。

3．室外消防设备

室外消火栓是设置在建筑物外面连接在消防给水管网上的供水设施，主要供消防车从市政给水管网或室外消防给水管网取水实施灭火，也可以直接连接水带、水枪出水灭火，是扑救火灾的重要消防设施之一。

室外消火栓设置、安装应明显，容易发现，方便出水操作，地下消火栓还应当在地面附近设有明显固定的标志。地上式消火栓适用于气候温暖地区，地下式适用于气候寒冷地面。

4．化粪池

车站污水中含有大量粪便、纸屑、病原虫，污水进入化粪池，经过 12 ~ 24 h 的沉淀，可去除 50% ~ 60% 的悬浮物。沉淀下来的污泥经过 3 个月以上的厌氧发酵分解，其中的有机物分解成稳定的无机物，易腐败的生污泥转化为稳定的熟污泥，改变了污泥的结构，降低了污泥的含水率。定期将污泥清掏外运，填埋或用作肥料。化粪池的沉淀部分和腐化部分的计算容积，应按现行国家标准《建筑给水排水设计标准》（GB 50015）设计。污水在化粪池中停留时间宜为 12 ~ 24 h。对于无污泥处置的污水处理系统，化粪池容积还应包括储存污泥的容积。

项目小结

本项目主要介绍了城市轨道交通给排水系统的给水方式、城市轨道交通行业中的三种水消防系统的特点；消防泵的铭牌定义、特点及控制方式；电伴热系统的原理及操作模式；潜污泵、密闭式污水装置的铭牌定义、使用过程、控制方式；城市轨道交通行业中给排水系统设施。需要重点掌握城市轨道交通行业中的三种水消防的特点和控制方式，以及消防泵、潜污泵、密闭式污水装置的控制方式。

思考与习题

1. 城市轨道交通排水系统一般由哪几部分组成？
2. 城市轨道交通车站污水排放系统是如何工作的？
3. 城市轨道交通车站废水排放系统是如何工作的？
4. 城市轨道交通行业中一般有哪几种水消防系统？
5. 简述城市轨道交通车站水喷淋系统的作用过程。
6. 简述城市轨道交通车站消防给水系统的组成和布置方式。
7. 消防泵自检的目的是什么？
8. 简述消防泵的启动方式。
9. 简述电伴热系统的作用及工作原理。
10. 潜污泵有哪几种类型？各自特点是什么？
11. 简述密闭式污水提升装置的组成及特点。

5 给排水专业常用工器具

俗语云“工欲善其事，必先利其器”。工机具的正确使用关系着工作的效率和安全。通过对正确使用工具、标准化操作流程、合理的劳动保护等内容的学习，引导学生养成严谨认真、一丝不苟的工作习惯；避免侥幸心理、投机取巧造成的人身伤害。

知识目标

• 掌握给排水工程常用工具，如管钳、各种扳手、角磨机、管道疏通器、手拉葫芦的使用方法和注意事项。

能力目标

• 能正确使用管钳、各种扳手、角磨机、管道疏通器、手拉葫芦等工具。

5.1 管 钳

管钳，一般是用来夹持和旋转钢管类的工具，广泛用于管道安装。管钳可以通过钳住管子使它转动完成连接，工作原理就是将钳力转换为进入扭力，用在扭动方向的力更大也就能将管道钳得更紧。管件的夹持、旋转是由管件和缠绕它的链条之间的摩擦力来实现的，而扭力是由钳柄前端的局部牙轮与链条的啮合力产生的，钳柄在管件表面没有施力作用点。

使用方法及注意事项如下：

（1）要选择合适的规格。

（2）钳头开口要等于工件的直径。

（3）钳头要卡紧工件后再用力扳，防止打滑。

（4）用加力杆时长度要适当，不能用力过猛或超过管钳的允许强度。

（5）管钳的牙和调节环要保持清洁。

5.2 扳 手

扳手是用于旋紧或拧松有角螺丝钉或螺母的工具。常用的扳手有活动扳手、呆扳手、梅花扳手、两用扳手、套筒扳手、内六角扳手、棘轮扳手、消防扳手、扭力扳手和专用扳手等。使用时，手握手柄，手越靠后，扳动起来越省力。

5.2.1 活动扳手

1．使用方法

活动扳手的使用方法如图 5-1 所示：

（1）使用时，应将钳口调整到与螺栓或螺母的对边距离同宽，并使其贴紧。

（2）稍微锁紧钳口。

（3）双手紧握扳手长柄末端旋动螺栓或螺母。

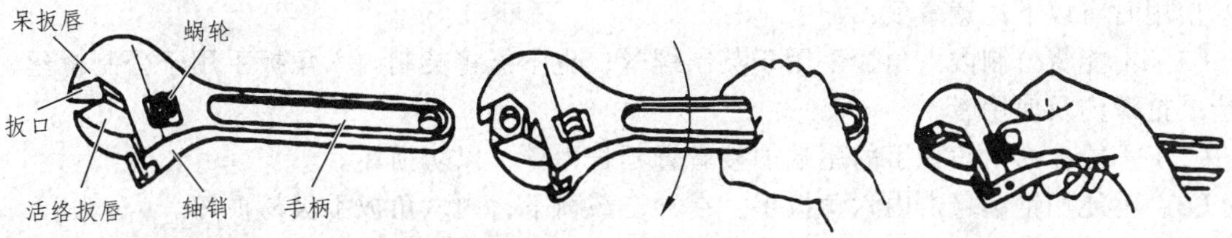

图 5-1 活动扳手

2．使用注意事项

（1）活络扳手不可反用，以免损坏活络板唇。

（2）不可用加力杆接长手柄以加大扳拧力矩。

（3）不得当作撬棒和手锤使用。

5.2.2 套筒扳手

套筒扳手是拆卸螺栓最方便、灵活且安全的维修工具。它由多个带六角孔或十二角孔的套筒和手柄、接杆等多种附件组成，适用于拆装位置狭窄或需要一定扭矩的螺栓或螺母。当螺母端或螺栓端完全低于被连接面，且凹孔的直径不能使用活动扳手等时，就可以用套筒扳手；当受螺栓件空间限制时，也只能用套筒扳手。

套筒扳手有公制和英制之分，虽然内凹形状一样，但外径、长短等是针对对应设备的形状和尺寸设计的，通常根据工作空间大小、扭矩要求和螺栓或螺母的尺寸来选用合适的套筒头。套筒扳手一般都附有一套各种规格的套筒头以及摆手柄、接杆、万向接头、旋具接头、弯头手柄等。套筒扳手的套筒呈短管状，一端内部呈六角形或十二角形，用来套住螺栓头；另一端有一个正方形的头孔，该头孔用来与配套手柄的方榫配合；扳手通常由碳素结构钢或合金结构钢制成，扳手头部具有规定的硬度，中间及手柄部分则具有弹性。

使用方法如下：

（1）选择合适的套筒，将套筒套在摇杆上，视情况选择接杆。

（2）将套筒完全套住螺栓或螺母。

（3）用手握住摇杆端部旋转，保持摇杆与所拆卸螺栓同轴。握摇杆的手不可摇晃，以免套筒滑出螺栓或螺母，发生安全事故。

5.2.3 内六角扳手

内六角扳手也叫艾伦扳手，可用来紧固或拆卸内六角圆柱头螺丝。它通过扭矩施加对螺丝的作用力，大大降低了使用者的用力强度。内六角扳手简单且轻巧，与内六角螺丝之间有六个接触面，受力充分且不容易损坏，可以用来拧非常小或深孔中的螺丝。扳手的两端都可以使用，扭转力由它的直径和长度决定。

使用方法如下：

（1）选择合适的内六角扳手（L 型、T 型、平头、球头、花型）。

（2）将其短头塞入螺栓内使其和螺栓完全吻合压紧。

（3）一只手按住扳手的拐角处，另一只手握住扳手长头末端用力旋松螺栓。

（4）螺丝松动后，取出扳手将扳手长头塞入螺栓，一只手握住短头快速旋转直到松掉螺栓。

使用时有以下注意事项：

（1）不能将公制内六角扳手用于英制螺丝，也不能将英制内六角扳手用于公制螺丝，以免造成打滑伤及使用者。

（2）不能在内六角扳手的尾端加接套管延长力臂，以防损坏。

（3）不能用钢锤敲击内六角扳手，在冲击载荷下，内六角扳手极易损坏。

（4）始终保持外表干净，不得有油污。

（5）不合格或损坏的工具要及时更换，不得自行修复。

5.2.4 消防扳手

消防扳手可用于日常应急消防，便于辅助消防栓的正常开启及使用，在消防工作里起到重要的作用。

消防扳手又有地上和地下之分，地上消防扳手表面先涂 F53-1 红丹酚醛防锈漆，待干后再涂 C04-42 大红醇磁漆，地下消防扳手涂 L01-6 黑色沥青清漆，亦可选用性能不低于规定牌号的同色油漆，油漆表面应平整光亮，不应有气泡、开裂、剥落和流痕。消防扳手内外表面不应有裂纹和影响使用性能的斑疤等缺陷。地下消防扳手的扳柄和立杆焊接处应牢固可靠。消防扳手应在通风、干燥、无腐蚀性气体的地方存放，要防止消防扳手生锈和腐蚀。使用方法类似活动扳手。

5.3 角磨机

角磨机，全名电动角向磨光机，是用于玻璃钢切削和打磨的一种磨具。角磨机就是利用高速旋转的薄片砂轮以及橡胶砂轮、钢丝轮等对金属构件进行磨削、切削、除锈、磨光加工。该机可配用多种工作头，如粗磨砂轮、细磨砂轮、抛光轮、橡胶轮、切割砂轮、钢丝轮等。角磨机外形如图 5-2 所示。

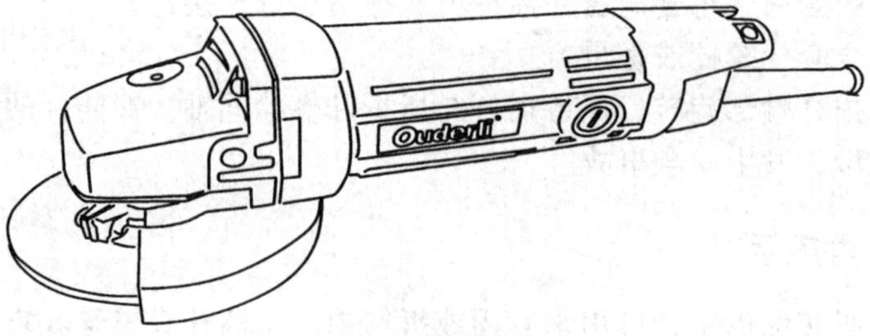

图 5-2 角磨机

角磨机的使用方法：

（1）使用前一定要检查角磨机是否有防护罩，防护罩是否稳固，以及角磨机的磨片安装是否稳固。

（2）严禁使用已有残缺的砂轮片，切割时应防止火星四溅，防止溅到他人，并远离易燃易爆物品。

（3）要戴保护眼罩，穿好合适的工作服，不可穿过于宽松的工作服，更不要戴首饰或留长发，严禁戴手套及不扣袖口操作。

（4）角磨机刚打开时会有较大摆动，要用力握稳。

（5）打开开关之后，要等待砂轮转动稳定后才能工作。

（6）用角磨机切割或打磨时要握稳角磨机手把，均匀用力。

（7）工作完成后清洁工作环境。

5.4 下水道疏通器

下水道疏通器又称管道疏通器，是用来清理疏通下水道的工具，有钢丝类型和气压式类型等种类。钢丝类型管道疏通器是利用后部的软钢丝的柔韧性、伸缩性，深入管道，疏通管道，排除异物，达到疏通管道的目的，且转盘内的软钢丝可以更换。气压式管道疏通器的工作原理和打气筒的工作原理大体相同，通过大气压强打通管道，达到疏通管道的目的。

使用时有以下注意事项：

（1）电源线插头应选用直插式，以便在遇到意外时可以尽快断电。

（2）避免电机接触污水等。

（3）应有可靠的接地保护。

（4）使用完毕后应将疏通机保存在干燥的地方，避免长期保存在潮湿的环境中。

（5）定期保养检查管道疏通机，确保安全用电。

5.5 手拉葫芦

手拉葫芦是一种使用简单、携带方便的手动起重机械，也称“环链葫芦”或“倒链”。它适用于小型设备和货物的短距离吊运，起重质量一般不超过 10 t，最大的可达 20 t，起重高度一般不超过 6 m。手拉葫芦的外壳材质是优质合金钢，坚固耐磨，安全性能高。手拉葫芦向上提升重物时，顺时针拽动手动链条、手链轮，下降时逆时针拽动手拉链条，制动座跟刹车片分离，棘轮在棘爪的作用下静止，五齿长轴带动起重链轮反方向运行，从而平稳升降重物。

它具有安全可靠、维护简便、机械效率高、手链拉力小、自重较轻、便于携带、外形美观、尺寸较小、经久耐用的特点，尤其对于露天和无电源作业，更显示出其优越性。

手拉葫芦主要机件选用合金钢材料制造，链条采用 800 MPa 高强度起重链条，材质一般为中频淬火热处理、低磨损、防腐蚀的链条，高强度吊钩，材质一般为合金钢，煅打式的吊钩设计确保了缓慢起升以防过载。

1．手拉葫芦的工作原理

手拉葫芦作为升级版的定滑轮，完全继承了定滑轮的优点，同时采用反向逆止刹车的减速器和链条滑轮组的结合，对称排列二级正齿轮转动结构，简单、耐用、高效。

手拉葫芦通过拽动手动链条、手链轮，将摩擦片棘轮、制动器座压成一体共同旋转，齿长轴便转动片齿轮、齿短轴和花键孔齿轮。这样，装置在花键孔齿轮上的起重链轮就带动起重链条，从而平稳地提升重物。采用棘轮摩擦片式单向制动器，在载荷下能自行制动，棘爪在弹簧的作用下与棘轮啮合，制动器安全工作。

2．手拉葫芦的操作方法

（1）严禁斜拉超载使用。

（2）严禁用人力以外的其他动力操作。

（3）在使用前须确认机件完好无损，传动部分及起重链条润滑良好，空转情况正常。

（4）起吊前检查上下吊钩是否挂牢，起重链条应垂直悬挂，不得有错扭的链环，双行链的下吊钩架不得翻转。

（5）操作者应站在与手链轮同一平面内拽动手链条，使手链轮沿顺时针方向旋转，即可使重物上升；反向拽动手链条，重物即可缓缓下降。

（6）在起吊重物时，严禁人员在重物下做任何工作或行走动作，以免发生重大事故。

（7）在起吊过程中，无论重物上升或下降，拽动手链条时，用力应均匀和缓，不要用力过猛，以免手链条跳动或卡环。

（8）操作者如发现手拉力大于正常拉力时，应立即停止使用。防止破坏内部结构，以防发生坠物事故。

（9）待重物安全稳固着陆后，再取下手拉葫芦下钩。

（10）使用完毕后，轻拿轻放，置于干燥、通风处，涂抹润滑油放好。

3．维护方法

（1）使用完毕应将手拉葫芦清理干净并涂上防锈油脂，存放在干燥地方，防止手拉葫芦受潮生锈和腐蚀。

（2）维护和检修应由较熟悉手拉葫芦机构者进行，用煤油清洗手拉葫芦机件，在齿轮和轴承部分，加黄油润滑，防止不懂本机性能原理者随意拆装。

（3）手拉葫芦经过清洗维修，应进行空载试验，确认工作正常、制动可靠时，才能交付使用。

（4）制动器的摩擦表面必须保持干净。制动器部分应经常检查，防止制动失灵，发生重物自坠现象。

（5）手拉葫芦的起重链轮左右轴承的滚柱，可用黄油黏附在已压装于起重链轮轴颈的轴承内圈上，再装入墙板的轴承外圈内。

（6）手拉葫芦在安装制动装置部分时，注意棘轮齿槽与棘爪爪部啮合良好，弹簧对棘爪的控制应灵活可靠，装上手链轮后，顺时针旋转手链轮，就将棘轮、摩擦片压紧在制动器座上，逆时针旋转手链轮，棘轮与摩擦片间应留有空隙。

（7）为了维护和拆卸方便，手链条其中一节系开口链（不允许焊死）。

（8）在加油和使用手拉葫芦过程中，制动装置的摩擦面必须保持干净，并经常检查制动性有无，防止制动失灵引起重物自坠。

项目小结

本项目主要介绍了给排水工程中几种常用工器具的使用方法和注意事项。需要我们掌握管钳、各种扳手、角磨机、管道疏通器、手拉葫芦的使用方法和注意事项。

思考与习题

1. 简述角磨机的使用方法。
2. 简述下水道疏通器的作用原理和使用注意事项。
3. 简述手拉葫芦的使用操作方法。

6 给排水与水消防系统设备日常检修

设备的日常检修是保持设备完好状态的必要措施。给排水与水消防系统设备的日常检修应遵循“预防为主、防治结合、养修并重”的原则，按期进行计划性检修，在检修中采取多种手段进行检测，根据设备状态参数进行早期设备故障诊断，给排水设备检修目的是发现并消除设备缺陷，恢复或提高设备的技术性能，提高设备安全运行水平，保证给排水设备安全可靠运行。

知识目标

- 掌握消防设施的日常检修周期、内容及标准作业程序。
- 掌握水泵与管道阀门、密闭式污水装置的日常检修。
- 掌握电伴热系统及室外给排水设备的专项检修。

能力目标

- 具备正确检修消防设施设备的能力。
- 具备正确对水泵与管道阀门、密闭式污水装置进行日常检修的能力。
- 具备对电伴热系统及室外给排水设备的专项检修能力。

6.1 消防设施

6.1.1 消防泵的日常检修

表 6-1 消防泵周巡

检修周期	检修内容	标准作业程序
消防泵周巡	1. 电控箱电源是否正常	电源指示灯亮
	2. 检查水泵是否在自动位	水泵应在自动位
	3. 检查控制柜压力传感器、电接点压力表示数是否正常	控制柜显示压力正确
	4. 检查电控箱内元器件状态	没有烧焦气味及痕迹，控制柜应干净、整洁
	5. 检查稳压罐气囊	气囊无破裂

表 6-2 消防泵、稳压罐月检

检修周期	检修内容	标准作业程序
消防泵、稳压罐月检	1. 检查消防水泵电控箱电源	电源指示灯亮
	2. 短时启动消防泵，测试消防泵启停功能	消防泵应启停正常，无异响，无漏水
	3. 检查气压罐的压力情况	稳压罐应能实现稳压功能
	4. 检查消防泵房压力传感器、电接点压力表、普通压力表情况	压力传感器、压力表示数应正常且数值一致
	5. 目测浮球阀是否固定	浮球阀应固定牢固

6.1.2 室外消火栓及消防水泵接合器的日常检修

表 6-3 室外消火栓、水泵接合器周检

检修周期	检修内容	标准作业程序
室外消火栓、水泵接合器周检	1. 检查室外消火栓、消防水泵接合器外观。	外部无损伤，附件完好。

表 6-4 室外消火栓月检

检修周期	检修内容	标准作业程序
室外消火栓月检	1. 检查室外消火栓是否有漏水	无锈蚀、无漏水、配件齐全。
	2. 测试室外消火栓出水压力（每次测试一个室外消火栓，按照 A、B、C、D……的顺序）	出水压力大于 0.1 MPa

6.1.3 气体顶压装置的日常检修

表 6-5 气体顶压装置月检

检修周期	检修内容	标准作业程序
气体顶压装置（气压罐补水泵气瓶组及管理、空压机）月检	1. 检查（氮）气瓶的气压	气压降至低压（设备上方标示）的时候及时补足气压
	2. 检查气压罐的压力情况	降低管网压力，测试能否自动补压
	3. 查看水泵运行情况	自动位、正常运行
	4. 检查各控制线路和信号线路的完好情况	接线完好

表 6-6 气体顶压装置年检

检修周期	检修内容	标准作业程序
气体顶压装置（气压罐补水泵气瓶组及管理、空压机）年检	1. 对全套设备进行清洁、润滑、调整、紧固、防腐等工作	外观干净、全套设备平稳运行
	2. 检查气压罐的压力情况。	降低管网压力，测试能否自动补压
	3. 查看水泵运行情况	自动位、正常运行
	4. 检查各控制线路和信号线路的完好情况	接线完好

6.1.4 区间消防水系统的日常检修

表 6-7 区间消防水系统月检

检修周期	检修内容	标准作业程序
区间消防水管、排水管道、阀门、篦子月检	1. 检查区间消火栓	无锈蚀、无漏水
	2. 检查消防水管及压力排水管支架	无变形，紧贴隧道壁、螺栓紧固
	3. 检查消防水管及压力排水管接口	无松脱、位移
	4. 检查消防水管上手动蝶阀和闸阀状态，阀体是否漏水	手动蝶阀和闸阀处于常开状态，阀体无漏水
	5. 检查区间消防管道振动情况	无振动、无松脱、移位
	6. 检查波纹管伸缩器伸缩量	拉杆处于松动状态
	7. 检查消防管上的橡胶软接头	无变形、无裂纹
	8. 检查车站主废水泵房、区间泵房进水口处篦子与泵房集水坑中间管道	管道通畅、无堵塞
	9. 检查区间排水篦子安装以及堵塞情况	安装正常、无缺失、无堵塞、正常排水
消防水系统、压力排水系统管道、阀门及其附件年检	1. 检查消防管道、压力排水管道外观	无锈蚀、无脱漆、无变形。
	2. 检查消防水管、压力排水管支架	无变形，紧贴隧道墙壁或支架、螺栓紧固
	3. 检查消防水管、压力排水管接口	无松脱、位移
	4. 检查消防水管、压力排水管上手动蝶阀和闸阀状态，阀体是否漏水。	手动蝶阀和闸阀处于常开状态，阀体无漏水
	5. 检查波纹管伸缩器伸缩量。	拉杆处于松动状态。
	6. 检查消防水管、压力排水管上的橡胶软接头	无变形、无裂纹。
	7. 检查电动蝶阀外观、标牌、安全标志	外观、标牌、安全标志完好、无漏水

6.2 水泵与管道阀门

6.2.1 管道阀门

1．管道阀门的检修作业

表 6-8 管道阀门的年检

检修周期	检修内容	标准作业程序
管路、阀门及其他附件年检	1. 检查管道外观、压力排水管支架、压力排水管接口	无锈蚀、无脱漆、无变形、松脱或位移
	2. 检查阀门状态及开、关情况，密闭性等	阀门处于常开状态且转动灵活，密闭性良好、无滑丝、锈死现象，阀体无漏水
	3. 检查波纹管伸缩器伸缩量	拉杆处于松动状态
	4. 检查橡胶软接头	无变形、无裂纹
	5. 闸阀、蝶阀阀杆上加黄油	油量适度
	6. 阀门、管道进行除锈、刷漆	无大面积锈蚀、缺漆

2．阀门的更换

阀门及配件的更换安装见 7.1.4 节。

6.2.2 水 泵

车站各水泵情况均可在车控室 ISCS 显示屏上查看，在显示屏上选择机电系统-给排水系统，即可查看车站各水泵运行情况，其中绿色代表正常，黄色代表低水位，红色代表高水位，灰色代表无效位，蓝色代表脱离扫描，黄色方框代表未投入使用，点击相应水泵可查看对应水位值等具体信息。

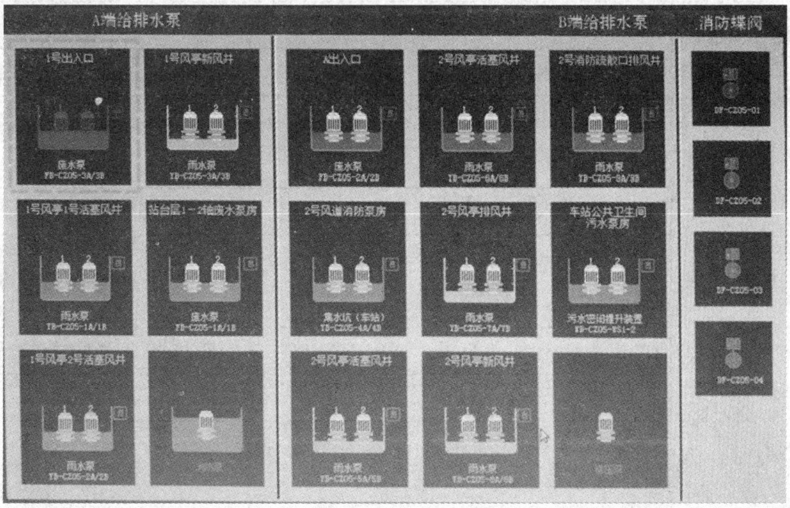

图 6-1 ISCS 水泵显示界面

1. 水泵的检修作业

表 6-9 水泵及配套设备专项检修

检修周期	检修内容	标准作业程序
水泵及配套设备专项检修	1. 阀门处于正常位置，开、关阀灵活	冲洗管阀门“关”、主管阀门“开”，开、关阀灵活
	2. 清理集水坑内的漂浮垃圾。	保持集水坑、水泵内无杂物、垃圾
	3. 排查止回阀密闭情况，对止回阀进行放水测试	止回阀能正常工作无回流情况
	4. 超声波液位计进行功能测试	遮挡超声波液位计，水泵正常启、停
	5. 检查超声波液位计及电缆是否固定牢靠	固定牢固

2. 密闭式污水提升装置检修作业

表 6-10 密闭污水提升装置周检

检修周期	检修内容	标准作业程序
密闭污水提升装置周检	1. 电控箱电源是否正常	绿色电源指示灯亮
	2. 水箱水位情况	无高水位报警、无溢流
	3. 检查电控箱内元器件状态	没有烧焦气味及痕迹
	4. 抽清水冲洗水泵、水箱	冲洗 5—10 分钟

表 6-11 密闭污水提升装置年检

检修周期	检修内容	标准作业程序
密闭污水提升装置年检	1. 电控箱电源是否正常	绿色电源指示灯亮
	2. 水箱水位情况	无高水位报警、无溢流
	3. 检查电控箱内元器件状态并对其清洁、紧固	没有烧焦气味及痕迹、无松动、无电器腐蚀
	4. 抽清水冲洗水泵、水箱	冲洗 15 分钟
	5. 测试密闭污水提升装置液位计或浮球开关的性能	液位值应随现场液位变化
	6. 清洗液位传感器	液位传感器内外壁无杂质
	7. 测水泵运行时电流值	三相差异≤10%
	8. 检查设备运行后状态与综合监控状态是否一致	运行状态一致
	9. 打开水箱检查叶轮是否缠绕异物	叶轮应无异物

续表

检修周期	检修内容	标准作业程序
密闭污水提升装置年检	10. 隔膜泵阀门处于正常位置，开、关阀灵活	隔膜泵阀门“关”、主管阀门“开”，开、关阀灵活
	11. 冲洗至少 5 分钟后，清理集水箱内的漂浮垃圾	保持集水箱内无杂物、垃圾
	12. 检查潜污泵的出水量	对比 2 台水泵出水量应一致
	13. 进行手动状态下启、停泵测试	手动可启停泵
	14. 检查水箱与污水泵连接固件是否松动	紧固无松动
	15. 检查水箱与结构基础固定装置是否松动	固定牢固无松动现象
	16. 检查手动隔膜泵能否正常使用	手动隔膜泵应能正常排水

3．潜污泵检修作业

表 6-12　潜污泵年检

检修周期	检修内容	标准作业程序
潜污泵年检	1. 检查潜污泵电控箱电源	电源指示灯亮
	2. 清扫电控箱内外灰尘	用毛刷、手提吹风机清扫箱体内、外，无灰尘
	3. 检查集水坑水位是否与水泵运行工况和车控室 ISCS 显示屏对应	与水泵工况对应
	4. 检查超声波液位计及电缆是否固定牢靠	固定牢固
	5. 超声波液位计进行功能测试	超声波功能正常启停泵
	6. 检查运行时潜污泵和管路	无异常声响、管路无漏水、松脱
	7. 检测潜污泵运行时的三相电流值	三相电流差异≤10%
	8. 通知环调对水泵进行一次远程启、停测试	能远程启、停泵
	9. 测试高水位两台潜污泵同时启动功能	当高水位时，两台泵同时启动
	10. 阀门处于正常位置，开、关阀灵活	冲洗管阀门“关”、主管阀门“开”，开、关阀灵活
	11. 清理集水坑内的垃圾、淤泥等	保持集水坑、水泵内无杂物、垃圾等
	12. 检查潜污泵的出水量	对比 2（3）台水泵出水量应一致

续表

检修周期	检修内容	标准作业程序
潜污泵年检	13. 检查水泵电缆、泵体、自耦装置上的螺栓	完好、无松动、无脱落
	14. 检查潜污泵与自耦装置连接情况	连接部位无漏水
	15. 检查潜污泵电缆	电缆绝缘皮应完好无损，且固定牢固
	16. 清理涡壳里杂物	用螺丝刀或尖嘴钳清理潜污泵叶轮和涡壳内异物，涡壳内应无影响水泵运行的异物
	17. 查漏水保护线绝缘值	漏水保护线绝缘值大于 0.5 MΩ
	18. 排出集水坑积水	排至水泵吊环与水面平齐.
	19. 核对现场与综合监控显示位置信息	显示信息应一致.

6.3 其他给排水设施

6.3.1 电伴热系统专项检修

电伴热系统设备是在管道适当位置放置温度传感器，控制箱内设有温度控制模块，当管道温度低于设定温度时，电伴热系统自动启动伴热回路开始工作，当管道温度上升到设定温度时，电伴热系统自动停止加热。此伴热程序周而复始地进行，使得管道温度始终保持在工作温度，从而起到主动为管道伴热保温的作用，保障管道系统冬季正常运行。

为保障电伴热系统的正常运行，电伴热专项检修通常在每年 3 月和 11 月进行。每年 3 月电伴热系统结束工作，对其断电关机，每年 11 月对电伴热送电，开始工作。电伴热系统专项检修内容见表 6-13。

表 6-13　电伴热系统专项检修

检修内容	标准作业程序	图　例
1. 对设备送电，查看电控箱电源是否正常（11 月 15 日前）	电源指示灯亮	

续表

检修内容	标准作业程序	图例
2. 从车控室 ISCS 显示屏观察温度情况和电伴热运行情况是否一致	与电伴热工况对应	
3. 电伴热系统运行状态是否和控制箱的显示一致	电伴热运行时，“A 或“B”回路运行指示灯亮	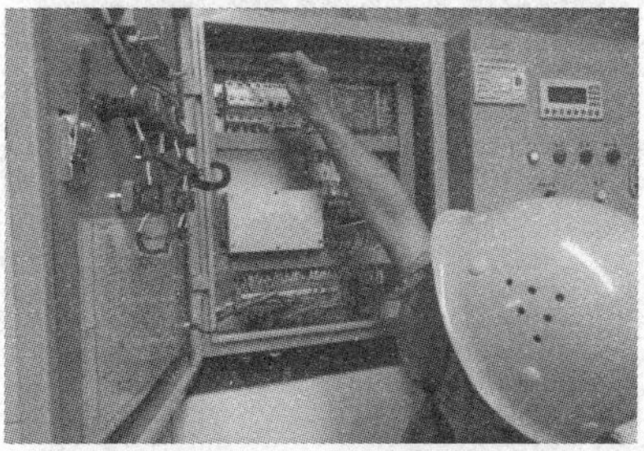
4. 检查、清洁、紧固电控箱内元器件状态	没有烧焦气味及痕迹、无松动、无电器腐蚀	
5. 管道保暖层外观	应无损坏、应完好	
6. 检查电伴热电控箱电源、控制柜电器元件及线路连接情况	电源指示灯亮、接线牢固	

续表

检修内容	标准作业程序	图例
7. 检查管道保温层内部电缆	电缆应正常	
8. 检查管道保温层	保温棉应完好	
9. 模拟管道高温，电伴热系统停止运行	系统动作正常	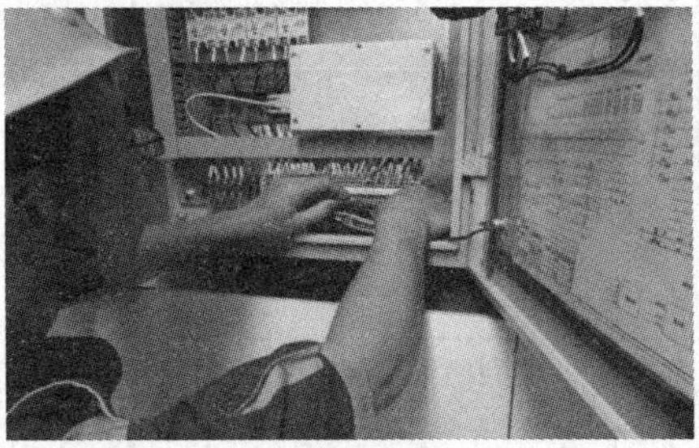
10. 对电伴热设备断电关机（3 月 15 日）	设备关机停止工作	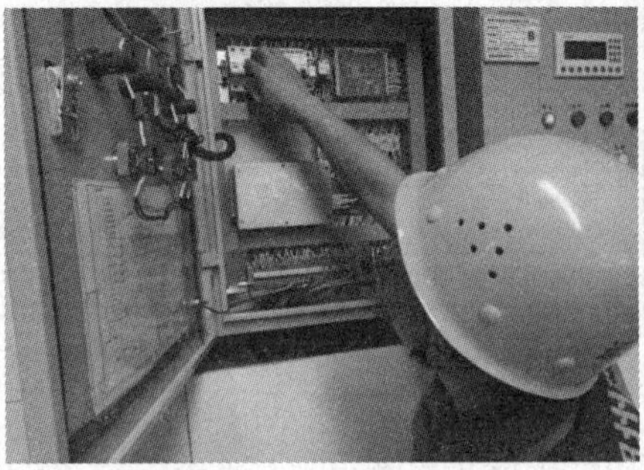

6.3.2 室外给排水设备专项检修

室外给排水设备主要为减压井、检查井、排水井等，为保障其正常工作，每年对其进行一次专项检修，如表 6-14。

表 6-14　室外给排水设备专项检修

检修内容	标准作业程序	图　例
1. 检查井外观检查	井盖齐全、无遮挡、无损坏、无松动	
2. 减压井、检查井排水功能检查	无污水、废水外溢、水流通畅	
3. 排水检查井市政接驳情况检查	能排入市政管网	
4. 检查减压井、检查井、排水井内部结构	不变形，没有水泥剥落	

项目小结

本项目主要介绍了地铁给排水设备设施的日常检修的周期、检修内容和标准作业程序。需要我们掌握消防泵、管道、阀门及密闭式污水装置等设备的日常检修，同时要掌握电伴热系统及室外给排水设备的专项检修。

思考与习题

1. 简述消防泵周巡检修内容和标准作业程序。
2. 简述消防泵、稳压罐月检检修内容和标准作业程序。
3. 简述室外消火栓及消防水泵的日常检修内容。
4. 简述区间消防水系统的月检内容。
5. 简述管道阀门的年检内容和标准作业程序。
6. 简述水泵及配套设备的专项检修内容。
7. 简述密闭式污水提升装置周检检修作业内容和程序。
8. 简述潜污泵年检检修作业内容。
9. 简述电伴热系统专项检修作业程序。
10. 简述室外给排水设备检修内容和作业程序。

7 给排水与水消防系统设备故障处理

对近几年发生的设备故障和事故进行分类汇总，力求通过典型故障和事故案例，使管理人员和技术人员直观地了解故障现象和发生的原因，从而防范措施，并掌握对同类型故障的预防和处理能力。也希望通过这些案例起到警示作用，强化各级管理人员的工作责任心，提高履职能力。

通过设备故障引发的事故案例讲解，引导学生认识正确处理故障的重要性，树立安全意识；引导学生在工作中养成严谨的工作作风和标准化操作意识；大力弘扬工匠精神、职业精神和敬业精神。

知识目标

- 掌握给排水常见故障的处理方法。
- 掌握水泵故障的处理方法。
- 掌握消防设备的故障处理方法。

能力目标

- 具备正确处理给排水常见故障、水泵故障、消防设备故障的能力。

7.1 常见故障处理

7.1.1 水龙头故障处理

水龙头故障是城市轨道交通车站给排水系统常见的故障之一，水龙头常见故障有漏水、喘振、出水分叉或水量减少，以及阀芯关闭后龙头仍然出水、阀芯卡阻等。

水龙头的更换方法如下：

（1）关闭上端水阀。

（2）拆除旧的水龙头。拔出水龙头挡板，将扳手伸入，对准卡扣，逆时针旋转。

（3）缠绕生料带，将生料带沿着水龙头接口，顺时针缠绕。

（4）取下旧的水龙头，换上新的水龙头，对准卡扣，先用手将其拧紧，然后用扳手对准卡扣，顺时针旋转。

（5）测试恢复：安装完成后，重新将水闸打开，试试新的水龙头是否正常工作，正常后将挡板推回即可完成。

注意事项：

（1）在安装的时候，力道要适中，不能太用力，不然容易损坏水龙头。

（2）在安装前，要查看水管里是否有杂质，可以先放一段时间水，再安装水龙头。

（3）更换前，一定要关闭上端水阀，防止水花喷溅。

（4）更换水龙头管径要与管道管径相匹配。

7.1.2 排水异常故障处理

排水系统排水不畅，可能造成地漏冒水，地面被淹等情况。造成城市轨道交通车站排水系统排水不畅或堵塞的原因如下：

（1）排水管径偏小，走向不合理，坡度不够。

（2）油脂悬浮物等黏附在管壁上，导致过水截面变小。

（3）较大杂物垃圾扔进下水道，堵塞弯头、存水弯。

（4）擅自改动管道、支架，导致坡度、走向改变而排水不畅。

（5）冲洗地面时有泥沙等杂物流入地漏和排水管。

（6）排水泵异常。排水泵异常造成的排水不畅，其故障处理方法详见本书 7.2.1 节。

（7）排水管道异常。排水管道排水不畅或堵塞，有两种常用的解决方法。首先是疏通，可选用管道疏通机等对堵塞管道进行疏通；其次是更换堵塞水管。洗手池下水管是经常堵塞的水管之一，下面详细介绍洗手池下水管的更换方法：

① 拆除堵塞水管。洗手池下水管以螺纹连接，转动水管将其拆下。

② 水池与水管的连接处一般会有一些灰尘沉积在里面，为了保证新装的水管不会漏水，清洗水池与水管的接口处。

③ 将新水管插入，轻轻晃动，观察水管与水池连接是否紧密。

④ 将橡胶垫片从水池下方套到水管上，并沿着水管向上推动，至接触水池底部。将金属螺帽套在水管上，拧紧，保证水管连接在水池上，不晃动，不漏水。

⑤ 打开水龙头，检查管道是否畅通。

7.1.3 卫生间感应器故障处理

卫生间感应器常见故障及处理方法见表 7-1。

表 7-1 常见故障及处理方法

故障现象	可能原因	处理方法
不感应（感应时窗口内无红灯闪烁）	电池电能已耗尽或未接通 220 V 电源	更换电池或接通 220 V 电源
	接触不良	插头重新接插
	感应故障	更换控制盒

续表

故障现象	可能原因	处理方法
感应正常（感应时窗口内有红灯闪烁）不出水	滤网堵塞	清洗过滤网
	接触不良	插头重新接插
	电磁阀内膜片上小孔堵塞	通孔或更换膜片
	电磁阀故障	更换电磁阀
感应正常（感应时窗口内有红灯闪烁）出水不停	接触不良	插头重新接插
	电磁阀内膜片下有水流中的细小杂物	清洗电磁阀
	电磁阀内膜片活动不灵或破损	更换膜片
感应正常（感应时窗口内有红灯闪烁）出水小	水量调节不够	逆时针调节水量调节栓
	进水管道扭曲	检查进水管道是否正常
	滤网堵塞	清洗过滤网
窗口内红灯连续单闪，感应不出水	电池电量不足	更换新电池

处理故障时应注意以下事项：

（1）维修时先拆下电池，维修后电池断电时间必须超过 3 分钟，以保证感应器正常放电。

（2）每次拔开插接头时，看是否有生锈，用刀片或砂纸刮一下保证接触良好后再将其安上。

（3）将其他插接头连接好后再将电池的插接头安上。

（4）维修后将四周环境恢复原样后人必须离开，防止感应器记录现场对以后使用造成故障。

7.1.4 阀门及配件拆卸与更换

阀门及配件的更换安装是给排水与水消防系统日常检修中经常遇到的，本文以闸阀为例，对阀门及配件的拆卸与安装进行介绍。

1. 拆　卸

（1）拆卸手轮。

（2）拧卸阀盖螺栓。

（3）提起阀盖、丝杆和闸板。

（4）将闸板从丝杆上卸下，取出套筒螺母。

（5）清除闸阀内的污物、锈斑，擦拭各部件。

（6）丝杆、套筒螺母涂油。

2. 安　装

（1）安装套筒螺母。

（2）将丝杆穿过阀盖，并将闸板拧到丝杆上。

（3）将闸板和阀盖装进阀体。
（4）拧紧各螺栓。
（5）均匀拧紧两端螺栓。
（6）安装手轮。

3．注意事项

（1）工作时正确使用工具。
（2）工作时要求工具、材料、工件等摆放整齐。
（3）正确执行安全操作规程。
（4）装配原则：先拆的后装，后装的先拆，弄清配合性质，切忌乱打猛敲；操作顺序，先里后外，从左至右，自上而下；顺序插装，先易后难；先零件、部件、机构、后上盖试压。
（5）拆装修理后的闸阀配合恰当，连接正确，阀件齐全，螺栓紧固。
（6）拆装修理后的开闭灵活，密封可靠。
（7）作业结束后，工具、设备（工作台）、场地应整洁。

7.2 水泵故障处理

7.2.1 水泵故障处理

水泵是给排水系统的核心设备，也是系统中成本最高的一部分，常见水泵故障及处理方法如表 7-2 所示。

表 7-2 水泵故障处理

故障现象	原因	处理方法
流量不足或不出水	叶轮反转	调整任意两相相序
	流道堵塞	清除杂物
	被抽介质浓度过大	加水稀释，降低浓度
	扬程过高	改泵或降低扬程
	叶轮严重磨损	更换叶轮
不能启动	无法启动缺相	检查接线
	叶轮卡住	清除杂物
	绕组接头或电缆断路	用兆欧表检查并修复
	定子绕组烧坏	进行修理、更换绕组
	电器控制故障	检查控制柜，修理后调换电器零件
定子烧坏	缺相运行	查清线路，清除故障
	被抽介质浓度较大	用水稀释
	叶轮卡死或松动	清除脏物，拧紧螺母
	密封损坏电机进水	更换机械密封或O型密封圈
	紧固件松动造成电机进水	拧紧所有的紧固件
电流过大	管道、叶轮被堵	清理管道和叶轮中的堵塞物
	抽送介质的液体的密度或黏度较高	改变抽送液体的密封或黏度
	流量过大	关小出口阀，减小流量

以出入口水泵排水量小和排水泵无法排水的故障为例进行详细分析。

1. 出入口水泵水量小

出入口水泵排水量很小，导致积水无法正常排除，威胁扶梯设备的安全。经分析，可能有以下原因：

（1）管道内壁结垢严重，不但减小了水流的过流面积，而且增加了管道内壁的粗糙系数，使水力损失大大增加，导致排水量减小。

（2）水泵中存在漏水点。

（3）电泵反转。

（4）实际使用扬程过高，或是设计时有未考虑到的水头损失。

（5）泵进水口露出水面。

对应解决方法如下：

（1）对管道进行除垢疏通，若不行则更换管道。

（2）找出水泵中的漏水点，若是接口漏水，可重新连接或更换连接件；若是管道漏水，则更换管道。

（3）调换任意两相电源相序。

（4）重选用适当扬程的水泵。

（5）调低电泵到离动水面半米以下。

2. 排水泵无法排水

巡检时发现风亭里的一台排水泵不能正常运行，无法启动，检测水泵的三相绕组的电阻值，发现其中有一相电阻值明显偏小。经分析，可能有以下原因：

（1）电缆绝缘破损。

（2）接头密封受损。

（3）电磁线绝缘下降或破损。

对应解决方法如下：

（1）找出擦破处包扎或大补（保证三相绝缘）。

（2）重新包扎接头密封。

（3）更换绕组。

7.2.2 液位计故障处理

（1）进入盲区。

故障现象：出现满量程或者任意数据。

原因：超声波液位计都有盲区，一般 5 m 以内量程，盲区是 0.3 ~ 0.4 m，10 m 以内量程是 0.4 ~ 0.5 m，进入盲区后，超声波会出现任意的数值，不能正常工作。

解决方法：安装的时候就要考虑盲区的高度，安装好之后探头离最高水位之间的距离必须大于盲区。

（2）液体波动比较大，影响超声波液位计的测量。

故障现象：无信号或者数据波动厉害。

原因：超声波液位计的测量距离，都是指平静的水面。比如 5 m 量程的超声波液位计，一般是指测量平静的水面最大距离是 5 m，实际出厂会做到 6 m，遇到液体波动比较大的情况，反射信号会减弱到正常信号的一半以下。

解决方法：选用更大量程的超声波液位计，如果实际量程是 5 m，那就要用 10 m 或者 15 m 的超声波液位计来测量，如果不换超声波液位计，而且罐子内液体无黏性，还可以安装导波管，把超声波液位计探头放在导波管内测量液位计高度，因为导波管内的液面基本是平稳的。

（3）液体表面有泡沫。

故障现象：超声波液位计一直在搜索，或者显示“丢波”状态。

原因：泡沫会吸收超声波，导致回波信号非常弱，因此当液体表面 40% 甚至 50% 以上面积覆盖了泡沫，超声波液位计发射的信号就被会吸收绝大部分，造成液位计接收不到反射的信号，这个跟泡沫的厚度没有太大关系，主要跟泡沫的覆盖面积有关。

解决方法：安装导波管，把超声波液位计探头放在导波管内测量液位计高度，因为导波管内的泡沫会减少很多。

（4）现场有电磁干扰。

故障现象：超声波液位计数据无规律跳动，或者干脆显示无信号。

原因：电动机、变频器、电焊等都会对超声波液位计测量造成影响，电磁干扰会超过探头接收到的回波信号。

解决方法：超声波液位计必须可靠接地，接地后，电路板上的一些干扰，会通过地线跑掉，而且这个接地是要单独接地，不能跟其他设备共用。电源不能跟变频器、电动机同一个电源，也不能从动力系统电源上直接引电，安装地点要远离变频器、变频电动机、大功率电动设备等，如果不能远离，就要在液位计外面装金属的仪表箱来隔绝屏蔽，这个仪表箱也要接地。

（5）现场水池内温度高，影响超声波液位计测量。

故障现象：水面离探头近的时候可以测量到，水面离探头远就测量不到，水温低的时候超声波液位计测量都正常，水温高了超声波液位计就测量不到。

原因：液体介质在 30 ~ 40 °C 以下一般不会产生蒸汽和雾气，超过这个温度容易产生蒸汽或雾气，超声波液位计发射的超声波在发射过程中穿过蒸汽会衰减一次，从液面反射回来的时候又要衰减一次，造成最后回到探头的超声波信号很弱，所以测量不到，而且在这种环境下，超声波液位计探头容易结水珠，水珠会阻碍超声波的发射和接收。

解决方法：加大量程，可以减少或削弱蒸汽或者雾气对测量的影响；或更换为聚四氟乙烯或者 PVDF 的探头，不易凝结水珠。

7.2.3 水泵控制箱 PLC 程序刷新

1．水泵更换程序操作说明

水泵更换程序操作的具体步骤如下：

（1）断开 PLC 电源，控制器 PLC 端通过数据线连接到水泵控制箱 PLC 上，Key 端子上插上含有程序的 U 盘。

（2）打开控制器开关（由 off 打到 on），此时 PWR 灯常亮、COM、STS 灯闪亮，程序开始导入，导入完毕后 COM 灯熄灭，PWR 灯常亮、STS 灯闪亮。

（3）拆除 PLC 连接线，恢复 PLC 电源。

2．水位调整操作说明

水位调整操作具体步骤如下：

（1）把操作屏和 PLC 通过通讯线连接起来，转换端插到操作屏上，转换端网孔母头端两个端子接上充电宝。

（2）连接上后，显示屏显示为 PLC 通信地址：1。

（3）此时按下 MOD 键，显示屏显示为 PLC 通信地址：1--。

（4）再次按下 MOD 键，光标移动到右边三角处，按下 ENTER 键，显示屏显示为 2 水位测量值：15 cm。

（5）按下 MOD 键，水位值 15 跳动，按上、下键可进行数值调整，按 ENTER 键确认。

（6）依次进行操作可进行超低水位值、超高水位值、一泵启动水位值、二泵启动水位值等的调整。调整完后，拔下连接线即可。

7.3 消防设备故障处理

7.3.1 故障处理

1．消防泵及配套设备常见故障的处理方法

消防泵及配套设备常见故障的处理方法具体见表 7-3。

表 7-3 消防泵及配套设备常见故障的处理方法

故障现象	故障原因	处理方法
流量扬程降低	泵内或吸入管内存有气体泵内或管路有杂物堵塞某的旋转方向不对叶轮流道不对中	重新灌泵，排除气体检查清理改变旋转方向检查、修正流道对中
电流升高	转子与定子碰擦	解体修理
振动增大	泵转子或驱动机转子不平衡	转子重新平衡
	泵轴与原动机轴对中不良	重新校正
	轴承磨损严重，间隙过大	修理或更换
	地脚螺栓松动或基础小牢固	紧固螺栓或加固基础
	泵抽空	进行工艺调整
	转子零部件松动或损坏	紧固松动部件或更换
	支架不牢引起管线振动	管线支架加固
	泵内部摩擦	拆泵检查消除摩擦
密封泄漏严重	泵轴与原动机对中不良或轴弯曲	重新校正
	轴承或密封环磨损过多形成转子偏心	更换并校正轴线

续表

故障现象	故障原因	处理方法
密封泄漏严重	机械密封损坏或安装不当	更换检查
	密封液压力不当	比密封腔前压力大 0.05 ~ 0.15 MPa
	填料过松	重新调整
	操作波动大	稳定操作
轴承温度过高	轴承安装不正确	按要求重新装配
	转动部分平衡被破坏	检查消除
	轴承箱内油过少、过多或太脏变质	按规定添放油或更换油
	轴承磨损或松动	修理更换或紧固
	轴承冷却效果不好	检查调整
变频器故障	变频器有故障	检查变频器的报警代码，与厂家联系
低水位故障	水源缺水或水位传感器故障	检查是否缺水,水位的液位开关是否正常,检查与液位开关相连的线是否有松动的现象
水泵工频故障	水泵过载或线路接触不良	检查水泵是否过载，或线路问题
进水管网压力传感器故障	检查压力传感器是否断线	检查水压及压力传感器
水泵变频故障	变频器有故障	检查变频器的报警代码，与厂家联系
通信故障	线路问题，或变频器复位	检查线路,或查看变频器参数是否复位

2．消火栓箱漏水的处理方法

消火栓箱漏水的处理方法如下：

（1）观察水滴从何处滴落，确定漏水点。

（2）关闭消火栓箱上端阀门。

（3）如果漏水点为消火栓箱内阀门，更换阀门。

（4）如果漏水点为消防软管，更换消防卷盘。

（5）如果漏水点为水枪头，更换水枪头。

3．消火栓系统检查维修

消火栓系统检查维修的具体步骤如下：

（1）检查室外消火栓、消防水泵接合器外观，外部无损伤，附件完好。

（2）检查室外消火栓是否有漏水，如消火栓漏水则关闭上端水阀，用扳手拧下损坏的消火栓，安装上新的消火栓。

（3）测试室外消火栓出水压力，出水压力应大于 0.1 MPa。

（4）检查室内消火栓箱及内部配件，无锈蚀、无漏水、配件齐全。

（5）测试室内消火栓系统最不利点出水压力出水压力大于 0.25 MPa，小于 0.5 MPa。

（6）测试车站站内消火栓出水压力大于 0.25 MPa，小于 0.5 MPa。

7.3.2 注意事项

1．消防泵

（1）进口管路必须充满液体，高度密封，不能漏水、漏气，禁止泵在汽蚀状态下长期运行。

（2）定时检查泵运行中的电机电流值，不得超过电机额定电流，使泵在设计工况范围内运行。

（3）泵进行长期运行后，由于机械磨损，使机组噪声及振动增大时，应停机检查，必要时可更换易损零件及轴承。

（4）泵在运行中应有专人看管，以免发生意外。

（5）泵每运行 500 小时应对轴承进行加油。

2．机械密封

（1）机械密封润滑液应清洁无固体颗粒。

（2）严禁机械密封在无水干磨情况下工作。

（3）启动前应转动泵（电机）几圈，以免突然启动造成机械密封断裂损坏。

（4）压盖与轴套的直径间隙为 0.75 ~ 1.00 mm，压盖与密封腔间的垫片厚度为 1 ~ 2 mm。

（5）安装机械密封部位的轴或轴套，表面不得有锈斑、裂纹等缺陷。

（6）静环尾部的防转槽根部与防转销顶部应保持 1 ~ 2 mm 的轴向间隙。

（7）弹簧压缩后的工作长度应符合设计要求。

（8）机械密封并圈弹簧的旋向应与泵轴的旋转方向相反。

（9）压盖螺栓应均匀上紧，防止压盖端面偏斜。

（10）静环装入压盖后，应检查确认静环无偏斜。

3．控制柜

（1）不经允许不得自行改装控制柜内线路。

（2）严禁带电作业。

（3）实施现场配电施工，必须关闭进线总电源。

（4）严格按图纸接线，不得随意接线。

（5）只有将电源断掉至少 5 分钟后，才可以对控制柜内部进行操作。

项目小结

本项目主要介绍了给排水与水消防系统设备的常见故障处理，需要我们掌握水龙头故障、排水异常、卫生间感应器故障的处理；掌握阀门及配件的拆卸与更换，水泵和液位计的故障处理，消防泵及配套设备常见故障的处理。

思考与习题

1. 简述车站排水系统排水不畅或堵塞的原因及解决办法。
2. 简述卫生间感应器的常见故障和处理办法。
3. 简述阀门的拆卸和安装过程。
4. 简述水泵常见的故障及处理办法。
5. 简述消火栓系统检查维修内容。

8 给排水专业设备应急处置

应急预案有助于识别风险隐患，了解突发事件的发生机理，明确应急救援的范围和体系，使突发事件应对处置的各个环节有章可循，有利于对突发事件及时作出响应和处置。

凡事预则立，不预则废。引导学生凡事做好事前准备。预是成功的基础，不预则是失败的根源，从做事来说，有无事先谋划和准备，对事情的成败至关重要，工作中想在前，谋划在先、布局在先，做到超前思考、超前研究、超前部署。同时，思想上也要树立好底线思维，保持个人先进性，强化自我修炼，正心明道、防微杜渐。

知识目标

- 掌握区间水淹应急处理方式。
- 掌握车站火灾应急处理原则与方式。

能力目标

- 具备正确处理区间水淹的能力。
- 具备正确处理车站火灾的原则与方式的能力。

8.1 区间水淹应急处理

1．事故发生的可能性

区间消防水管漏水、暴雨天气雨水倒灌、隧道结构严重渗漏水、区间水泵故障、排水沟杂物堵塞、区间泵房集水井进水管堵塞均可能造成区间水淹。

2．严重程度及影响范围

线路区间水淹可能会导致地铁客车迫停区间、人员被困、设备损坏、中断运营。

3．事故预防

机电专业加强消防水管和区间水泵巡视，发现问题及时上报、修复；做好周期性检修。

加强日常隐患排查及雷雨天气情况下的巡视，发现漏水点、积水点及时查明原因，谨防酿成事故。

4．处置原则

线路区间水淹应急处置工作应遵循“安全第一、快速处置、先通后复、降低影响”的原则。

5．信息接收与通报

发生线路区间水淹时，现场人员发现险情后应按照故障所属专业及影响范围，第一时间报告运行控制中心调度，运行控制中心根据现场情况通知车厂调度、各中心相关人员，运行控制中心主任调度视情况向分公司值班领导汇报，根据值班领导安排向副总经理或总经理汇报，并及时宣布启动相应响应级别和线路区间水淹应急预案，维调通知各相关抢险队及相关专业人员，应急工作组组长通知事故调查组、安全保卫组、新闻报道组、物资保障组及善后处理组。

处置措施包括：

（1）根据需要登程或进入区间水淹处查看情况，初步判断出现该段区间水淹的原因，并进行临时处置。

（2）机电抢险队检查区间泵房的工作情况，对积水区段进行排水。

6．应急结束

设备故障处理完毕，区间积水得到有效控制，各专业检查所辖设备恢复后，应急处置工作由事件响应的最高应急指挥机构宣布结束，恢复正常运营。

8.2　车站火灾应急处理

1．车站火灾发生的可能性

（1）车站、主变电所内各类机电、电气类设备由于故障或运营管理人员操作不正确，可能引发车站火灾。

（2）车站内人流量较大，存在有乘客或恐怖分子实施的故意破坏，可能引发车站火灾。

（3）车站大多处于城市繁华地段，存在周边建筑失火蔓延至车站可能，从而引发车站火灾。

2．严重程度及影响范围

车站火灾易引起车站乘客及工作人员伤亡、设备损坏、列车越站、车站关站、列车晚点等。

3．处置原则

（1）发生火灾事故，应立即启用相关应急预案并组织现有力量立即开展自救，尽快组织人员疏散、抢救伤员，并做好自身防护（过滤式消防自救呼吸器、消防战斗服、正压式消防呼吸器等）。

（2）当车站或物业区发生火灾时，车站根据现场火灾的实际情况组织人员疏散，必要时采取关闭出入口、封站等措施。

（3）判定火灾原因和可能造成的危害，采取措施，避免火灾扩大。

（4）保护事故现场，妥善保存现场相关物件及重要痕迹等。

4．现场前期处置

（1）消防控制室值班人员接报火灾报警信号后，立即组织人员进行现场确认。

（2）确认人员要尽快查明报警现场情况，判断火灾报警信号是误报还是发生火情报警，及时上报现场情况。

（3）现场人员发现火情时，告知发生火情部位、是否有人员被困、燃烧物质。

（4）员工根据现场起火物品的性质进行判断，初期火灾尝试使用灭火器进行扑救，若火势有变大趋势，视情况切断电源后使用消火栓或启动气体灭火系统进行扑救。

（5）在火势不可控时，车站及其他建筑物值班人员及时启动应急疏散程序，及时将火灾报警主机打至自动位。

（6）组织乘客疏散时，启动相应环控模式，告知乘客疏散方案，车站人员前往迫停地点引导疏散。

（7）当气体灭火系统保护房间出现火情时，经现场人员确认，非用电设备本身着火的，在确保人身安全前提下，尝试使用灭火器灭火，若灭火器无法扑灭时，可直接启用气灭系统灭火；经现场人员确认，设备本身着火或无法判断是否为设备着火时，可直接启用气灭系统灭火。当设备本身着火时，无需打开设备柜门对设备内部进行扑救。当确认整流变压器室着火时，严禁人员进入变压器室格栅进行火灾扑救，可直接启用气灭系统灭火。

（8）在发生气体灭火系统动作时，环调在气体喷放 10 分钟后执行相应的通风模式。10 分钟后，现场专业设备人员可进入现场确认，在不破坏火灾现场的情况下留存现场影像，以供分公司事故事件调查组查阅。

5．火灾的处置

（1）启动车站（区间）火灾应急预案，组织现场救灾、疏散人员到安全区域、救援伤员。

（2）启动设备火灾模式，开启事故广播、闸机紧急模式等引导疏散，开启车站通风系统排烟。

（3）车站其他工作人员应立即暂停原工作岗位的工作，听从车控室的统一指挥，协助救灾。

（4）火灾情况下需启动车站站台门进行排烟，车站与行调确认该侧线路相邻区间均无列车进站后方可在 IBP 盘按压“开边门”按钮开启相应站台门，同时做好防护。

（5）发生车站站厅火灾时，原则上站厅乘客往地面疏散，站台乘客可通过列车进行疏散，当列车越站或停运时，均向地面疏散。

（6）发生车站站台火灾时，车站人员应根据现场情况，组织乘客通过站厅向地面疏散，并向行调汇报火势情况，由行调调整列车运行情况。

（7）区间变电所发生火灾时，车站人员前往现场进行应急处置，相关专业人员接到通知后及时赶往现场。

6．应急结束

火灾扑灭后，相关车站或主变电所应派人配合现场取证工作。消耗的消防器材按照相关要求补充，并确保状态良好。车站人员确认现场环境达到基本运营条件报行调，专业维修人员确认设备设施恢复状态报维调，维调报行调设备设施恢复，应急处置工作由事件响应的最高应急指挥机构宣布结束，OCC 向车站下达开站恢复运营的指令。

项目小结

本项目主要介绍了区间水淹应急处理方式和车站火灾应急处理原则与方式。需要大家重点掌握本项目的内容。

思考与习题

1. 简述线路区间水淹应急处置原则和措施。
2. 简述车站（区间）火灾应急处置方案。

参考文献

[1] 张健. 建筑给水排水工程工程[M]. 北京：中国建筑工业出版社，2018.

[2] 陈昌进. 城市轨道交通通风空调、给排水、低压配电检修工[M]. 北京：人民交通出版社，2016.

[3] 蔡可健. 建筑给水排水工程[M]. 北京：中国建筑工业出版社，2011.

[4] 王荣. 建筑给水排水工程[M]. 北京：清华大学出版社，2013.

[5] 王增长. 建筑给水排水工程[M]. 北京：中国建筑工业出版社，2016.

[6] 中国建筑设计研究院. 建筑给水排水设计基础知识[M]. 北京：中国建筑工业出版社，2012.

[7] 刘文镔，建筑给水排水工程[M]. 北京：中国建筑工业出版社，2012.

[8] 李天荣. 建筑消防设备工程[M]. 重庆：重庆大学出版社.2010.

[9] 中国建筑设计研究院. 建筑给水排水设计手册[S]，2 版. 北京：中国建筑工业出版社，2008.

[10] 张智. 给排水科学与工程专业家国情怀教育的思考[J]. 给水排水，2020，10.

[11] 李树平. 饮用水安全保障课程思政专业课程链建设[J]. 教育教学论坛，2021，1.